W0355456

Viva o Brasil

Ein Land und seine Menschen

Viva o Brasil

Ein Land und seine Menschen

Querida amiga da [illegible], sua atenção e colaboração nos faz acreditar que juntos podemos transformar a injustiça em justiça em prol de uma vida mais digna, viva.

Um grande abraço,
Marluana, Johannes, Carla e [illegible].

Herausgegeben von Ina Halbfas

MIX
Papier aus verantwortungsvollen Quellen
FSC® C013205
FSC
www.fsc.org

© 2014 Ina Halbfas

Mitarbeit: Linda Ebbers, Julia Hermesmeyer, Karin Herting, Adrian Kluthe, Barbara Neumann, Markus Pfalzgraf, Julia Rensing, Lisa-Marie Rüther, Julian Scharmacher, Christina Schmidt, Sebastian Schröder, Ilka Struck, Eva Windhausen, Tim Witzmann

Umschlagfotos: Graffitis in Santa Teresa (vorne) und Lapa (hinten), Rio de Janeiro © Ina Halbfas

Satz und Gestaltung: Ina Halbfas, Köln
Druck: Media-Print Informationstechnologie GmbH, Paderborn

ISBN 978-3-00-046089-0

Inhalt

Vorwort

Es ist August, 14 Jahre nach meinem Jahrespraktikum in den Einrichtungen der brasilianischen Nichtregierungsorganisation (NGO) AVICRES in Nova Iguaçu, Rio de Janeiro. Diesmal reise ich für einen Monat in die Baixada Fluminense, die Flussebene Rios, diesmal zusammen mit einer kleinen Gruppe von ehemaligen Praktikanten und Interessierten, die zum ersten Mal dorthin kommen, um das Projekt ein wenig kennenzulernen.

Um den wahrscheinlich überwältigenden Eindrücken dieser Reise nicht völlig unvorbereitet entgegenzutreten, beschäftigen wir uns schon im Vorfeld mit Brasilien. Jeder vertieft ein Thema, das für das Land von besonderer Relevanz ist, und stellt es der Gruppe vor. So erfahren wir etwas über die Ureinwohner des Landes, die Geschichte der Sklaverei, die Bewegung der Landlosen sowie über die Theologie der Befreiung, über die Hintergründe des Wahlkampfes, in den wir gerade hineinplatzen, über die Brennpunkte der Region und über das desolate Gesundheitssystem.

Die Inhalte dieser Themenabende bilden das Grundgerüst für dieses Buch. Ergänzt werden sie durch Porträts, Interviews, persönliche Beiträge, Fotos, Gedichte und Liedtexte – ein Versuch, die Vielfalt Brasiliens widerzuspiegeln und gleichzeitig unsere Begegnungen mit dem Land und den dort lebenden Menschen in einen Zusammenhang zu stellen.

Der erste Teil des Buches gibt einen Überblick über geschichtlich wie gesellschaftlich bedeutende Themen Brasiliens. Der zweite Teil widmet sich der Arbeit der AVICRES, die seit über zwei Jahrzehnten im Elendsgebiet Rio de Janeiros an der Seite der Armen wirkt. Viele Verfasser der Beiträge haben die Einrichtungen dieses Projektes kennengelernt. Persönliche Eindrücke stehen dadurch oft im Vordergrund.

Die beiden anschließenden Kapitel wagen einen Blick in die Zukunft: Zum einen geht es um die Großereignisse – Karneval, Fußballweltmeisterschaft 2014, Olympische Spiele 2016 –, die Brasilien zunehmend in den Fokus der Weltöffentlichkeit stellen. Dass diese Ereignisse nicht unproblematisch sind und vor allem Verlierer in der Mittel- und Unterschicht zu verbuchen haben, zeigt auch die landesweite Protestwelle des vergangenen Sommers. Zum anderen geht es um die Begegnung – mit Menschen, mit einem anderen Land und mit einer anderen Kultur, was großer Sensibilität bedarf.

Im vergangenen Herbst war Brasilien Gastland der Frankfurter Buchmesse und hat gezeigt, dass es weitaus mehr zu bieten hat als Karneval und Fußball. Die Eröffnungsrede hielt der brasilianische Autor Luiz Ruffato, wofür er hierzulande gefeiert, in seinem eigenen Land jedoch zum Teil scharf kritisiert wurde. Es ist eine mutige und ehrliche Rede, die die Dinge auf den Punkt bringt. Ich freue mich über die freundliche Genehmigung, sie hier veröffentlichen zu dürfen.

Die Arbeit an diesem Buch führte mich – persönlich, per Telefon, Brief oder E-Mail – quer durch Deutschland, nach Brasilien, Moçambique, Spanien, Italien und sogar nach Burma. Allen, die durch ihr Mitwirken zum Gelingen dieses Buches beigetragen, die die Arbeit mit wertvoller Kritik begleitet und durch aufmunternde Worte unterstützt haben, sei von Herzen für ihre Mühe und Ausdauer gedankt.

Der Überschuss vom Verkauf des Buches kommt unseren Freunden der AVICRES in Brasilien zugute. Wir sind dankbar für die wunderbare Freundschaft, die uns verbindet, schicken allen eine herzliche Umarmung und rufen: Viva o Brasil!

Ina Halbfas (Köln, Mai 2014)

Brasilien – ein Prolog
»Rassendemokratie ist ein Mythos«
Festrede von Luiz Ruffato zur Eröffnung der Frankfurter Buchmesse 2013

Luiz Ruffato zählt zu den bedeutendsten zeitgenössischen brasilianischen Schriftstellern. Seine Geschichte klingt wie ein Märchen:

Als er seinem Vater am Popcornstand hilft, spricht ihn ein Mann an, der ihm schließlich den Besuch einer besseren Schule ermöglicht. Dort, unter all den Mittelschichtkindern, fühlt er sich nicht wohl, zieht sich in die Bibliothek zurück und beginnt – aus Schüchternheit – zu lesen. Weil in den Büchern jedoch nie von den Leuten, die er kannte, den Nachbarn der Eltern, den Armen, den Arbeitern, der unteren Mittelschicht die Rede war, er sich und sein Leben in der bürgerlichen Literatur also nicht wiedererkannte, beschloss er, selbst zu schreiben. Zuerst arbeitete er als Journalist; im Jahr 2003 gab er diesen Beruf dann jedoch zugunsten der Schriftstellerei auf.

2013 war Brasilien Gastland der Frankfurter Buchmesse. Die Festrede der Eröffnungsfeier hielt Luiz Ruffato und wurde dafür vom Publikum enthusiastisch gefeiert. Seine Worte verdeutlichen die Paradoxie Brasiliens: einerseits Wirtschaftswunderland, reich an Bodenschätzen, Landwirtschaft, vielfältiger Industrie und paradiesischer Natur, andererseits ein durch seinen »Raubtierkapitalismus« geschwächtes Land voller Gewalt und arm an menschlichen Grundrechten auf Wohnung, Bildung und Gesundheitsversorgung.

Was bedeutet es, Schriftsteller zu sein in einem Land in der Peripherie der Welt, einem Ort, wo der Begriff Raubtierkapitalismus ganz bestimmt keine Metapher ist? Für mich ist Schreiben Verpflichtung. Man kann sich der Tatsache nicht entziehen, dass man am Beginn des 21. Jahrhunderts lebt, auf Portugiesisch schreibt und auf einem Territorium lebt, das Brasilien genannt wird. Es wird viel von Globalisierung geredet, doch die Grenzen sind nur offen für Handelswaren, für Menschen nicht. Unsere Einzigartigkeit zu erklären ist eine Form des Widerstands gegen den autoritären Versuch, Unterschiede zu nivellieren.

Das größte Dilemma des Menschen ist schon immer der Umgang mit dem Gegensatzpaar Ich und der Andere. Denn obwohl unsere Subjektivität sich in der Anerkenntnis des Anderen bestätigt – dessen Anderssein uns unserer Existenz versichert –, ist der Andere auch derjenige, der uns vernichten kann … Und wenn die Menschheit sich auf dieser Pendelbewegung zwischen Gemeinschaft und Auseinanderstreben errichtet, so stützt sich die brasilianische Geschichte fast ausschließlich auf die ausdrückliche Negation des Anderen durch Gewalt und Gleichgültigkeit.

Wir sind unter der Ägide des Genozids geboren. Von den vier Millionen Indianern, die es im Jahr 1500 gab, sind heute noch ungefähr 900 000 übrig, von denen ein Teil unter erbärmlichen Bedingungen in Lagern am Rande der Landstraßen oder in den Favelas der großen Städte lebt. Als ein Merkmal brasilianischer Toleranz wird stets die so genannte Rassendemokratie angeführt, der Mythos, es habe keine Vernichtung gegeben, sondern Assimilierung der Ureinwohner. Doch dieser Euphemismus dient lediglich dazu, eine unleugbare Tatsache zu vertuschen: Wenn wir heute ein Land von Mestizen sind, so ist dies Resultat einer Kreuzung zwischen europäischen Männern mit indianischen oder afrikanischen Frauen, genauer gesagt: Die Assimilierung geschah über die Vergewaltigung von Ureinwohnerinnen und Afrikanerinnen durch weiße Kolonisatoren.

Bis Mitte des 19. Jahrhunderts wurden fünf Millionen schwarze Afrikaner gefangen und gewaltsam nach Brasilien gebracht. Als im Jahr 1888 die Sklaverei abgeschafft wurde, wurde nichts unternommen, um den früheren Sklaven ein würdiges Leben zu ermöglichen. Daher befindet sich auch heute, 125 Jahre danach, die große Mehrheit der afrikanischstämmigen Brasilianer am unteren Ende der Gesellschaftspyramide. Eher selten sind sie unter Ärzten, Zahnärzten, Rechtsanwälten, Ingenieuren, leitenden Angestellten, Journalisten, bildenden Künstlern, Filmemachern, Schriftstellern anzutreffen.

Unsichtbar, schlecht bezahlt und der einfachsten staatsbürgerlichen Rechte beraubt – Wohnung, Mobilität, Erholung, Bildung und Gesundheitsversorgung –, wurde die Mehrheit der Brasilianer im Getriebe der Ökonomie als entbehrlich betrachtet: 75 Prozent des Reichtums befinden sich in den Händen von 10 Prozent der weißen Bevölkerung, und nur 46 000 Personen besitzen die Hälfte der Fläche des Landes. Historisch gewohnt, ausschließlich Pflichten zu haben und keinerlei Rechte, leben wir in dem eigenartigen Gefühl des nicht Dazugehörens. In Brasilien gehört das, was allen gehört, niemandem …

Entlang eines furchtbaren Bewusstseins von Straflosigkeit, denn ins Gefängnis geht nur, wer kein Geld hat, um gute Anwälte zu bezahlen, gedeiht die Intoleranz. Wer in der Schutzlosigkeit eines Lebens am Rand der Gesellschaft von dieser nicht als Mensch anerkannt wird, reagiert dem Anderen gegenüber genauso und verweigert ihm diesen Status ebenfalls. So wie wir nicht den Anderen sehen, so sieht er uns auch nicht. Und so häuft sich der Hass an – der Nächste wird uns zum Feind.

Die Rate der Gewaltverbrechen in Brasilien kommt auf 20 Morde pro 100 000 Einwohner, das sind 37 000 tote Menschen – pro Jahr, dreimal mehr als im weltweiten Durchschnitt. Und von der Gewalt am meisten betroffen sind nicht die Reichen,

»Die Rate der Gewaltverbrechen in Brasilien kommt auf 20 Morde pro 100 000 Einwohner, das sind 37 000 tote Menschen – pro Jahr, dreimal mehr als im weltweiten Durchschnitt. Und von der Gewalt am meisten betroffen sind nicht die Reichen, die sich hinter hohen Mauern von Gated Communities verschanzen, geschützt durch Elektrozäune, private Sicherheitsdienste und elektronische Überwachungssysteme, sondern die Armen in den Favelas und Vorstädten, der Willkür von Drogenhändlern und korrupten Polizisten ausgesetzt.«

die sich hinter hohen Mauern von Gated Communities verschanzen, geschützt durch Elektrozäune, private Sicherheitsdienste und elektronische Überwachungssysteme, sondern die Armen in den Favelas und Vorstädten, der Willkür von Drogenhändlern und korrupten Polizisten ausgesetzt.

Als Machos nehmen wir den beschämenden siebten Platz unter den Ländern mit der höchsten Rate an häuslicher Gewalt ein, mit einer Bilanz von 45 000 ermordeten Frauen in den letzten zehn Jahren. Feige häufen wir allein 2012 mehr als 120 000 Anzeigen von Misshandlungen an Kindern und Jugendlichen an. Und es ist bekannt, dass sowohl in Bezug auf die Frauen als auch auf Kinder und Jugendlichen diese Zahlen regelmäßig zu niedrig gegriffen sind.

Die Fälle von Intoleranz gegenüber sexueller Orientierung zeigen exemplarisch unsere Heuchelei. Der Ort, an dem die wichtigste homosexuelle Parade der Welt mit mehr als drei Millionen Teilnehmern stattfindet, die Avenida Paulista in São Paulo, ist exakt der Ort mit den meisten Übergriffen auf Homosexuelle in der ganzen Stadt.

Und damit kommen wir zu einem neuralgischen Punkt: Es ist kein Zufall, dass die Gefängnisinsassen Brasiliens, an die 550 000 Personen, überwiegend junge Leute im Alter von 18 bis 34 Jahren sind, arm, schwarz und schlecht ausgebildet.

Das Bildungssystem war im Verlauf der Geschichte stets einer der effizientesten Mechanismen zur Aufrechterhaltung der tiefen Kluft zwischen Arm und Reich. Wir befinden uns auf den hintersten Plätzen im Ranking der schulischen Leistungen weltweit. Ungefähr 9 Prozent der Bevölkerung können nicht lesen und schreiben, und 20 Prozent gelten als funktionale Analphabeten. Also einer von drei erwachsenen Brasilianern ist nicht in der Lage, einfachste Texte zu lesen und zu verstehen.

Die Perpetuierung von Unwissen als Herrschaftsinstrument, Markenzeichen jener Elite, die bis vor ganz Kurzem noch an der Macht war, lässt sich eindämmen. Der brasilianische Buchmarkt bewegt jährlich an die 2,2 Milliarden Dollar, 35 Prozent dieses Gesamtvolumens entfallen auf Käufe durch die Zentralregierung für öffentliche Bibliotheken und Schulen. Doch noch immer lesen wir wenig, im durchschnitt weniger als vier Titel pro Jahr, und auf das Land hochgerechnet, gibt es nicht mehr als eine Buchhandlung auf 63 000 Einwohner, noch dazu konzentriert auf die Hauptstädte und die großen Städte im Landesinneren.

Doch wir haben Fortschritte gemacht

Die größte Errungenschaft meiner Generation war die Wiedererlangung der Demokratie – nun seit 28 Jahren ohne Unterbrechung. Wenig, wahrhaftig aber der längste Zeitraum an Rechtstaatlichkeit in der gesamten brasilianischen Geschichte. Mit der politischen und wirtschaftlichen Stabilität haben wir seit dem Ende der Militärdiktatur auch soziale Errungenschaften gemacht; die bedeutendste war zweifelsohne die deutliche Verringerung des Elends: Beeindruckende 42 Mio. Menschen haben im vergangenen Jahrzehnt einen sozialen Aufstieg erlebt. Nicht zu leugnen ist auch, wie wichtig es war, Mechanismen zu schaffen für finanzielle Transferleistungen, finanzielle Unterstützung von Familien zum Beispiel, aber auch Mechanismen der sozialen Inklusion, wie etwa die Quotierung nach Hautfarben an öffentlichen Universitäten.

Leider wiegt trotz aller Anstrengungen das Erbe von 500 Jahren Machtmissbrauch noch schwer. Wir sind noch immer ein Land, in dem Wohnen, Bildung, Gesundheit und Erholung nicht das Recht aller sind, sondern ein Privileg weniger, in dem das Recht, sich zu jeder Zeit frei zu bewegen, nicht ausgeübt werden kann, weil es an Sicherheit mangelt, in dem selbst die Notwendigkeit, für einen Mindestlohn von umgerechnet etwa 300 Dollar im Monat zu arbeiten, auf elementare Probleme trifft, wie etwa das Fehlen von vernünftigem öffentlichem Personenverkehr; in dem die Achtung vor der Umwelt keine Rolle spielt; in dem wir uns angewöhnt haben, das Gesetz zu missachten.

Wir sind ein paradoxes Land

Mal erscheint Brasilien als exotische Gegend mit paradiesischen Stränden, Urwäldern, Karneval, Capoeira und Fußball, mal als ein furchtbarer Ort voller Gewalt in den Städten, Kinderprostitution, Missachtung der Menschenrechte und der Natur. Mal wird es gefeiert als ein Land, das bestens gerüstet ist, eine Rolle in der Welt zu spielen, mit reichen Bodenschätzen, Landwirtschaft, Viehzucht und einer vielfältigen Industrie, einem großen Wachstumspotenzial in Produktion und Konsum, dann wieder befindet es sich in der ewigen Nebenrolle als Zulieferer von Rohmaterial und Produkten aus billiger Arbeitskraft, unfähig, seinen eigenen Reichtum selbst zu verwalten.

Allerdings sind wir gegenwärtig die siebtgrößte Wirtschaftsnation der Welt. Und stehen weiterhin an dritter Stelle der Ungleichheit …

Zurück also zur Eingangsfrage: Was bedeutet es, in dieser Region der Peripherie der Welt zu leben, auf Portugiesisch zu schreiben, für fast nicht vorhandene Leser, zu kämpfen also, Tag für Tag, um, umgeben von Widrigkeiten, dem Leben einen Sinn zu verleihen?

Ich glaube, vielleicht naiv, daran, dass Literatur etwas verändern kann. Als Kind einer Analphabetin und Waschfrau, eines des Lesens fast unkundigen Popcornverkäufers, selbst Popcornverkäufer, Kassierer, Verkäufer, Textilarbeiter, Dreher, Inhaber einer Imbissbude, wurde mein Leben verändert durch den, wenn auch zufälligen Kontakt mit Büchern. Und wenn das Lesen eines Buchs den Weg eines Menschen verändern kann, und wenn die Gesellschaft aus Menschen besteht, kann Literatur eine Gesellschaft verändern. In unserer Zeit des übersteigerten Narzissmus und des extrem ausgelebten Individualismus wird derjenige, der uns fremd ist und deswegen in uns die Faszination des gegenseitigen Erkennens auslösen sollte, mehr denn je als Bedrohung gesehen. Wir kehren dem Nächsten den Rücken zu, sei er Einwanderer, arm, schwarz, indigen, Frau, homosexuell, in dem Versuch, uns selbst zu bewahren, und vergessen dabei, dass wir damit unsere eigene Existenz in Gefahr bringen. Wir verfallen der Einsamkeit und dem Egoismus und verleugnen uns vor uns selbst. Um dem entgegenzuwirken, schreibe ich: Ich will den Leser berühren, ihn verändern, die Welt ändern. Das ist eine Utopie. Ich weiß. Aber ich lebe von Utopien. Weil ich denke, dass die letzte Bestimmung jedes Menschen nur eine sein sollte: Das Glück auf Erden zu erreichen. Hier und jetzt. ◇

»Und wenn das Lesen eines Buchs den Weg eines Menschen verändern kann, und wenn die Gesellschaft aus Menschen besteht, kann Literatur eine Gesellschaft verändern … Ich will den Leser berühren, ihn verändern, die Welt ändern. Das ist eine Utopie. Ich weiß. Aber ich lebe von Utopien.«

Ureinwohner

Entdeckt – Unterdrückt – Vertrieben

Die traurige Geschichte der Ureinwohner Brasiliens

Vor 510 Jahren lebten in Brasilien ungefähr zweieinhalb bis sechs Millionen Ureinwohner in bis zu 900 verschiedenen Völkern. Diese Stämme mit jeweils bis zu 8000 Bewohnern besiedelten ihr Land bereits vor 50 000 Jahren.

Mit der Ankunft der Portugiesen an der Ostküste Brasiliens änderte sich das Leben der Urbevölkerung auf drastische Weise.

Ein kurzer Überblick über die Geschichte

Der portugiesische Seefahrer Pedro Alvares Cabral traf am 21. April 1500 mit seiner Mannschaft an der Ostküste Brasiliens nahe der heutigen Stadt Salvador da Bahia ein. Cabral vermutete zunächst, bei dem neu entdeckten Land handle es sich um eine Insel, und so wurde es *Ilha de Santa Cruz* (»Insel des Heiligen Kreuzes«) genannt. Dieser Name verriet bereits die Absicht der Portugiesen: den christlichen Glauben zu verbreiten. Sie vereinnahmten das Land und versuchten das durch Missionierung zu legitimieren. Von diesem Tag an wurden die indigenen Einwohner zu Verbannten ihrer eigenen Heimat. Und so verloren sie ihre Freiheit, ihre Kultur und in der Folge dessen sogar ihr geschichtliches Gedächtnis. Die Invasoren nisteten sich im Geist und im Herzen ihrer Opfer ein – »mit der Herrschaft über den Leib durch das Schwert vollzog sich die Eroberung der Seele durch das Kreuz«, wie Leonardo Boff zutreffend formuliert.

Die Eroberer – getrieben von Habgier, Machtansprüchen und Ruhmessucht – begannen, das Land und seine Menschen auszubeuten. Neben dem Zuckerrohranbau und der Goldgewinnung gehörten bald auch der Kaffee- und Baumwollhandel zu den wichtigsten Wirtschaftszweigen. Die ausgebeuteten Indianer litten unter immer härteren Arbeitsbedingungen und erkrankten oft an europäischen Krankheiten und Epidemien, die mangels gesundheitlicher Versorgung nicht selten zum Tod führten. Die Zahl der Ureinwohner begann allmählich zu schrumpfen. Dieser Schwund nahm fortan seinen Lauf. Die Verzweiflung und Hoffungslosigkeit der Eingeborenen über den Verlust ihres Landes und ihrer Kultur drücken sich durch die zahlreichen Selbstmorde sowie Alkoholismus und Depressionen aus. Mit Entsetzen ist heute zu beobachten, dass immer noch Jahr für Jahr die Kinder der Ureinwohner an Unterernährung sterben, während sich rings um die Dörfer riesige Sojafelder, Zuckerrohrplantagen und Rinderweiden ausbreiten. Im Jahr 2010 lag die Zahl der Ureinwohner laut IGBE (Brasilianisches Institut für Geografie und Statistik) bei 817 963 – das sind 0,42 Prozent der heutigen Gesamtbevölkerung. Sie leben derzeit in 235 Völkern.[1]

Wer verteidigt die Rechte der Ureinwohner?

Bedauerlicherweise sind die Ureinwohner beim Einfordern ihrer Rechte weithin auf sich allein gestellt. Immer wieder kommt es zum offenen Widerstand: So besetzten am 11. Januar 2010 etwa 500 Indios die Hauptverwaltung der Nationalen Indianerstiftung FUNAI in Brasília, weil am 28. Dezember 2009 ein Gesetz verabschiedet wurde, welches eine Umstrukturierung dieser Indianerstiftung verordnete. Demnach gibt es fortan keinen FUNAI-Präsidenten mehr, sondern ein mehrköpfiges Direktorium. Die Mitglieder dieses Direktoriums werden vom Justizminister vorgeschlagen (ihm sind alle betreffenden Indioangelegenheiten unterstellt) und anschließend vom Präsidenten ernannt. Die neuesten Entwicklungen gehen sogar so weit, dass die FUNAI komplett aus der Verantwortung der Regierung herausgenommen und in die Hände des Kongresses gelegt werden soll.

Die Abschaffung des vor Ort lebenden FUNAI-Beamten ist ein tiefer, schwerwiegender Einschnitt in die bisherige Struktur. Die Anwesenheit dieses Beamten im Indiodorf sollte ermöglichen, einen engen Kontakt zwischen dem Dorf und den staatlichen Behörden zu schaffen. Der Beamte bekam die örtlichen Probleme aus nächster Nähe mit und fungierte somit als hilfreicher Verhandlungspartner.

FUNAI = Fundação Nacional do Indio

Die »Nationale Stiftung der Indigenen« ist eine brasilianische Behörde zum Schutz der indigenen Bevölkerung. Offiziell wurde sie 1967 als Nachfolgeorganisation des »Indianerschutzdienstes« (SPI) ins Leben gerufen. Diese schon 1910 gegründete Institution musste aber aufgrund von Korruptionsvorwürfen und anderen unhaltbaren Zuständen Ende der Sechzigerjahre aufgelöst werden.

Die FUNAI, die erst zu Beginn der Siebzigerjahre ihre Arbeit aufnahm, ist eine Schöpfung der Militärdiktatur (1964–85) und als solche ein bewaffneter Ordnungssektor im Interesse des Staates. Dementsprechend war auch ihr Auftreten gegenüber den Indios. Vor allem während der Jahre der Militärdiktatur saßen in den Führungsetagen der Behörde Waffenträgern, die von Ureingeborenen keine Ahnung hatten, diese Position aber als Sprungbrett für ihre weitere Karriere benutzten. Proteste auf nationaler und internationaler Ebene gegen die offensichtliche Inkompetenz der Angestellten führten immer wieder zu einem raschen Führungswechsel.

Doch auch nach Ende der Militärdiktatur war keine Verbesserung der Verhältnisse in Sicht, im Gegenteil: Sie verschlimmerten sich zunächst sogar. Erst Anfang der Neunzigerjahre unter dem FUNAI-Präsidenten Possuelo verbesserte sich die Lage spürbar.

RECHTS: Protestmarsch der indigenen Völker und der Flussbewohner gegen den Bau des Belo-Monte-Staudamms in Altamira im August 2010.

Leider nur waren diese Positionen nicht immer mit vertrauenswürdigen Personen besetzt, und so kam es des Öfteren vor, dass korrupte Beamte im eigenen Sinne handelten. Sie veruntreuten Staatsgelder und steckten mit den örtlichen Behörden, die im Allgemeinen indiofeindlich sind, unter einer Decke. Dennoch waren viele von ihnen hilfreiche Verhandlungspartner, bekamen sie doch die örtlichen Probleme aus nächster Nähe mit.

Auch der katholische Indianermissionsrat CIMI kritisiert die neue Struktur der FUNAI. Es wird befürchtet, die Stiftung könne zum Instrument der Regierung werden, um die Reservate weiter auszubeuten.

Die Regierung unter Lula da Silva (2003–2011) hat mit der Umstrukturierung der FUNAI die Ureinwohner erneut vor vollendete Tatsachen gestellt und deshalb für große Enttäuschung gesorgt. Sie verstieß damit auch gegen die internationale Konvention, die den Indigenen per Gesetz das Recht zusichert, bei Entscheidungen, die sie betreffen, informiert und angehört zu werden. Denn einst in Lula gesetztes Vertrauen – nannte er sich selbst doch gerne »Mann des einfachen Volkes« – ist Misstrauen gewichen. Seine Nachfolgerin Dilma Rousseff – schon zu seinen Amtszeiten eine enge Vertraute Lulas – setzt seinen Kurs fort und verschärft ihn sogar: Ihre Regierung ist die erste, die nicht nur keine neuen Schutzgebiete schafft, sondern die vorhandenen noch verkleinert.

Macht der Wirtschaft – »Vieh ist mehr wert als Kinder, Rohrzucker mehr als der Wald«.[2]

Die Ausbeutung des Landes Brasilien, zum Großteil durch Europa und die Vereinigten Staaten, zieht sich bis in die heutige Zeit dahin – vor allem auf Kosten der Ureinwohner. Beispielhaft dafür steht eine der größten Eisenerzlagerstätten der Welt, die *Serra dos Carajás*. Um in diesem riesigen Gebiet im Regenwald Brasiliens Eisenerz abbauen zu können, mussten Ureinwohner umgesiedelt und der Wald gerodet werden. Ein Flughafen sowie eine Eisenbahnstrecke über 890 km nach São Luíz wurden errichtet. Die deutsche ThyssenKrupp AG bezieht den Großteil ihres Eisenerzbedarfs aus dieser Mine.

Aktuell sorgt außerdem das Großprojekt Belo Monte im Nordosten am Fluss Tingú für Schlagzeilen: Ein gigantischer Staudamm soll errichtet werden, mitten im Urwald. Der Größenwahn der Verantwortlichen scheint dabei keine Grenzen zu kennen. Ursprünglich sollte die Talsperre 400 Quadratkilometer groß werden, jetzt spricht der staatliche Stromkonzern Electro Norte bereits von 500 Quadratkilometern. Dies wird fatale Folgen für die dort lebenden Völker haben: Weitreichende Gebiete werden überflutet, andere trocknen aus, die Biodiversität geht verloren und damit die Lebensgrundlage der Menschen, die von den Pflanzen und vom Fischfang leben. Zwischen 20 000 und 40 000 Menschen aus 18 unterschiedlichen ethnischen Gruppen müssten umgesiedelt werden. Entgegen der Verfassung sind wesentliche Fragen ungeklärt, welche die Indigenen und die Umwelt betreffen. Der Kostenpunkt dieses Mammutprojektes: ca. 8,5 Milliarden Dollar. Personen, die auf politischer Ebene kritische Einwände erheben, werden zum Rücktritt gezwungen, damit die Regierung das Projekt um jeden Preis durchsetzen kann.

Seit fast vier Jahrzehnten soll dies nun schon geschehen. Lediglich durch massive Widerstände, national und international, wurden die Pläne bis zur heutigen Zeit auf Eis gelegt. Unter einem anderen Namen (einst *Kararão* – heute *Belo Monte* ist der Bau

MÃOS CRIMINOSAS DO XINGU
ANDE DO XINGU
DA HUMANIDADE -
ACADÊMICOS
UEPA
ORGULHO DE SER ÍNDIA

seit der Lula-Regierung ein »neues« Projekt. Vor seiner Zeit als Staatspräsident sprach er sich deutlich gegen den Staudammbau aus, nach seiner Wahl aber war er einer der größten Befürworter des Projekts.

Von der FUNAI wurde Belo Monte zuletzt als machbar eingestuft und auch die brasilianische Umweltbehörde IBAMA (*Instituto Brasileiro do Meio Ambiente e dos Recursos Naturais Renováveis* = »Brasilianisches Institut für Umwelt und erneuerbare Ressourcen«) erteilte bereits eine partielle Baugenehmigung. Die Indiovölker reagierten mit einem Brief an Präsident Lula, in dem sie schrieben: »Der Rio Xingu kann sich in einen Fluss voller Blut verwandeln. Brasilien und die Welt müssen wissen, dass genau das passieren kann, sollten die brasilianischen Herrscher unsere Rechte nicht respektieren«.[3] Ein Brasilien, das nur von Fortschritt spricht, gleichzeitig aber wertvolle Lebensräume zerstört, sollte nicht das Brasilien der Zukunft sein.

Europa und die indigenen Völker

Es ist jedoch nicht damit getan, die Vertreibung der indigenen Völker als ein südamerikanisches Problem zu betrachten. Egydio Schwade, Mitbegründer des CIMI (s. Spalte), reflektiert darüber folgendermaßen: »Ich glaube, dass die Aufgabe Europas heute darin besteht, eine demonstrative Überprüfung seiner gesamten Präsenz auf dem amerikanischen Kontinent und auf der übrigen Welt vorzunehmen.«[4]

Es ist an der Zeit, das eigene (Konsum-)Verhalten zu überdenken. In vielen Bereichen, die wir in Deutschland und Europa als Selbstverständlichkeit hinnehmen, sind uns die Folgen und Schäden für unsere Mitmenschen nicht bewusst. Die Art, wie wir in Europa leben, drängt den großen Teil der Weltbevölkerung in Unterdrückung und Armut. Die Reichen werden immer reicher und die Armen immer ärmer, und nicht zuletzt deshalb sollte Europa seine eigene Welt überdenken und neu organisieren.

Wir Europäer sind von unserem Kontinent losgezogen, um die Welt zu entdecken. Wir haben es im Namen der Kirche getan und haben das Evangelium als Werkzeug benutzt. Wir beuten auch heute noch die Welt aus, die wir uns vor 500 Jahren zu eigen gemacht haben. Wir vertreiben bis heute diejenigen, denen das Land Brasilien gehört, und nennen uns darüber hinaus sogar manchmal mit mehr oder weniger Stolz Christen. Seit nunmehr einem halben Jahrtausend bevormunden wir die ursprünglichen Bewohner dieses Kontinents – wir, die wir im ursprünglichen Sinne Gäste sind. Es ist an der Zeit, die Stimme der Ureinwohner zu hören und sich zu Herzen zu nehmen, was sie zu sagen haben. Vielleicht fangen wir mit dem an, was sie dem Papst in einem Brief bei seinem Besuch 1985 in Bolivien übergaben: »Wir Indianer der Anden und Amerikas haben beschlossen, Ihren Besuch zu nutzen, um Ihnen die Bibel zurückzugeben. Denn im Lauf von fünf Jahrhunderten hat sie uns weder Liebe noch Frieden noch Gerechtigkeit gebracht. Nehmen Sie also, bitte, die Bibel wieder, und geben Sie sie unseren Unterdrückern zurück, weil die die darin enthaltenen Moralprinzipien mehr brauchen als wir.«[5] ◇

1 BrasilienNachrichten, Nr. 141/2010, S. 21
2 Anastacio Peralta, Sprecher der Guarani-Kaiowá. Vgl. http://www.survivalinternational.de/nachrichten/4575
3 BrasilienNachrichten, Nr. 141/2010, S. 22
4 Ebd., S. 26
5 Vgl. Brasilien – Gesichter eines Landes, S. 173

CIMI = Conselho Indigenista Missionário

Der CIMI ist ein Zusammenschluss offizieller Kirchenvertreter und Laien und untersteht der Nationalen Bischofskonferenz. Seit seiner Gründung im Jahr 1972 ist der »Indianermissionsrat« an der Seite der indigenen Bevölkerung unterwegs und unterstützt sie bei der Durchsetzung ihrer Rechte. Von Anfang an trat die Organisation als scharfer Kritiker der staatlichen Indiopolitik und damit auch der FUNAI in Erscheinung.

Zu seinen wesentlichen Zielen gehören der Erhalt der Indiokulturen und -sprachen sowie der Schutz des Landbesitzes. Auch um die gesundheitliche Vorsorge und die schulische Ausbildung der Indigenen kümmert sich der CIMI und übernimmt damit Aufgaben, zu denen sich die FUNAI häufig weder bereit noch fähig zeigt.

Zur Zeit der Militärdiktatur war der Indianermissionsrat vielen Anfeindungen und massiven Einschüchterungsversuchen ausgesetzt; inzwischen genießt er eine große nationale und internationale Anerkennung. Die Demokratisierung des Landes stellt allerdings kaum eine Arbeitserleichterung dar, denn die alten Gegner aus Politik und Wirtschaft machen den Ureinwohnern weiterhin ihr Land streitig.

Links: Mit Palmblätterm gedeckte Lehmhütten am Amazonas – die typische Behausung der dort lebenden Ureinwohner.

Porträt von Dom Erwin Kräutler

Träger des Alternativen Nobelpreises 2010

Right Livelihood Award

Der Right Livelihood Award (»Preis für die richtige Lebensweise«) wird häufig »Alternativer Nobelpreis« genannt und ist eine Auszeichnung »für die Gestaltung einer besseren Welt«.

Er wird jährlich von der Stiftung Right Livelihood Award Foundation vergeben und durch Spenden finanziert.

Die Idee von »right livelihood« – der richtigen Art zu leben – geht auf ein uraltes Prinzip zurück. Es bedeutet, ein Leben zu führen, das andere Menschen und unsere Umwelt respektiert, verantwortlich zu handeln und nur einen fairen Anteil der begrenzten Ressourcen unseres Planeten zu verbrauchen.

»(...) wenn man einmal in direkten Kontakt zu den Armen gekommen ist, kann kaum einer einfach tatenlos zusehen und behaupten: Das geht mich nichts an.« – An diesem einfachen Satz aus der Feder Erwin Kräutlers werden Ursprung und Quelle der Arbeit des berühmten lateinamerikanischen Bischofs deutlich: die Begegnung mit dem anderen. Der Begriff »Mit-Welt«, den er geprägt hat, zeigt nicht nur, wohin ihn die Begegnung mit den Ärmsten der Armen am Xingu geführt hat, sondern bringt auch seine Lebenshaltung und seine Theologie auf den Punkt. Erwin Kräutler sieht Menschen, Dinge und die belebte Natur nicht als »Um-Welt« um sich herumkreisen, sondern entlarvt den egozentrischen Blickwinkel, den derjenige einnimmt, der den gebräuchlicheren Begriff unreflektiert benutzt. Er nimmt die Fülle des Lebens wahr und kann so nicht umhin, sich für ein Leben in Fülle gerade auch für die einzusetzen, die sonst verachtet werden.

Erwin Kräutler wurde am 12. Juli 1939 in Koblach/Vorarlberg geboren. Nach Beendigung der Schulzeit trat er der Kongregation der Missionare vom Kostbaren Blut (CPPS) bei, wurde 1965 zum Priester geweiht und ging anschließend nach Brasilien. Er ist seit über 30 Jahren Bischof der größten brasilianischen Diözese Xingu und wurde zu einem bedeutenden Vertreter der »Option für die Armen«. Er ist Kenner der reichen Kultur der von der Vernichtung bedrohten indigenen Bevölkerung Brasiliens und setzt sich für eine »Kirche mit indianischem Antlitz« ein. Sein gesellschaftliches und (kirchen-)politisches Engagement führten und führen zu Verfolgung und Todesdrohungen, sodass Erwin Kräutler seit Jahren unter Polizeischutz leben muss. Im Jahre 2010 wurde er mit dem *Right Livelihood Award* für sein Lebenswerk geehrt.

Es ist das besondere Verdienst Erwin Kräutlers, politische und theologische Ideale nicht einfach zu reklamieren, sondern greifbar zu machen. Wenn er von den Menschenrechten spricht und davon, dass Armut die menschliche Würde verletzt, hat er konkrete Personen und deren genaue Lebensumstände vor Augen. Wenn er sich auf die befreiende Botschaft der Heiligen Schrift beruft, wird er vielfach selbst zum Dichter und Propheten, um die uralten Worte im Brasilien der Gegenwart und darüber hinaus zum Klingen zu bringen. Und seine Botschaft verhallt nicht ungehört. »Dom Erwin ist unser Verwandter« – diese Worte eines Kaziken am Xingu bezeugen, dass Erwin Kräutler den Gedanken der »Gotteskindschaft« aller Menschen leibt und lebt. ◇

»Man kann nicht gleichzeitig Gott und dem Teufel eine Kerze anzünden!«

Interview mit Dom Erwin Kräutler

Warum haben Sie sich als junger Priester dazu entschieden, nach Brasilien zu gehen? Was waren Ihre Erwartungen?

Meine Entscheidung, als junger Priester nach Brasilien zu gehen, wurde mir irgendwie schon in die Wiege gelegt. Zwei Onkel mütterlicherseits waren bereits in den Dreißigerjahren am Xingu. Drei- oder viermal im Jahr erhielten wir Briefe, die dann in der ganzen Verwandtschaft herumgereicht wurden. So war ich schon als Kind mit der Problematik der indigenen Völker vertraut. Es gab Fotos von Kayapófamilien und wir sahen in diesen Menschen so etwas wie weit entfernte »Verwandte«, die wir zwar nicht persönlich kannten, aber die wir sehr liebten. Als ich dann meine Studien an der Universität Salzburg zum Abschluss brachte, habe ich kurz vor der Priesterweihe meinen damaligen Oberen den Wunsch unterbreitet, meinen priesterlichen Einsatz am Xingu zu verwirklichen.

Was bedeutet für Sie Missionsarbeit?

Von Anfang an war mir klar, dass ich nicht nach Brasilien kam, um religiösen Kolonialismus zu betreiben, um die Menschen zu »zivilisieren« oder ihnen die Kultur meiner Heimat oder Europas überzustülpen. Ich wollte – und will das immer noch – den Menschen mit Achtung und viel Liebe begegnen, ihre kulturellen und religiösen Ausdrucksformen respektieren. Ich wollte einfach einer von ihnen werden. Es war mir wichtig, ihre Sprache akzentfrei zu sprechen und auch mit den indigenen Völkern in ihrer Muttersprache kommunizieren zu können. Ein Wort aus dem Missionsdekret des II. Vatikanischen Konzils hat mich immer wieder besonders beeindruckt: »Die Kirche ist von Christus gesandt, die Liebe Gottes allen Menschen und Völkern zu verkünden und mitzuteilen« (AG 10). Es geht nicht um die Übergabe eines fest verschnürten Glaubenspaketes, sondern um die »Verkündigung« und »Mitteilung« der Liebe Gottes. Und diese »Mission« muss sich natürlich an die Realität anpassen, in der ein Volk lebt. Wenn ein Volk im physischen oder kulturellen Überleben bedroht ist, dann ist unsere erste Aufgabe, diesen Menschen »Leben« zu verkünden und mitzuteilen, wenn andere interessiert sind, ganze Volksgruppen schlicht auszulöschen, um an ihr Land heranzukommen. Wenn diesen Völkern die »Mit-Welt« zerstört wird, dann sind wir im Namen des Evangeliums aufgefordert, ihr angestammtes Land zu verteidigen, und damit auch das Überleben zu sichern.

Erwin Kräutler lebt seit 1965 am Amazonas in Brasilien und ist seit 1981 Bischof der Prälatur Xingu.

Von 1983 bis 1991 war er Präsident des Indianermissionsrats der Brasilianischen Bischofskonferenz (CIMI). Seit 2006 vertritt er dieses Amt erneut.

Sie machen Ihre Arbeit unter erheblichen Gefahren ... was hat Sie dazu bewogen, über all diese Jahre weiterzumachen?

Mit dem Einsatz für die Armen, für die Ausgegrenzten, für die indigenen Völker schaffe ich mir nicht nur Freunde, sondern, leider Gottes, allzu oft Feinde. Das sind Leute, die rücksichts- und skrupellos an die Naturreichtümer herankommen wollen, die sich in indigenen Gebieten oder sonstwo befinden. Und wenn sich da ein Bischof quer legt, dann muss er »eliminiert« (sic!) werden, und es dauert nicht lange, bis die ersten unmissverständlichen Drohungen kommen. Ein brasilianisches Sprichworte sagt: »Man kann nicht gleichzeitig Gott und dem Teufel eine Kerze anzünden!«. Das heißt: Ich bin gefordert, Farbe zu bekennen, meine Position auch in der Öffentlichkeit nicht zu verheimlichen. Das schulde ich meinem Volk und ich bin überzeugt, dass dies auch meine Sendung als Christ und Bischof ist. Viele unserer Leute sind Opfer von Anschlägen geworden. Diese Tatsache hat uns bisher nicht gelähmt, sondern gibt uns weiterhin Mut und Kraft, den Weg weiterzugehen. Ich bin nicht imstande, aufgrund einer zahlenmäßig verschwindend kleinen, wenn auch sehr gefährlichen Mafia, den Völkern am Xingu, den indigenen Völkern, aber auch den Flussbewohnern und den Leuten in den Städten und Dörfern den Rücken zu kehren und aufgrund der Drohungen das Handtuch zu werfen. Es liegt in meiner Verantwortung als Bischof, diese Völker zu verteidigen und mein Leben für sie einzusetzen, und dies auch für alle jene, die nicht unbedingt denselben Glauben bekennen.

Beschreiben Sie die Situation derer, die ihres Landes beraubt werden.

Es gibt in Brasilien Millionen von Menschen, die von ihrem Grund und Boden vertrieben wurden. Das Agrobusiness ist weitgehend dafür verantwortlich und die Regierungen Brasiliens. Auch die Regierung Lula ist immer gegen die familiären landwirtschaftlichen Betriebe gewesen, weil sie anscheinend nicht so »produktiv« und »lukrativ« sind wie die großangelegten Plantagen von Soja oder Zuckerrohr oder Weideflächen, denen der tropische Regenwald zum Opfer fällt. Das Los der vertriebenen oder mit einer nur symbolischen Entschädigung abgespeisten und zu »Bauern ohne Land« verurteilten Familien ist denkbar traurig. Meistens siedeln sie sich in den Randbezirken der größeren Städte an und fretten sich durch, »zum Sterben zu viel, zum Leben zu wenig«. Wer sich für diese Familien einsetzt und darauf beharrt, dass sie Recht auf ihr Anwesen haben, kommt sofort in Konflikt mit den Großgrundbesitzern und oft gehen diese Konflikte fatal aus, wie es der Mord an der US-amerikanischen Schwester Dorothy Stang beweist, die seit 1982 mit mir zusammenarbeitete. Großgrundbesitzer verfügen meist über Privatmilizen und schrecken vor Mord und Totschlag nicht zurück und werden auch nur in ganz seltenen Ausnahmen zu Gefängnisstrafen verurteilt. Selbst durch einen Gerichtsentscheid in aller Form verurteilt, sind sie meist in kürzester Zeit wieder auf freiem Fuß. Leider ist die Straflosigkeit in unserer Region wohl das größte Übel, das immer mehr Opfer fordert, weil ja die Mörder und deren Auftraggeber kaum etwas zu befürchten oder eben nur mit einem »Pro-forma-Prozess« zu rechnen haben.

O XINGU
NÃO FALA.
SE FALASSE

Sie kämpfen seit 30 Jahren gegen den Bau des Damms von Belo Monte. Ist es ein Erfolg, dass er bisher nicht gebaut wurde, oder sehen Sie diesbezüglich eher pessimistisch in die Zukunft?

Belo Monte war ursprünglich ein Projekt der Militärdiktatur, und wir haben uns dagegen gestemmt. Ich spreche von »wir«, denn ich war in dieser Opposition nie allein. Ich habe Rückendeckung von der Brasilianischen Bischofskonferenz erhalten, deren Vorsitzende entschieden, meine bzw. unsere Position zu unterstützen und sich gegen das Kraftwerk zu äußern. In Altamira fühle ich mich mit vielen Organisationen verbunden, die genauso gegen dieses Monsterprojekt ankämpfen. Dass wir durch 30 Jahre hindurch das Projekt verhindern konnten, darf nicht unterschätzt werden. Das umstrittene Projekt ist inzwischen weltweit bekannt und unser Einsatz dagegen ebenso. Im Moment warten noch 15 Prozesse auf einen gerichtlichen Entscheid. Die Brasilianische Staatsanwaltschaft klagt wegen Verfassungsbruch und Nichtbeachtung internationaler Abkommen, die Brasilien unterzeichnet hat. Leider wähnt sich Präsident Lula über der Verfassung. Damit ist die Rechtsstaatlichkeit Brasiliens gefährdet. Lula führt sich im Zusammenhang mit Belo Monte wie ein populistischer Diktator auf. Das ist nun einmal die pure Wahrheit. Sollte das Projekt tatsächlich zur Durchführung gelangen, haben die Xinguregion und die Völker, die dort leben, mit apokalyptischen Konsequenzen zu rechnen. Und ich hoffe, dass zu guter Letzt doch Einsicht und Verstand den Sieg davontragen werden. Wir geben jedenfalls nicht auf und kämpfen. ◇

Nachtrag: Da inzwischen die Umweltbehörde ihre Erlaubnis zum Bau des Staudamms gegeben hat, ist das Projekt nicht mehr zu verhindern. Jetzt gehe es nur noch um »Schadensbegrenzung« und darum, sich für einen menschenwürdigen Umgang mit der betroffenen Bevölkerung einzusetzen, so Kräutler im Dezember 2013.

Afrikanische Wurzeln Brasiliens

Sklaverei in Brasilien

Kein Thema der Vergangenheit

Sklaverei. Das Wort ruft geschichtliche Assoziationen hervor: Ausbeutung, Erniedrigung, Missachtung von Menschenrechten, Gefangenschaft, die Kolonialzeit … Doch ist Sklaverei wirklich schon Geschichte?

Das gesetzliche Verbot, Eigentumsrecht über eine andere Person zu haben, verhindert Sklaverei letzten Endes nicht. Sie hat heute ein anderes Gesicht als in der Kolonialzeit, aber es gibt weiterhin Formen von Knechtschaft. Zum Beispiel werben die Besitzer großer landwirtschaftlicher Produktionsflächen in Brasilien Arbeitssuchende mit leeren Versprechungen an: Sie sichern den Menschen ein festes und hohes Gehalt sowie freie Unterkunft und Verpflegung zu. Viele nehmen das Angebot an und finden sich schnell in einer Situation wieder, die alles andere als frei und gut bezahlt ist. Unterkunft, Verpflegung und auch die Kosten der für die Landarbeit nötigen Geräte werden den Arbeitern als Schulden eingetragen, die sie von ihrem niedrigen Gehalt nicht begleichen können. Harte Arbeit sowie physische und psychische Gewalt sind an der Tagesordnung. Fluchtversuche bezahlen Betroffene nicht selten mit dem Leben. Die »Kommission für Landpastoral« CPT *(Commisão Pastoral da Terra)* schätzt, dass aktuell rund 25 000 Menschen in Brasilien unter solchen Bedingungen leben, die meisten davon in ländlichen Regionen.

Die »modernen Sklavenhalter« in Brasilien sind auch heute noch häufig Besitzer von großen Landwirtschaftsflächen; sie sind Viehzüchter, Soja- oder Zuckerrohrbauern. Die vermögenden Großgrundbesitzer gehören zu dem einen Prozent der brasilianischen Bevölkerung, das nahezu die Hälfte der gesamten Landfläche Brasiliens besitzt. Umgekehrt heißt das: 99 Prozent müssen sich die andere Hälfte teilen. Dies sind Strukturen, die die Unterdrückung der Besitzlosen begünstigen.

Geschichte der Sklaverei

In Brasilien beginnt die Geschichte der Sklaverei im frühen 16. Jahrhundert. Portugiesische Seefahrer hatten die brasilianische Ostküste erreicht und nahmen dort nach und nach das Land in Besitz. Auf anfänglichen Tauschhandel mit der einheimischen Bevölkerung folgte bald eine Zeit der Unterdrückung. Die portugiesischen Eroberer erkannten den wirtschaftlichen Wert der Zuckerrohrpflanze und zwangen die indigenen Bewohner zur Arbeit auf den Plantagen. Dort starben viele von ihnen an

Der renommierte amerikanische Soziologe und Sklavereiforscher Kevin Bales schätzt, dass heute etwa 27 Millionen Menschen weltweit in sklavereiähnlichen Verhältnissen leben. Die Dunkelziffer ist wohl erheblich höher.

»Rassismus ist noch immer ein Fieber, obwohl verdeckt, verkleidet in unserer Gesellschaft ... Ich denke, es ist ein Übel im Inneren des Menschseins, und ich glaube, es ist unsere große Herausforderung. Rassismus zu negieren, verschlimmert und verstärkt nur noch mehr seine Existenz. Darum lasst uns zusammen gegen ihn kämpfen!«

Martiliana (41 Jahre), Psychologin

eingeschleppten Krankheiten oder – nicht selten – durch Selbstmord. Die Eroberer begannen daraufhin, Millionen von Menschen, vor allem aus Westafrika, in die portugiesische Kolonie zu überführen. Die Fahrt über den Ozean fand unter unmenschlichen Bedingungen statt und forderte viele Opfer. Mit Gewalt in ein für sie völlig fremdes Land verschleppt, wurden die Afrikaner als Sklaven auf den Zuckerrohrplantagen oder in den Häusern der Kolonialherren eingesetzt. Ohne jegliche Rechte galten sie als »Eigentum« ihrer selbsternannten »Herren«. Körperlich wie seelisch misshandelt und ausgebeutet, überlebten sie die Überfahrt durchschnittlich nur um sieben Jahre.

Erst Mitte des 18. Jahrhunderts wurden die Stimmen gegen die Sklaverei immer lauter, sodass es schließlich 1871 zum Erlass des *lei do ventre livre* (»Gesetz des freien Bauches«) kam, einem ersten Schritt zum gesetzlichen Verbot von Sklaverei. Das *lei do ventre livre* sah vor, dass alle Kinder von Sklavinnen als »Freie« geboren wurden, was nicht viel hieß: Der »Sklavenhalter« – also der »Besitzer« der Mutter – musste das Kind bis zu seinem achten Lebensjahr aufziehen. Danach hatte er die Wahl: Er konnte es, gewissermaßen als Entschädigung für die entstandenen Kosten, bis zu seinem 21. Lebensjahr für sich arbeiten lassen oder vom Staat eine Abfindung verlangen. Da der Großteil der Sklaven aber Männer waren und die Kindersterblichkeit unter Sklaven bei über 90 Prozent lag, zeigte das Gesetz keine große Wirkung. Die gesetzliche Abschaffung der Sklaverei ließ noch weitere 17 Jahre auf sich warten, bis sie schließlich am 13. Mai 1888 mit dem *lei aureia* (»Goldenes Gesetz«) umgesetzt wurde.

Sklavenmentalität

Trotz des *lei aureia* und der international geltenden Menschenrechte ist die Sklaverei noch lange nicht aus der brasilianischen Wirklichkeit und aus den Köpfen der Nachkommen ehemaliger Sklaven verschwunden. Mitte der Neunzigerjahre erkannte die brasilianische Regierung die zahlreichen Fälle von »moderner Sklaverei« offiziell an und schuf Strukturen, um sie zu bekämpfen. Darunter fallen zum Beispiel die Einsetzung einer entsprechenden Behörde (*Commisão Nacional para Erradicação do Trabalho Escravo* – CONATRAE »Nationale Kommission zur Beseitigung von Sklavenarbeit«) und ein nationaler Aktionsplan aus dem Jahr 2003. Menschenrechtsorganisationen machen darauf aufmerksam, dass trotzdem unzählige Fälle von Sklaverei unentdeckt blieben und die Strafen, die in der Regel als Geld- und nicht als Haftstrafen verhängt werden, zu niedrig seien. Zu stark sind oft die Bande zwischen politischen Eliten und wirtschaftlich bedeutenden Großgrundbesitzern, die konsequentes Durchgreifen von Kontrolleuren oft auf informellen Wegen zu verhindern wissen. Was bleibt, sind die zahlreichen Opfer, die, oft vergessen von der Öffentlichkeit, in ihren elenden Lebensverhältnissen verbleiben.

Und auch jene, die auf den ersten Blick nicht mehr direkt betroffen sind, die Nachkommen ehemaliger Sklaven, leiden weiterhin: unter schlechter Bildung, mangelnder Gesundheitsversorgung, unzureichenden Arbeitnehmerrechten, einer Politik, auf die sie kaum Einfluss nehmen können, unter Korruption und finanzieller sowie sozialer Marginalisierung. Die Geschichte ihrer Vorfahren steckt noch immer tief in ihren Köpfen. In vielen höheren Ämtern in Politik und Wirtschaft sitzen dagegen, ganz nach kolonialzeitlicher Hierarchie, die Nachkommen der alten Eliten – eine Situation, die die arme Bevölkerung des Landes mit scheinbar unendlicher Leidensfähigkeit aushält. Viele dulden, ohne ihre Stimme zu erheben. Die Strukturen machen sie stumm. ◇

35

257

QUADRA
01
CRIANÇA

Besuch auf einem Sklavenfriedhof

Rocinha – »Der kleine Junge vom Land«

Am Nachmittag fahren wir zum ehemaligen Sklavenfriedhof Nova Iguaçus nach Tinguá raus.

Unterwegs sehen wir eine neu gebaute Baracke auf dem Bürgersteig. Das Heim von Menschen, die sich dort niederlassen, bis sie vielleicht nach drei bis vier Wochen einfach wieder weggeschoben werden.

Etwa fünf Kilometer vor dem Ort Tinguá führt rechts ein holpriger Weg von der Hauptstraße weg. Nach etwa 200 Metern steigt dort eine Horde von Geiern auf – ein makabres Bild, Geier in der Nähe des ehemaligen Sklavenfriedhofs, in der Nähe des Platzes, an dem heute immer noch täglich fünf bis sechs Namenlose, Straßenkinder und Obdachlose »verscharrt« werden.

Am Friedhof angekommen, sehen wir ein paar alte Bauruinen und eine große Treppe, die zum Friedhofshügel hinaufführt. Links daneben eine mit hohem Gras bewachsene, eingezäunte Wiese. Ab und an entdecken wir im Rasenfeld ein umgefallenes Kreuz, ein Zeichen für die letzte Ruhestätte für die Vielen ohne Namen. »Alles wird vergehen, das Gras wird drüber wachsen und der Wind wird über die Felder wehen«.

Der Ort selbst ist nach vorne mit einem weißen hohen Zaun und einem Tor eingefriedet. Ein Platz mit vielen kleinen weißen Kreuzen und Nummern liegt vor uns; ab und an ein größeres gemauertes Grab; ab und an eine blühende Blume oder ein Strauch. Fünf neu ausgehobene Kindergräber sind schon vorbereitet.

Eine Beerdigung mit Sarg kostet etwa 150 Reais (Mai 2014 etwa 50 Euro, ein Fünftel des gesetzlichen Mindestlohns); ansonsten kommen die Toten in einen einfachen Leichensack. Nach zwei Jahren schon wird die Grabstätte neu genutzt. Dieser Friedhof, der alte Sklavenfriedhof von Nova Iguaçu, war früher die letzte Ruhestätte für die Sklaven. Wir gehen still und nachdenklich über das Gräberfeld und stehen vor dem Kreuz mit der Nummer 213.

Hier liegt Rocinha. So jedenfalls nannte er sich, »der kleine Junge vom Land«, ein Straßenkind, mal in einem Heim der AVICRES (→ S. 125), mal in einem anderen, dann wieder auf der Straße. Nach einem Raubüberfall auf eine Fruchtgetränkebude, bei der er nur wenige Reais gestohlen hatte, ist er gejagt worden. Eines Nachts kommen ihm auf der Eisenbahnbrücke vor der Kathedrale in Nova Iguaçu drei Killer entgegen. Vor lauter Angst stürzt er sich von der Brücke – sein Körper ist zerfetzt. Er ist tot.

Auf sein Grab hat der Wind einen kleinen Werbezettel mit einem Segelschiff bei Nacht geweht … Wohin ging deine Reise, Rocinha? Ich bete und bitte, dass du nun in Frieden aufgehoben bist … ◇

Habe Geduld gegen alles Ungelöste in deinem Herzen und versuche, die Fragen selbst lieb zu haben, wie verschlossene Stuben oder ein neues Buch, das in fremder Sprache geschrieben ist. Forsche nicht nach Antworten, die dir nicht gegeben sind, weil du sie nicht leben kannst. Und darum handelt es sich doch: alles zu leben. Lebe jetzt die Fragen!

Vielleicht lebst du dann eines neuen Tages, ohne es zu merken, in die Antwort hinein.

Rainer Maria Rilke

Menino

Pé no chão
andando pelos vagões
a procura de ganhar
o pão de cada dia.
Uma vez picolé, outra
mariola até mesmo esmola.

Lá vai o menino,
menino da Favela
menino da Baixada,
O pretinho, branquinho até
o moreninho –
eles são iguais
na pobreza e na tristeza.
Menino que rouba,
para matar a fome.
Menino que foge para ser mais livre.
Quem são seus pais?
Ou mesmo o seu próprio nome?
Menino um vai e outro vem
e assim continua a história
dos meninos de trens.

Junge

Füße auf dem Boden
durch Zugabteile laufend –
Auf der Suche
nach dem täglichen Brot.
Einmal bekommt er Eis, mal etwas Süßes,
mal sogar Geld.

Da läuft er, der Junge,
Junge der Favela,
Junge der Baixada.
Der Schwarze, der Weiße und
auch der Braune –
sie sind alle gleich
in ihrer Armut und Traurigkeit.
Der Junge, der raubt,
um den Hunger zu stillen.
Der Junge, der fortläuft, um freier zu sein.
Wer sind seine Eltern?
Wie ist sein Name?
Der eine Junge geht, der andere kommt,
und so setzt sich die Geschichte
der Jungen in den Vorstadtzügen fort.

Ermordet und zur Nummer degradiert

Die Beerdigung eines erschossenen Straßenjungen

Es war ein heißer Sommertag in der Baixada, als Adriano starb. Die Sonne schien vom wolkenlosen Himmel über der Agglomeration unweit von Rio de Janeiro. Der leblose Körper des jungen Mannes lag im trockenen Staub mitten auf der Via Light in Nova Iguaçu. Niedergestreckt von zwei Schüssen in den Kopf. Aus nächster Nähe. Es war eine Hinrichtung.

Adriano war ein ehemaliges Straßenkind, das längere Zeit, bis zu seinem 18. Lebensjahr, in einer Einrichtung der Hilfsorganisation AVICRES (→ S. 125) in dem Viertel Banco de Areia gelebt hatte. Es war das Jahr 1999, als viele Jugendliche notdürftig in den überfüllten Heimen untergebracht waren. Mit seiner Volljährigkeit hatte Adriano die Einrichtung verlassen – und war wieder auf der Straße gelandet. Die Hintergründe blieben im Dunkeln, aber wahrscheinlich war er im Zusammenhang mit Diebstählen auf eine Liste geraten. Eine Todesliste. Ein Betreuer hatte ihm noch geraten, sich von bestimmten Leuten fernzuhalten. Doch es war zu spät: An diesem Tag wurde Adriano auf offener Straße am helllichten Tag erschossen. Regelrecht hingerichtet.

Viel wusste man nicht über Adriano, außer dass er gerne Musik machte. Sein Nachname war unbekannt. Er hatte keine Verwandten. Auf seinem Totenschein wurde als Vater/Mutter AVICRES vermerkt.

Der gewaltsame Tod war näher und näher gekommen. Erst ein Jahr zuvor hatte der Heranwachsende seinerseits einen Toten beweinen müssen. Sein guter Freund Luiz Maia war vor der Kathedrale von Nova Iguaçu erschossen worden. Ebenfalls tagsüber, mitten auf der Straße. Ein Foto von damals (s. linke Seite) zeigt Adriano an dem Unglücksort, an dem sein Freund ermordet worden war. Später wurde er selbst angeschossen, ein Streifschuss am Arm, er entging dem Tod nur knapp. Doch diesmal hatte es ihn erwischt.

Drei Tage später fand die Beerdigung statt. Ursula und Martin Benkert dokumentierten das Begräbnis. Das Paderborner Ehepaar machte Aufnahmen von den weinenden Straßenkindern, dem bizarren Friedhof, dem offenen Sarg. Kaum auszuhalten. Der alte Sklavenfriedhof ist ein unwirklicher Ort, an dem die Armen und Namenlosen bestattet werden.

Es gibt keine Blumen, keine Grabsteine, nur Reihen einfacher Betonkreuze mit dreistelligen Nummern darauf. Auch Adriano wurde im Tod zu einer dreistelligen Nummer. Sein Sarg war aus Pappe, verziert mit dunklen Papierstreifen, die an Geschenkpapier erinnerten. Der Leichnam war neu eingekleidet worden, wie es der Brauch vorsah. Die Beerdigung hatte sich um Stunden verzögert, weil eine Mitarbeiterin der AVICRES eigens frische Kleidung besorgen musste. Adriano hatte nur das Wenige, das er am Leibe trug.

Es kam kein Priester zur Beerdigung. Eine Mitarbeiterin der brasilianischen Hilfsorganisation übernahm die Zeremonie. Der Tote sah aus, als würde er nur schlafen. Jedenfalls, wenn man ihn nicht von der Seite betrachtete, an der die Schusswunden an seinem Haupt klafften. Die Straßenkinder weinten, zur Beruhigung wurden Schnuller verteilt. Jemand trug Gedichte vor. Das Beatles-Lied »Strawberry Fields Forever« wurde gespielt. Strawberry Field ist der Name eines Waisenhauses der Heilsarmee, in dessen Nähe John Lennon aufgewachsen ist. Während nun das surrealistische Lied ertönte, schien die Sonne auf den von Palmen gesäumten Friedhof. Die Straßenkinder standen in kleinen Gruppen beisammen und trösteten sich gegenseitig. Nebenan waren bereits weitere Gräber ausgehoben und nummeriert. ◇

Die Magie der Macumba

Afro-brasilianische Religionen in Brasilien

Hinweisen auf Macumba begegnet man an Straßenkreuzungen, Friedhöfen, Flüssen und Quellen. Oft stehen hier Ton- oder Holzschalen mit Opfergaben, die auf die überall im Lande lebendigen afro-brasilianischen Religionen hindeuten. Auf diesen Schalen können die unterschiedlichsten Dinge liegen: Reis und Bohnen, Zigarren, Schnaps, Hühnerfüße, Süßigkeiten, Blumen oder manchmal auch der blutige Kopf eines Hundes oder einer Ziege.

»Geh bloß weg da, das ist Macumba!«, raten einem viele Brasilianer teils abwertend, teils furchtsam, wenn man mit ihnen an einer solchen Opferstätte vorbeiläuft. Obwohl afro-brasilianische Religionen oft auch neben dem volkstümlichen katholischen Glauben praktiziert werden, distanzieren sich insbesondere strenggläubige Christen deutlich von diesem »Aberglauben« – dennoch haben viele von ihnen offenbar auch gehörigen Respekt davor. Denn hinter den öffentlichen Opfergaben verbirgt sich eine Religion, die die afrikanischen Wurzeln vieler Brasilianer deutlich zeigt und allein durch ihre Fremdheit bei ihnen oftmals auf Ablehnung stößt. Dennoch ist eine gegenseitige Beeinflussung zwischen den afro-brasilianischen Religionen und dem Katholizismus nicht von der Hand zu weisen – so tragen beispielsweise viele afrikanische Gottheiten die Namen christlicher Heiliger. Ebenso schließt für viele Brasilianer die Zugehörigkeit zur katholischen Kirche nicht die Teilnahme an einem afro-brasilianischen Kult aus.

Candomblé, Macumba und Umbanda – Begriffe, die von Außenstehenden fälschlicherweise oft synonym gebraucht werden – bezeichnen allesamt afro-brasilianische Religionen. Candomblé geht auf die Tradition der Yoruba zurück, das sind Menschen einer westafrikanischen Sprachgruppe, die in Nigeria, Benin, Ghana, Togo und Sierra Leone angesiedelt ist. Von Salvador aus hat sich diese Religion über ganz Brasilien verbreitet. Macumba ist im Raum Rio de Janeiro aus der religiösen Tradition der Bantu hervorgegangen. Unter dem Begriff Bantu fasst man über 400 Ethnien Zentralafrikas zusammen, die Bantusprachen sprechen. Macumba wird jedoch zusätzlich als Oberbegriff für alle afro-brasilianischen religiösen Praktiken benutzt. Umbanda ist eine brasilianische Religionsform mit afrikanischem Hintergrund und stark spiritistischer Ausrichtung.

Eine Abgrenzung der drei Begriffe ist jedoch reichlich schwierig und wird in der zugänglichen Literatur auch nicht immer einheitlich vorgenommen. Fest steht, dass die Ursprünge dieser drei Religionen in Afrika liegen und von den Sklaven mit nach Brasilien gebracht wurden. In dieser Zeit war die Ausübung dieser afro-brasilianischen Riten eine Form des Widerstands der Sklaven und gleichzeitig der Versuch, einen Teil ihrer ursprünglichen Kultur zu bewahren. Sklavenhalter und Kolonialherren verfolgten die afro-brasilianischen Religionen etwa bis Mitte des 19. Jahrhunderts.

Die Anhänger von Candomblé, Macumba und Umbanda verehren sogenannte *orixás*. Dies sind übernatürliche Wesen, die sich sowohl in Menschen als auch in Gegenständen oder Naturereignissen wie zum Beispiel dem vom Wind aufgewirbelten Staub zeigen können. In den Zeremonien der Gläubigen versetzen sich auserwählte Männer und Frauen durch schnelles Tanzen und Drehen zu Trommelrhythmen in Trance, während sich die *orixás* ihrer Körper bemächtigen. Von diesem Kontakt mit den Göttern erhoffen sich die Gläubigen Rat, Hilfe und Antworten auf ihre Fragen. Typisch für diese kultischen Zeremonien sind die pompösen, meist weißen Kleider, Reifröcke und Kopftücher voller aufwändiger Spitze, mit denen sich die teilnehmenden Frauen schmücken (→ Fotos S. 45).

Candomblé, Macumba und Umbanda sind ein wichtiger Teil der brasilianischen Religiosität und Kultur. Der Respekt vor den ehemaligen Sklaven und ihrer (Leidens-)Geschichte gebietet es, die afrobrasilianischen Religionen nicht einfach als Folklore abzutun oder sich darüber lustig zu machen. ◇

Trommeln, Tanz und Trance

Besuch eines Candomblé-Kults

Mutter Afrika,
heiß wie eine tropische Nacht,
majestätisch mit ihrem Gefolge der Gottheiten,
die aus der Dunkelheit auftauchen,
Naturmächte,
Wasser, Meer, Schlamm,
Blitze, Winde und Donner,
Mächte, die uns umgeben und durchdringen,
Mächte, die uns umfassen und erneuern.

Die Atabaques trommeln
und die Götter, ganz glücklich,
tanzen,
tanzen die alten Geschichten,
tanzen das Feuer und seinen Zorn,
tanzen die Frische der kristallenen Wasserfälle,
tanzen die Welle, die sich am Strande bricht,
tanzen die Schöpfung der Welt.

Und der göttliche Segen
breitet sich über die Menschheit aus.

Vers einer Mãe dos Santos

Was für ein Mix aus Neugier und Vorfreude, einmal bei einem Candomblé-Kult dabei sein zu dürfen – ich fühle mich geehrt! Eines Morgens fahren wir zu einer Kultstätte dieser afro-brasilianischen polytheistischen Religion, wo eine Zeremonie zu Ehren der Götter und Geister stattfinden soll.

Wie üblich, verbirgt sich auch diesmal hinter einem weiß getünchten Haus mit Opferschalen auf dem Torbogen ein einfacher Saal mit einer Säule in der Mitte – dem mystischen Punkt. In allen Ecken und um die Säule herum stehen Opferschalen, gefüllt mit Reis, *Canjica* (süßem Maisreis), Blumen und Brot. Neben dem Korbsessel und einigen Plastikstühlen für den *Pai do Santo* oder die *Mãe do Santo* – den »Vater« bzw. die »Mutter des Heiligen«, wie die Zeremonienmeister genannt werden – und für die Spieler der drei heiligen Trommeln führt eine Tür in das verborgen bleibende Hinterzimmer.

Da ertönen schon die monotonen Rhythmen, acht ganz in Weiß gekleidete und mit bunten Perlenketten geschmückte Candomblé-Anhänger betreten den kleinen Saal und beginnen ruhig zu tanzen: Die Frauen schwingen ihre weit ausgestellten Röcke monoton im Rhythmus der afro-brasilianischen Musik, nackte Füße lugen unter ihrer Kleidung hervor. Nach gut einer Stunde verfallen die Tänzer in eine mystische Trance, schließen flackernd ihre Augen, werden mit einem Tuch bedeckt und in das Hinterzimmer geleitet. – Was geschieht hier?

Einer der Anwesenden erklärt, dass die Tänzer soeben den ihnen zugeordneten Geist empfangen hätten. Diese Geister – *orixás* genannt – sind übernatürliche Wesenheiten, Heilige oder Mittler, die sich um irdische Lebewesen kümmern sollen. Nach einer kurzen Pause, in der *salgadinhos* (frittiertes Salzgebäck) gereicht werden, treten die Tänzer – nun in bunte, meist blaue, bestickte Kleider gehüllt – erneut in den Saal und tanzen mit geschlossenen Augen um die Säule herum. Die Musik wird schneller, wilder und gleicht sich dem immer stürmischer werdenden Drehen, Tanzen und den nach festem Schema stattfindenden Verbeugungen der Tänzer an. Diese wirken wie geleitet und lassen – von ihren jeweils vorneweg tanzenden Begleitern geführt – die Gemeinde die nun präsenten Gottheiten miterleb- und spürbar werden.

Diese Trancetänze gehen so weit, bis der gesamte Raum imposant und mystisch geladen wirkt. Dann klingt alles ab, die Musik wird wieder ruhiger, die Tänzer pendeln sich aus, der Kult scheint beendet. Alle Anwesenden versammeln sich nun zu einem reichen Mahl an Plastiktischen auf der Veranda und im vorher noch als Kultstätte dienenden Saal, um zwischen Opfergaben und Blumenschalen ein scheinbar ganz normales kleines Fest zu feiern. Was so oft als Aberglaube und Zauberei gilt, eröffnet dem Unwissenden die Sicht für Neues, Anderes, eben auch in Brasilien Bestehendes. Ich bin sehr dankbar, dass ich kennenlernen und spüren durfte, was vielen (afro-brasilianischen) Menschen einen Sinn verleiht, der sie am Leben erhält. ◇

Capoeira

Ein Tanz – ein Kampf – ein Ballett

Capoeira ist ein Gespräch ohne Worte. Ein Kampf und ein Tanz. Gleichzeitiges Gegeneinander und Miteinander. Musik, Erinnerung, Tradition und Energie, ein Spiel und die völlige Konzentration auf das Ich und Du.

Im Capoeira, dem traditionellen brasilianischen Kampftanz, wird auf einzigartige Weise die Geschichte des brasilianischen Volkes deutlich. Auf den ersten Blick sieht man einen Ring aus trommelnden und singenden Menschen. In deren Mitte bewegen die zwei Capoeiristas ihre Körper auf besondere Weise umeinander herum: mit Tritten und Ausweichmanövern, mit Kopfständen, zeitlupenartigen Radschlägen und fließenden Schrittfolgen. Noch ist die Musik langsam. Dann ändert sich der Takt der Trommeln, die Musik wird schneller und lauter – »*Cuidado menino, o som vai subir!*« – »Vorsicht Junge, die Musik wird schneller«, lautet der portugiesische Liedtext.

Auch die Capoeiristas in der Mitte treten jetzt schneller, versuchen ihrem Gegenüber den Weg abzuschneiden, ihm die Beine wegzuziehen. Partner werden zu Gegnern und wieder zu Partnern. Es bleibt ein Spiel, einzigartig gestaltet von zwei Menschen und ihren Bewegungen, ihrer Beziehung zueinander in genau diesem Moment. Mal bewegen sie sich listig umeinander herum, mal zeigen sie brutale Aggression, mal fast erotische Zweisamkeit im Spiel.

Seit rund 200 Jahren spielen Brasilianer und immer mehr Menschen auf der ganzen Welt Capoeira, den Kampftanz der Sklaven, die auf den kolonialen Kaffee- oder Zuckerrohrplantagen zur Arbeit gezwungen wurden. Mit tänzerischen Bewegungen tarnten sie darin ihr Kampftraining, das unzähligen tatsächlich zur Befreiung und zur Flucht in die »Quilombos« (Siedlungen befreiter Sklaven) verhalf. In der Sprache der Kolonialherren, dem Portugiesischen, besingen hunderte von Capoeiraliedern die Geschichte der Sklaverei und die Erinnerung der Verschleppten an ihre afrikanische Heimat: »*O Aidé! Vai para Quilombo para se libertar, Aidé*« – »Oh Aidé! Lauf zum Quilombo, um dich zu befreien, Aidé«. Aber auch alltägliche Situationen, Naturphänomene, Göttergestalten des Macumba-Kultes und nicht zuletzt das Capoeiraspiel selbst mit seinen Bewegungen und Musikinstrumenten werden in den Liedtexten zum Thema gemacht. Und alle Teilnehmer des Capoeirakreises, der *roda*, singen und klatschen zur Musik: »*Capoeira é uma dança. Capoeira é uma luta. Capoeira é um balé mais linda da minha Bahia*« – »Capoeira ist ein Tanz. Capoeira ist ein Kampf. Capoeira ist ein Ballett, noch so viel schöner als mein Bahia«. ◇

UNIVERSITY
TOKYO
64

MOVIMENTO DOS TRABALHADORES RURAIS SEM TERRA

BRASIL

Kampf ums Land

Die Bewegung der Landarbeiter ohne Boden

O Movimento dos Trabalhadores Rurais Sem Terra (MST)

Wenn 80 Prozent der landwirtschaftlich nutzbaren Fläche eines Landes im Besitz von nur zehn Prozent der Gesamtbevölkerung sind, ist die Entstehung einer Protestbewegung wie der MST (**M**ovimento dos **S**em **T**erra) in Brasilien nicht verwunderlich. Es ist eine große Bewegung mit inzwischen über 25 Jahren Geschichte: Seit 1985 kämpft die MST für eine Agrarreform, mit der eine gerechtere Verteilung des Landes erreicht werden soll. Sie setzt sich unter anderem auch für Menschenrechte sowie die konsequente Ahndung von Menschenrechtsverletzungen ein. Heute ist die Bewegung mit rund 1,5 Millionen Mitgliedern in 23 von Brasiliens 27 Staaten vertreten. Die MST unterstützt Millionen von landlosen Kleinbauern und organisiert vor allem die Besetzung von ungenutztem Land und von solchen Flächen, die von Großgrundbesitzern zum Teil gesetzeswidrig bewirtschaftet werden – gesetzeswidrig, weil häufig zu niedrige Löhne gezahlt, den Arbeitern und Arbeiterinnen nur mangelnde Rechte gewährt werden oder das Land mit umweltschädlichen Techniken nutzbar gemacht wird.

Warum Landbesetzung?

Die Besetzungen von Ländereien dienen zunächst einmal als Druckmittel, denn die staatlichen Behörden in Brasilien sind eigentlich per Gesetz dazu verpflichtet, den »sozialen Nutzen« von landwirtschaftlich nutzbaren Flächen zu garantieren (→ »Das Gesetz«, S. 51) – und das soll auch durch Enteignungen geschehen. In der Folge will die MST nämlich erreichen, dass unrechtmäßig bewirtschaftetes Land den rund 4,8 Millionen Kleinbauern zugesprochen wird, die entweder gar kein Land besitzen oder weniger als 5 Hektar bewirtschaften dürfen. Diese Umstände lassen den Eindruck entstehen, es herrsche Landmangel in Brasilien – doch das Gegenteil ist der Fall. Der Nationalbehörde für Siedlungspolitik und Landreform (INCRA) zufolge liegen in Brasilien mehr als 100 Millionen Hektar landwirtschaftlich nutzbares Land brach. Von den 400 Millionen Hektar in Privatbesitz werden nämlich nur 60 Millionen Hektar tatsächlich für den Ackerbau genutzt.

Diese Ungerechtigkeiten sorgen seit Jahrzehnten für erbitterte Konflikte zwischen den mächtigen Großgrundbesitzern und der offenbar recht unbeweglichen Regierung auf der einen und der MST sowie Millionen Kleinbauern auf der anderen Seite. Dazu kommt, dass viele der Landlosen als Tagelöhner arbeiten müssen und sich damit zwangsläufig völlig abhängig von Großgrundbesitzern machen, gar ihrer Freiheit beraubt werden: Mehr als 20 000 Menschen wurden in den letzten 20 Jahren durch Kontrolleinheiten des Arbeitsministeriums befreit, weil sie unter sklavenähnlichen Bedingungen schwerste Landarbeit verrichten mussten.

Landbesetzung selten erfolgreich

Die Kernaktion »Landbesetzung« der MST durch Errichtung sogenannter *acampamentos* (Camps) ist leider selten von Erfolg gekrönt: Statt die Ländereien den Besetzern zu überschreiben und die Camps damit in Siedlungen *(assentamentos)* zu verwandeln, folgen in den meisten Fällen gewaltsame Vertreibungen. Zwischen 1985 und 2004 wurden nach Angaben der CPT (Kommission für Landpastoral der katholischen Kirche) sogar mehr als 1300 Menschen bei Landkonflikten ermordet. Darunter waren Kleinbauern und Tagelöhner, aber auch kirchliche Mitarbeiter und Rechtsanwälte. Vor Gericht gebracht und verurteilt wurden die Täter nur in 7,5 Prozent der Fälle.

Erfolge der MST und negative Stimmen

Trotz der widrigen Bedingungen hat die MST inzwischen für rund 400 000 Familien die Anerkennung offizieller Landtitel erreicht, 1991 erhielt die Bewegung den Alternativen Nobelpreis. Über unmittelba-

Das Gesetz

Im sogenannten »Bodenstatut« von 1964 wurde der »soziale Nutzen« des Bodens festgeschrieben. Dieses Gesetz wurde jedoch nicht zur Enteignung großer Ländereien angewandt, sondern genutzt, um unerschlossenes Gebiet im Norden und Nordosten des Landes nutzbar zu machen, es zu besiedeln sowie um mit der indigenen Bevölkerung »aufzuräumen«.

re Aktivitäten hinaus verschreibt sich die MST aber auch Idealen, die denen der Befreiungstheologie nahe sind: Respekt für die indigene Bevölkerung, Nachhaltigkeit und Umweltbewusstsein sowie Gleichberechtigung der Geschlechter. Der Ruf der MST in der brasilianischen Bevölkerung scheint aber längst nicht mehr nur positiv zu sein. Offenbar hat sich die MST im Laufe der Zeit stärker radikalisiert; angeblich sind auch militante Operationen zum probaten Mittel geworden, um sich gegen die mächtigen gegnerischen Interessengruppen durchzusetzen. Doch wie objektiv solche Berichte sind, ist unklar.

Die großen Versprechen der Regierung Lula

Auch unter dem ehemaligen Präsidenten und Hoffnungsträger Lula wurde die Situation nicht besser – er kündigte zwar das ehrgeizige Vorhaben an, 430 000 landlosen Familien bis Ende 2005 ein eigenes Stück Land zu verschaffen, der MST zufolge ist dies aber nur bei 60 000 Familien geschehen. Die Regierung bezifferte den Erfolg mit 117 555 Familien als sehr viel größer. Von der Umsetzung des versprochenen Ziels wäre sie aber selbst damit noch weit entfernt. Die Landarbeiter kritisieren, dass auch unter Lulas Nachfolgerin Dilma Rousseff die Landreform nicht schnell genug vorangetrieben wird. ◇

Die Gemeinde Zumbi dos Palmares

Die Geschichte einer Landbesetzung aus Betroffenensicht

Die Gemeinde Zumbi dos Palmares entstand im Jahr 1987. Es gab damals eine Gruppe von Familien, die sich zusammenschlossen, da sie nicht mehr in der Lage waren, für ihre hohen Mieten aufzukommen. Sie waren gezwungen, ihre Häuser zu verlassen. Sie organisierten sich daraufhin gezielt mit der Absicht, Land zu besetzen.

Familien aus anderen Gebieten schlossen sich dieser Gruppierung an, sodass wir schließlich 450 Familien waren, die dieses Land hier besetzten. Wir bekamen Unterstützung von Seiten der *Cáritas, Justiça e Paz,* und der Diözese Nova Iguaçu. Sie halfen uns, das Land zu verteidigen. Wir brauchten diese Hilfe, da die Besetzung sehr unorganisiert und chaotisch ablief, denn wir verstanden gar nichts. Die Polizei kam, um uns aus diesem Gebiet zu vertreiben. Sie verbrachte ganze Nächte hier, um uns daran zu hindern, unsere Häuser zu errichten. Doch wir blieben standhaft, und es gelang uns hierzubleiben.

Doch dann gab es plötzlich einen Räumungsbefehl. Die Grundbesitzer, denen dieses Land gehörte, ordneten an, alle Besetzer rauszuwerfen und das Gebiet einzäunen zu lassen. Sie raubten uns unsere Hütten, die wir gerade erst errichteten. Die meisten von uns hatten ihre Möbel und Habseligkeiten mit hierher gebracht, denn wir waren gekommen, um hier zu leben. Jetzt hatten wir nichts mehr und so schliefen wir auf der Straße, da wir keine andere Bleibe hatten.

Viele Nächte lang schliefen wir im Straßengraben, bis wir eines Nachts das Gebiet wieder betraten. Wir rissen die Zäune ab und begannen erneut, unsere Häuser zu errichten. Doch eines Abends, als gerade der Gemeindevorstand zusammensaß, stürmten plötzlich Polizisten herein und erschossen drei Männer. Es waren Familienväter, keine Bandenmitglieder. Sie waren weder in Drogenhandel noch in sonstige Geschäfte verwickelt. Einer von ihnen unterrichtete sogar als Lehrer… Daraufhin hatten viele Bewohner Angst und flohen zu Verwandten, sofern sie welche hatten. Und so verkleinerte sich die Anzahl der Familien.

Schließlich begann eine neue Etappe: Wir waren jetzt etwa 200 Familien und so wurden ca. 200 Grundstücke vergeben – eins an jede Familie. Wir hielten viele Versammlungen ab und hatten zum Glück Hilfe von einem Anwalt, der uns bei allen Formalitäten half.

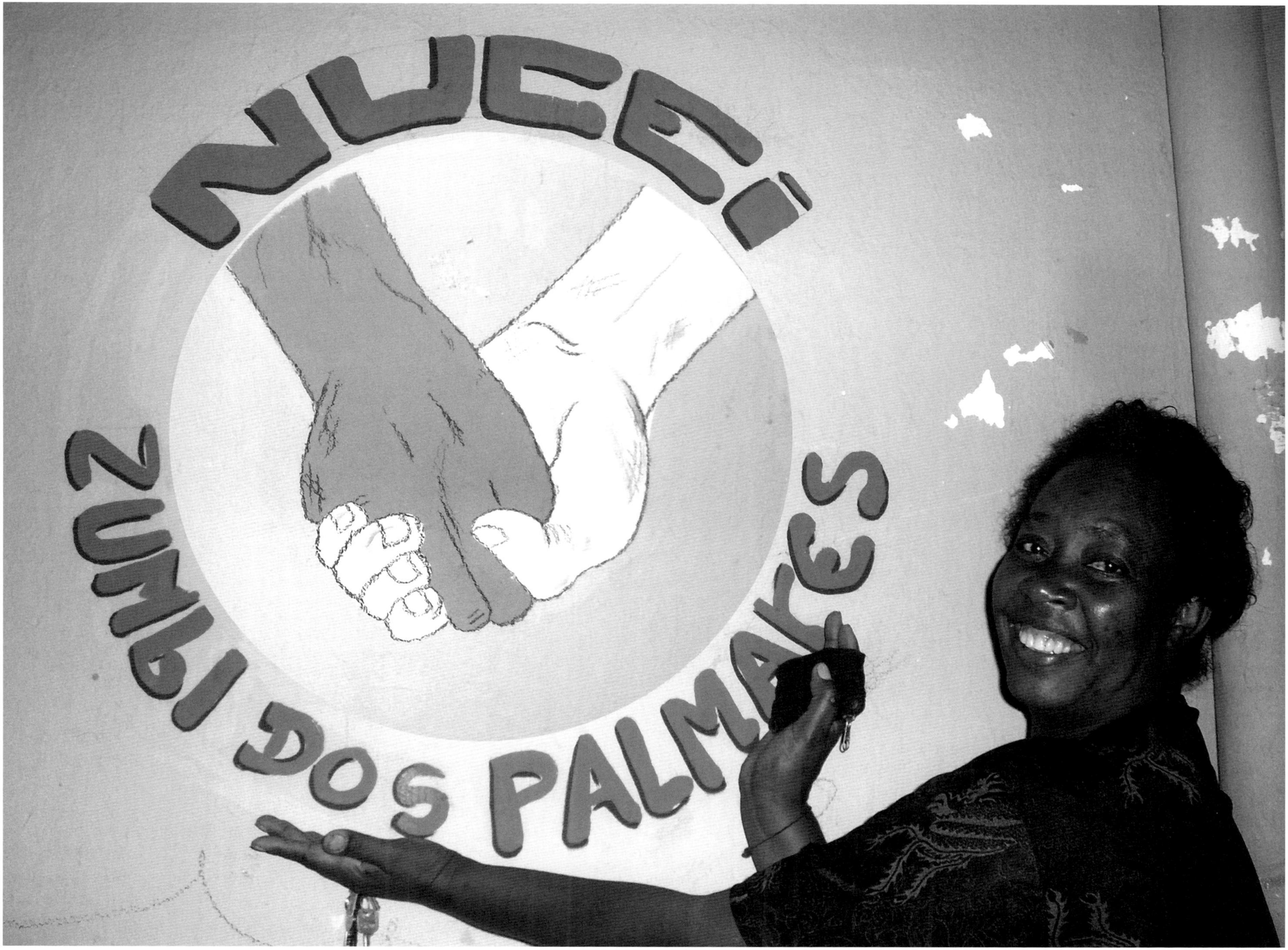
NUCE
ZUMBI DOS PALMARES

An der Universität von São Paulo gab es zu der Zeit ein Projekt, das uns finanziell unterstützte. Gleichzeitig kamen Architekten hierher, die die gesamte Planung für die Bebauung unseres Gebiets übernahmen. Sie unterteilten das Land in gleich große Grundstücke, reservierten eine Fläche für unseren Marktplatz, ein weiteres Grundstück für unseren Gemeinde- und Festsaal, eins für den Sportplatz und eins für die Kindertagesstätte – alles Einrichtungen, die für das Zusammenleben von Menschen wichtig sind. Die Frauen und Mütter mussten arbeiten gehen, aber wussten nicht, wo sie ihre Kinder während dieser Zeit lassen sollten. Also beschlossen die Bewohner, dass es eine Kindertagesstätte geben müsse. Sie wurde von der AVICRES (→ S. 125) gebaut und wird noch heute von ihr unterstützt.

Wir hatten noch viele andere Aufgaben zu erledigen, beispielsweise musste unsere Anlage bei der Stadt registriert werden. Mit dem neuen Bürgermeister gelang uns dies zum Glück, und zwar so, dass jeder Familie eine gleich große Fläche zustand: 13 × 6,5 Meter bekam jede Familie – sodass Zumbi offensichtlich keine Favela ist. Zumbi sollte ein würdiger Ort werden für die Menschen, die hier leben. Als wir dieses Gebiet besiedelten, dachten alle, wir seien Menschen aus der Favela, aus der Drogenszene – doch das war nicht so. Wir wollten den Bewohnern der Nachbargemeinden zeigen, dass wir Menschen mit Familie waren, die nicht wussten, wie sie ihre Miete bezahlen und nicht wussten, wo sie bleiben sollten. Und Gott sei Dank haben alle verstanden, was wir wollten und was wichtig für uns war.

Und so teilten sie das Land in gleich große Grundstücke auf, die jedem einzelnen seine Privatsphäre zusprach. Wenn man sich morgens wäscht oder mittags etwas kocht, blickt man nicht gleich dem Nachbarn ins Gesicht. Alles ist schön abgetrennt voneinander, sodass sich jeder wohlfühlt.

Unsere Gemeinde heißt *Zumbi dos Palmares*, da sich in dem Jahr, in dem wir dieses Gebiet besetzten, 1987, die Erinnerung an die Befreiung aus der Sklaverei zum hundertsten Mal jährte [tatsächlich wird die Abschaffung der Sklaverei in Brasilien auf das Jahr 1888 datiert]. Zumbi war ein Schwarzer, ein Sklave, der sehr für die Befreiung seines Volkes gekämpft hat. Wir gaben der Gemeinde diesen Namen, um ein Zeichen zu setzen, damit er uns nie vergessen lässt, dass wir dieses Land besetzten. Und so gaben wir auch unseren Straßen Namen, die uns an Momente unserer Geschichte erinnern, um sie nicht zu vergessen. Hier ein paar Beispiele:

Wir besetzten dieses Land hier am 8. November 1987, deshalb gibt es eine Straße, die »Straße des 8. November« heißt. Und wir haben eine Straße mit dem Namen *Chico Mendes* – Chico Mendes war der Führer der Landarbeitergewerkschaft, der sich für die Rechte derjenigen Arbeiter einsetzte, denen man das Land wegzunehmen drohte – und so haben wir ihm ein Denkmal gesetzt. Eine andere Straße heißt *Escrava Anastácia* und erinnert an die als Heilige verehrte Sklavin Brasiliens, deren Legende wir alle kennen. Wieder eine andere heißt *Nelson Mandela*; die Geschichte dieses schwarzen Afrikaners ist die Geschichte seines Kampfes. Diesen Gedanken mussten wir aufgreifen. Gleich zwei Straßen bei uns heißen *Nova Vida* (»Neues Leben«), denn es gab Kirchen, die für uns beteten und wünschten, dass uns der Kampf um das Land und damit ein neues Leben gelinge. Unser Platz ist nach dem damaligen Bischof von Nova Iguaçu, Dom Adriano Hypólito, benannt – denn er blieb hier und stand uns bei, er unterstützte uns, indem er uns Menschen aus seiner Diözese sandte, die sich um die Familien kümmerten und uns halfen. Und unser Gemeindezentrum heißt *Centro Comunitário Justiça e Paz*, »Gemeindezentrum für Gerechtigkeit und Frieden«, denn in der Diözese gab es eine Abteilung *Justiça e Paz*, die unentgeltlich im Dienste der bedürftigen Menschen einer jeden Gemeinde – bis hin zur Besetzung – arbeitete.

Heute haben wir 217 Häuser in Zumbi dos Palmares. Wir haben eine gut funktionierende Kindertagesstätte mit etwa 55 Kindern. Dorthin kommen sogar Kinder aus entfernteren Stadtteilen, die den Bus nehmen müssen. Wir haben immer noch Probleme mit unseren Politikern, aber wir nehmen diese Herausforderung an – es gibt immer Schwierigkeiten, aber es geht ja auch langsam voran. Schlimmer wäre es, wenn wir heute noch zur Miete leben würden oder unter einer Brücke, an irgendeinem Flussufer und dort Probleme mit Überschwemmungen hätten, die uns unsere Häuser zum Einsturz brächten. Aber Gott sei Dank haben wir ein Dach über unseren Köpfen, das uns vor Sonne und Regen schützt – und dafür müssen wir Gott wirklich sehr dankbar sein. Aber wir hören deswegen nicht auf, uns zu mühen, sondern kämpfen weiter für ein besseres Leben. ◇

Samba de Zumbi

É necessário invadir a terra alheia
Quem é dono, não bobeia
As ocupações são incessantes,
Pois se lê a todo instante
nos jornais.
De Norte a Sul que corria
E na Baixada, que falta de moradia
Aumenta leite, aluguel e pão
O pobre não esta agüentando
Como alta é a inflação

Na favela do Zumbi
Fiz meu barracão
É de caixote, mas porém aconchegante
Portas e janelas amarradas com barbantes
Das suas brechas vejo até o infinito.
Parece até uma tábua de pirulito
Oh seu Moréia, cadê a solução?
Eu não quero palacete nem mansão
Me ajude a construir
A minha casa na favela do Zumbi
É isso aí:
Me ajude a construir
A minha casa na favela do Zumbi

Es ist notwendig, fremdes Land einzunehmen.
Wer Eigentümer ist, ist kein Dummkopf.
Die Besetzungen sind unaufhörlich.
Darum liest man es ständig
in den Zeitungen.
Von Nord bis Süd verbreitet es sich:
In der Baixada, da fehlt es an Unterkunft;
Milch, Miete und Brot werden teurer.
Der Arme erträgt nicht,
wie hoch die Inflation ist.

In der Favela von Zumbi
habe ich meine Hütte gebaut.
Sie besteht aus Kisten und ist doch wohnlich.
Türen und Fenster, von Schnüren gehalten.
Durch ihre Lücken blicke ich bis ins Unendliche.
Es sieht aus wie ein Brett voller Lollis.
Hey, Herr Moréia, wo ist nur die Lösung?
Ich will keinen Palast und keine Villa.
Doch hilf mir beim Bau
meines Hauses in der Favela von Zumbi.
Genau das ist es:
Hilf mir beim Bau
meines Hauses in der Favela von Zumbi.

Dieses Lied entstand zur Zeit der Landbesetzung der Gemeinde Zumbi dos Palmares. Es ist den Bewohnern gewidmet, die damals viele Protestmärsche unternahmen. Singend zogen sie vor das Gericht und Rathaus von Rio de Janeiro und trugen es dem damaligen Bürgermeister vor.

Theologie der Befreiung

Theologie der Befreiung

Die Option für die Armen

Die Theologie der Befreiung ist eine lateinamerikanische Bewegung, die sich als Stimme der Armen versteht. Sie tritt für ein Evangelium ein, das von Ausbeutung, Entrechtung und Unterdrückung befreit. Den Namen gab ihr das Buch von Gustavo Gutiérrez, *Teología de la liberación* (1971). Den entscheidenden Ansatz für ihr Programm sieht sie in der prophetischen Kritik der Bibel, die Gottesverehrung mit sozialer Gerechtigkeit verbindet, sowie im Reich-Gottes-Verständnis Jesu, das egalitäre Tischgemeinschaft an die Stelle von Mildtätigkeit setzt.

Seit den Sechzigerjahren befanden sich viele lateinamerikanische Länder in extremer Unterdrückung. Fast überall kam es zu Militärdiktaturen, beginnend mit einem Militärputsch in Brasilien 1964. Die sich etablierenden Regime betrieben eine Wirtschafts- und Sozialpolitik, die nur einer zahlenmäßig kleinen Oberschicht zugute kam. Als rechtsgerichtet wurde diese Politik seitens der USA massiv gestützt. Seit der kubanischen Revolution 1959 legitimierte die Angst vor kommunistischer Infiltration nahezu jede Repression. Alle Versuche, die Situation der Armen durch Proteste und Reformen zu ändern oder gar die Herrschaftsverhältnisse zu hinterfragen, wurden von den Militärs mit massiver Gewalt unterdrückt. In vielen lateinamerikanischen Staaten herrschten sogenannte »Schmutzige Kriege«, deren Gräuel bis heute nicht hinreichend aufgedeckt sind. Es kam in vielen Ländern seit 1965 zu Umstürzen oder Umsturzversuchen, so in Argentinien, Brasilien, Chile, Peru, El Salvador und Nicaragua.

Die Bilanz der staatlichen Repressionspolitik ist mit Zahlen nicht wiederzugeben: Etwa 50 000 Menschen wurden direkt ermordet; rund 350 000 galten als dauerhaft »verschwunden«; 400 000 wurden aus »politischen Gründen« zeitweilig gefangen gehalten.

Angesichts dieser Verhältnisse erwachte in den meist katholisch geprägten Bevölkerungsschichten eine Mentalität, die nicht mehr bereit war, die Verhältnisse nur noch zu erleiden. In sogenannten »Basisgemeinden« nahm eine wachsende Zahl ehemals deklassierter Menschen das biblische Befreiungspotential für sich in Anspruch als Impuls für eine Gesellschaftspolitik, die bei den Armen ansetzte und Hoffnung für die Zukunft stiftete.

1968 versammelte sich in Medellin in Kolumbien die zweite allgemeine lateinamerikanische Bischofskonferenz (CELAM, *Consejo Episcopal Latinoamericano*). Unter Führung des brasilianischen Erzbischofs Dom Hélder Câmara wurden hier »die gewaltigen sozialen Ungerechtigkeiten in Lateinamerika« benannt. Statt des kapitalistischen als auch des marxistischen Gesellschaftssystems sollte ein gewaltloser Weg zur Befreiung verfolgt werden. Anknüpfend an die Enzyklika Papst Pauls VI., *Populorum progressio*, erhob der gesamte lateinamerikanische Episkopat die Option für die Armen zur Leitlinie des kirchlichen Handelns. Die Abschlussdokumente der Konferenz konzipierten die Theologen Gustavo Gutiérrez und Lucio Gera, die als theologische Berater der versammelten Bischöfe berufen waren. In den Jahren nach Medellín war die CELAM Zentrum des befreiungstheologisch ausgerichteten Katholizismus in Lateinamerika und der Karibik.

Doch bereits 1972, mit der Wahl von Alfonso López Trujillo zum CELAM-Generalsekretär, gewannen konservative Bischöfe an Einfluss. López Trujillo versuchte, durch Statutenänderungen und Umstrukturierungen die Befreiungstheologie zurückzudrängen.

Die III. Generalkonferenz von 1979 in Puebla wurde bereits im Vorfeld von Auseinandersetzungen zwischen befreiungstheologischen und konservativen Bischöfen und Theologen bestimmt. In den Abschlussdokumenten setzte sich eine abgeschwächte Linie durch; allerdings bekannte sich die lateinamerikanische Kirche in diesen Texten erstmals ausdrücklich zur Option für die Armen.

Angesichts der herrschenden Verhältnisse in den lateinamerikanischen Staaten weckten die in diesem Programm eingeschlossenen basisdemokratischen Potentiale sofort die staatliche Abwehr. Die

Zahl jener, die überall den staatlichen Repressionen zum Opfer fielen, ist hoch. An ihrer Spitze steht der 1980 ermordete Erzbischof von El Salvador, Óscar Romero.

Im Kontext des konziliaren Aufbruchs stellte sich ein wachsender Teil von Christen auf die Seite der Befreiungstheologen und erhoffte sich von ihnen über Südamerika hinaus Impulse für eine weltweite Kirchenreform. Auch breite Kreise des reformatorischen Christentums sympathisierten mit dem Konzept dieser Theologie. Der Ansatz bei den Basisgemeinden, die Bindung des Evangeliums an die realen Verhältnisse des Landes, die Kritik an den herrschenden oligarchischen Regimen, auch die weltweite Beachtung dieses Aufbruchs, führten außerhalb der CELAM im katholischen Episkopat bald zu wachsenden Spannungen. Engagierten Bischöfen, die sich als Stimme der Unterdrückten und Armen verstanden, antwortete römisches Misstrauen unter Papst Johannes Paul II., gestützt von den deutschen Kardinälen Ratzinger und Höffner, die in der Befreiungstheologie kommunistisches und sozialistisches Gedankengut wirksam sahen. Mit einer bewusst strategischen Personalpolitik versuchte Rom den Einfluss von Bischöfen wie Hélder Câmara (1909–1999), Paulo Evaristo Arns (*1921), Aloísio Lorscheider (1924–2007), Leonidas Proaño (1910–1988), Samuel Ruiz Garcia (1924–2011), Pedro Casaldáliga (*1928), u. a. m. zurückzudrängen. Die Promotoren und Stützen der Befreiungstheologie in Lateinamerika wurden durch Männer ersetzt, welche rückgängig machten, was ihre Vorgänger durch volksverbundenes Leben und soziales Engagement an Glaubwürdigkeit vor aller Welt gewonnen hatten.

Das Programm der Befreiungstheologie hat am einfachsten Dom Hélder Câmara formuliert. Als die Militärs im April 1964 in Brasilien an die Macht kamen, sagte er bei einer Pressekonferenz: »Ohne Reformen ist das Hindernis der Unterentwicklung unmöglich zu überwinden … Ohne Agrarreform wird das unmenschliche Elend der Landarbeiter anhalten. Ohne Bankenreform wird man der Entwicklung des Landes wenig helfen, und ohne Steuerreform wird der Reiche sich weiter bereichern, während der Arme leidet. Ohne Wahlreformen scheinen die Wahlen frei zu sein, aber sie werden in Wirklichkeit dem Einfluss des Geldes unterworfen sein. Ohne Verwaltungsreform wird die Bürokratie weiter die Kraft des öffentlichen Lebens unterhöhlen.«

Der Priesterbildung stellte er vor: »Auf der Ebene rein geistiger Evangeliumsverkündigung schweben wollen, hieße in kurzer Frist die Vorstellung erwecken, die Religion sei eine vom Leben abgesonderte Theorie und ohne Kraft, es zu erreichen und in dem umzugestalten, was es an Sinnlosem und Irrigem enthält. Das hieße sogar, dem Anschein Recht zu geben, der behauptet, dass die Religion die große Verfremdete und die große Verfremderin, das Opium des Volkes sei.«

Politische und kirchliche Reaktionen folgten unvermeidbar. Das Verständnis von Erlösung als Befreiung und dessen soziale Folgerungen für die politischen Systeme wurden im orthodoxen Katholizismus abgelehnt, wirkten aber in die Ökumene hinein und inspirierten den sozialkritischen Protestantismus. Unter Papst Johannes Paul II. und Kardinal Joseph Ratzinger erfuhr die Befreiungstheologie in den Siebzigerjahren eine unübersehbare Ablehnung. Die Ernennung von Gegnern zu Bischöfen leitete eine Gegenbewegung ein. Nur die in den Beschlüssen von Medellín verankerte Parteinahme für die Armen verhinderte den offenen Bruch der kirchlichen Hierarchie mit der Befreiungstheologie. Doch setzte Benedikt XVI. seine Ablehnung fort. Im Dezember 2009 sprach er vor brasilianischen Bischöfen von »einigen trügerischen Prinzipien der Befreiungstheologie«. Er richtete seine Kritik wahrscheinlich an den anwesenden Bischof von Caçador, Luiz Carlos Eccel, der in einem Hirtenbrief geschrieben hatte: »Wer die Befreiungstheologie ablehnt, lehnt auch Jesus Christus ab, denn jede Theologie ist entweder befreiend oder sie ist keine Theologie.« ◇

»Christentum hat die Botschaft von Erlösung und Befreiung heute auch in politischer Sprache zu sagen. Deshalb führt kein Weg an der Erkenntnis vorbei: So wie sich die Gesellschaft gegenwärtig darstellt, ist sie von struktureller Sünde entstellt. Oder umgekehrt, von der Erlösungsbotschaft her betrachtet, begegnet uns Jesus Christus dann vor allem als Bauchladenhändler und als Arbeitsloser, als Zuckerrohrarbeiter und als Fischerin, als alleinstehende Mutter und als Favela-Bewohner. Die gesellschaftlichen Strukturen haben so zu sein, dass sich alle untereinander als Geschwister und vor Gott als seine Töchter und Söhne verstehen.«

Dom Hélder Câmara Pessoa

Porträt von Leonardo Boff

Ein Mitbegründer der Befreiungstheologie

»Die Kirche gehört allen, doch sie möchte vor allem die Kirche der Armen sein.« So zitiert Leonardo Boff in einer Kolumne den Konzilspapst Johannes XXIII. Boff selbst zieht 50 Jahre nach dem 2. Vatikanischen Konzil daraus den Schluss, dass die Kirche sich zum Rand der Gesellschaft bewegen sollte. Und wenn es dort Unterdrückung gebe, so müsse der Auftrag der Kirche die Befreiung sein. Diese Haltung vertritt der Mitbegründer der Befreiungstheologie ungebrochen seit Jahrzehnten.

Leonardo Boff wurde am 14. Dezember 1938 im südbrasilianischen Concordia geboren. Er hat zwar auch deutsche Vorfahren, wie sein Nachname unschwer erkennen lässt, doch die Eltern von Leonardo Genézio Darci Boff waren italienische Einwanderer. Im Alter von 20 Jahren trat er in den Franziskanerorden ein. Er studierte Theologie und Philosophie und wurde wenige Jahre später Priester. Auslandsaufenthalte führten ihn auch nach Deutschland, wo er unter anderem in München Vorlesungen Karl Rahners hörte.

Wieder zurück in Brasilien arbeitete Boff bei verschiedenen theologischen Zeitschriften mit. Außerdem verantwortete er die theologischen Bücher des brasilianischen Verlags *Vozes*, der auch viele seiner eigenen Schriften veröffentlichte.

In dutzenden Büchern und Beiträgen warb er vor allem für die Theologie der Befreiung, was ihm nachhaltigen Ärger mit dem Vatikan einbrachte. Joseph Kardinal Ratzinger, nun Präfekt der Glaubenskongregation in Rom, war dabei oftmals sein Gegenspieler. Boff hatte bereits seit den frühen Siebzigerjahren mit Sanktionen der Kurie zu tun.

Vor allem seine Thesen zur Struktur und zur Lehre der Kirche verärgerten den Vatikan. So forderte Boff die Demokratisierung der Kirche, außerdem solle sie an der Seite der Armen und Unterdrückten stehen, aus seiner Sicht wohl urchristliche Forderungen, die der Vatikan offenbar als gefährliche Irrlehren betrachtete. Als er schließlich auch den Zölibat und die Macht der Kirche in Frage stellte, musste er Petrópolis verlassen, wo er das Seminar für Theologie geleitet hatte. Auch die Leitung der Zeitschrift *Revista Vozes* musste er aufgeben.

Zu den harten Reaktionen der Kurie in Rom hat sicherlich auch Boffs ungeklärtes Verhältnis zum Marxismus beigetragen. Zwar hat Boff dem Marxismus keine alles entscheidende Bedeutung in seiner Theologie beigemessen, doch seine Nähe zu Sozialisten und zu Thesen wie die der institutionellen Gewalt gegenüber sozial Benachteiligten rückten ihn in die Nähe einer aus Kirchensicht gefährlichen Theorie.

Aus Überdruss und wegen der jahrelangen Gängelung durch den Vatikan verließ Boff 1992 den Franziskanerorden und ließ sich in den Laienstand zurückversetzen. In den Folgejahren weitete er seine befreiungstheologischen Studien aus und veröffentlichte weiterhin zahlreiche Bücher, z. B. zu ökologischen Fragen. 2001 wurde er mit dem Alternativen Nobelpreis ausgezeichnet.

Leonardo Boff hat immer gefordert, dass die Kirche ihre Theologie von der realen Situation der Armen und Benachteiligten her denken müsse. Diese Forderung zog er aus dem Vermächtnis des 2. Vatikanischen Konzils, dessen Impulse er vor allem in Lateinamerika für unverzichtbar hält. Denn es sei Lateinamerika, so schreibt Leonardo Boff, wo »die Kirche der Armen zur Herausforderung für die Weltkirche und das Gewissen der ganzen Menschheit wurde.« ◇

»Befreiungstheologie – eine der grossen intellektuellen und

Interview mit Leonardo Boff

In einem Interview sagten Sie einmal: »Es ist interessant, dass die Befreiungstheologie gleichzeitig in mehreren lateinamerikanischen Ländern geboren wurde, ohne dass die verschiedenen Theologen miteinander in Kontakt getreten wären. Als sei der hegelianische Weltgeist in uns gefahren und als Diskurs hereingeplatzt.« Können Sie sich an diese Jahre erinnern, in denen Sie die Befreiungstheologie formuliert haben?

Alle Phasen meiner Theologie entsprechen intellektuellen Krisen, die ich durchlebt habe. So trat auch die Befreiungstheologie in mein Leben. Im Februar 1970 kam ich zurück aus Europa. Im Juli predigte ich vor den Priestern und Nonnen im Herzen des Amazonas-Regenwalds. Ich begann meine Vorträge – vier pro Tag –, indem ich die verschiedenen theologischen Themen der europäisch-progressiven Theologie vorstellte. Ich sprach von dem Jesus der Geschichte und dem Christus des Glaubens, von der Beziehung zwischen Glaube und Säkularisierung und davon, wie die Kirche innerhalb der modernen, technisierten Welt gesehen werden kann. In den Augen der Zuhörer erkannte ich jedoch, dass meine Worte sie nicht erreichten.

Irgendwann fragte mich jemand, wie er den Indigenen, die von den Kautschukbauern verdrängt wurden, die Auferstehung Christi erklären solle. Wie solle er denjenigen von der christlichen Botschaft erzählen, die am Flussufer lebten und davon betroffen seien, dass die Rückstände des Bergbaus die Fische, ihre Lebensgrundlage, töteten? Wie solle man den christlichen Glauben in einer Welt der Armen und Elenden leben, in Brasilien und in ganz Lateinamerika? Da merkte ich, dass die Theologie ausgehend von diesen Fragen verändert werden musste. Ausgehend von der Unterdrückung, um Befreiung zu erreichen. So kam es, dass ich in meinen Vorlesungen nach meiner Rückkehr nach Petrópolis die Lehre Jesu aus der Perspektive der Befreiung lehrte. Und so kam es auch, dass am Jahresende das Buch *Jesus Cristo Libertador* (deutscher Titel: »Jesus Christus, der Befreier«) erschien. Für mich die Geburt der Befreiungstheologie. Ich musste mich vor den Unterdrückungsorganen der damaligen Militärdiktatur verstecken, da das Wort »Befreiung« offiziell verboten war.

Welche Bedeutung hatte Dom Hélder Câmara für Ihr Leben?

Dom Hélder war der eigentliche Begründer der Befreiungstheologie. Er war es, der die Armen in den Mittelpunkt rückte. Er äußerte sich als einer der ersten kritisch zum wirtschaftlichen Wachstumsmodell, das anstatt Entwicklung Unterentwicklung fördere. Er war es, der bei dem Treffen der lateinamerikanischen Bischöfe in Uruguay in der Mitte der Sechzigerjahre sagte, dass wir eine ganzheitliche Befreiung suchen müssten. Die Propheten, von denen er selbst einer der großen war, sind den Theologen immer einen Schritt voraus. Abgesehen davon, dass er Prophet war, war er auch ein guter Pastor und Dichter. Die Karte, die er mir und meinem Bruder Clodovis, ebenfalls ein Theologe, schickte, habe ich immer sorgfältig aufbewahrt: »Wenn ich im Morgengrauen aufstehe, um zu beten, und an die Boff-Brüder denke, dann singe und tanze ich.« Diese Anerkennung segnet mich oder bringt zumindest Gott dazu, sich all meiner Fehler zu erbarmen, die ich auf dem Gebiet der Theologie begangen habe. Den letzten Satz, den er mir eine Woche vor seinem Besuch beim Papst sagte, trage ich wohl behütet in meinem Herzen: »Wir waren schon immer Freunde, gute Freunde.«

Welche Bedeutung hat die Befreiungstheologie heute innerhalb des brasilianischen und lateinamerikanischen Christentums?

Ich halte die Befreiungstheologie für eine der großen intellektuellen und konkreten Errungenschaften der lateinamerikanischen Kultur. Sie ist aus einer spirituellen Erfahrung und einer neuen Mission in der Geschichte des Christentums heraus entstanden: von Seiten der Armen aus, gegen die Armut und für die strukturelle Umgestaltung der Gesellschaft. Sie vereinigte die Widerstands- und Befreiungsbewegungen in allen lateinamerikanischen Ländern. Bis

konkreten Errungenschaften der lateinamerikanischen Kultur«

nach Afrika und Asien weitete sie sich aus. Heute ist sie eine der dynamischsten Denkweisen des gesamten Christentums. Die Befreiungstheologie hält nicht an Macht fest, sondern an moralischer Überlegenheit über grundlegende Fragen der Menschheit wie das Schicksal der Armen, den Anspruch auf Würde für die Verdammten dieser Erde, die Befreiung der Frauen, die während der Jahrhunderte des Patriarchats unterdrückt wurden, und die Erhaltung der Erde, das große Vermächtnis, das uns das Universum gegeben hat und zu dem Gott uns auffordert.

Ein aktuelles Thema Ihrer Bücher ist die Frauenfrage und das Verhältnis der Frau zur männlich geprägten Welt. Ist es wichtig, dass die Welt weiblicher wird?

Seit Jahren beschäftige ich mich wissenschaftlich mit der Frauenfrage. Da Frauen seit mehr als 12.000 Jahren Unterdrückung erleben, ist dieses Thema ein Bereich der Befreiungstheologie. Mein Schwerpunkt ist ein anthropologischer. Wir sind alle aus zwei Urkräften gebaut: der männlichen und der weiblichen. Sie liegen in jedem Menschen in unterschiedlicher Form vor. Sowohl im Mann als auch in der Frau gibt es einen Teil der Vernunft, der Machtlust, der Ordnung und einen, der neue Wege ebnet.

Und es gibt auch den Teil der Zärtlichkeit, der Sensibilität, der Intuition und Spiritualität, im Mann und in der Frau. Die Frau hat, um Frau zu sein, mehr diesen letzten Teil entwickelt, doch wird sie nicht von ihm allein bestimmt. In der Geschichte lässt sich eine tragische Entwicklung ausmachen: Der Mann hat das Weibliche in sich verdrängt und die Frau unterdrückt, sodass sie in der Gesellschaft unsichtbar wurde. Damit hat die Gesellschaft die Vorsicht und das Feingefühl an den Rand gedrängt. Die Herrschaft des Mannes hat diese Sensibilität misshandelt, somit hat sie auch vor der Natur nicht Halt gemacht und sie zerstört. Heute, wo wir auf der Suche nach neuen Formen des Zusammenlebens sind, müssen wir das Weibliche bewahren. So können wir zu einer integrierten und ausgewogeneren Gesellschaft werden und eine vollkommenere Erfahrung unserer selbst machen.

Wie bewerten Sie die Wege, die Papst Benedikt XVI. einschlägt?

Für mich führt dieser Papst nur die Idee von Kirche und die Politik seines Vorgängers Johannes Paul II. fort. Hier geht es darum, die Kirche von innen heraus aufzubauen, um ihrer selbst willen, wohl wissend, dass sie einige Sektenmerkmale erfüllt: Sie schließt viele aus und behindert seit 50 Jahren die Ökumene. Für mich lebt dieser Papst in der Illusion, dass durch die Reevangelisierung Europas die Welt verchristlicht werden könne. Die Europäer haben das Christentum hinter sich gelassen. Für sie ist es keine Quelle der Inspiration mehr, denn neben den modernen Werten der Teilhabe, der Freiheit, der Demokratie, der Menschenrechte, neben dem freien Strom der Ideen hat es an Bedeutung verloren.

Sich Europa zuzuwenden, bedeutet für uns Lateinamerikaner, die wir fast die Hälfte des gesamten Katholizismus ausmachen, sich auf die Reichen einzulassen. Diese interessieren sich mehr dafür, ihre Privilegien zu wahren, anstatt auf die Nachzügler zu achten und ihnen beim Sprung zu würdigeren Lebensbedingungen zu helfen. Dieser Papst wird in die Geschichte eingehen als ein Lehrer-Papst, der es nicht geschafft hat, Pastor zu sein. Er wollte die Christen im Hafen vor den Stürmen schützen, obwohl der Geist Jesu eine Einladung ist, kühn und mutig zu sein, damit wir neue Wege ebnen und Horizonte der Hoffnung aufreißen. ◇

Anmerkung der Redaktion: Dieses Interview enthält Auszüge aus zwei verschiedenen Interviews, die auf der Website Leonardo Boffs auf Portugiesisch zu finden sind. Wir danken für die freundliche Genehmigung, diese in der vorliegenden Übersetzung abdrucken zu dürfen.

Tucum

Aus Solidarität mit den Armen

Die Palme

Die Tucum-Palme ist vor allem im Amazonasgebiet zu Hause. Sie ist schlank und kann bis zu zwölf Meter hoch werden.

Als großes Buschgewächs oder Einzelpalme wird sie wegen ihrer gefährlichen Stacheln von Mensch und Tier respektiert. In den verheerenden Trockenzeiten des Nordostens gilt die Tucum-Palme als ein Symbol für Durchhaltevermögen. Als grüne Oase inmitten der verbrannten Natur leuchtet sie weithin als Hoffnung auf den lang ersehnten und Leben spendenden Regen. Als Überlebenstaktik treibt sie ihre Wurzeln tief ins Erdreich, bis hin zu unterirdischen Wasseradern oder zum Grundwasser.

Neben dem immergrünen Blattwerk bringt die Tucum-Palme große Trauben von schmackhaften Nüssen hervor. Sie haben einen tropisch frischen Geschmack, und der innere Kern weist einen hohen Ölgehalt auf.

Aus den festen Fasern der Palmblätter werden Fischernetze, Stricke und Hängematten angefertigt. Wenn die Tucum-Nüsse zu reifen beginnen, verbreiten sie einen wohltuenden Duft.

Der Ring

Die Tupi-Indianer im Amazonasgebiet haben das Phänomen der Tucum-Palme in ihre mit der Natur verwurzelte Kultur aufgenommen. Beeindruckt von der außerordentlichen Lebens- und Überlebenskraft dieser Palme, haben sie die harte Schale der kleinen Kokosnüsse zu Ringen verarbeitet. Diese wurden dann in der Hoffnung auf baldige Genesung den Kranken als Heilungsringe an den Finger gesteckt.

Mit viel Hingabe, wobei sie sich gelegentlich die Hände an den stacheligen Palmen verletzen, pflücken die Frauen heutzutage die Nüsse, um daraus die schwarzen Ringe herzustellen. Das Aufsägen, Säubern und Polieren der Ringe ist eine harte Arbeit und nimmt pro Ring für Geübte etwa eine Stunde in Anspruch. Je Nuss erhält man bis zu drei Ringe. Zur Herstellung der Ringe werden die Nüsse zunächst ins Wasser gelegt, um sie aufzuweichen. Dann werden sie mit einer kleinen Handsäge zerschnitten, und nach einer gewissen Zeit stampft man mit einem gut gewetzten Messer die Kerne heraus. Mit Schmirgelpapier oder mit einem Blatt vom Sambaiba-Baum werden die Ringe bearbeitet. Schließlich gibt man ihnen mit einem speziellen Stein den letzten Schliff.

Mit der Herstellung der Ringe verdienen sich die Frauen einen kargen Lebensunterhalt. Ihr großes Anliegen bleibt jedoch, dass mit der Verbreitung der Tucum-Ringe, als Zeichen der Solidarität mit den Armen, immer mehr Menschen sich für eine bessere und gerechtere Gesellschaft einsetzen. Und so wird er zu einem Heilungsring für eine kranke Welt an den Fingern derer, die sich weltweit für ihren Gesundungsprozess einsetzen. ◇

Der erste Lateinamerikaner auf dem Stuhle Petri

»Sich mit den Menschen gemein machen«.

Johannes Niggemeier kommentiert aus brasilianischer Sicht die Wahl von Jorge Mario Kardinal Bergoglio zum neuen Papst

Guten Tag, Johannes. Als am 13. März 2013 die Wahl des Jesuiten Jorge Mario Bergoglio aus Buenos Aires zum neuen Papst verkündet wurde und er als erster Lateinamerikaner auf dem Stuhle Petri sagte, er komme »vom Ende der Welt«, hatte man nicht den Eindruck, dass er das rein geografisch meinte …

Ich war in der Zeit in Brasilien, und wir von der AVICRES (→ S. 125) haben mit großer Offenheit, man kann auch sagen Freude und Begeisterung aufgenommen, dass einer aus Lateinamerika zum Papst gewählt worden war – einer, mit dem wir nicht gerechnet hatten, mit dem wohl niemand gerechnet hatte. Der Ausdruck »vom Ende der Welt« ist uns auch aufgefallen, weil wir unsere Arbeit in der Baixada (→ S. 134) auch als Arbeit »am Ende der Welt« verstehen, als Arbeit an einem Ort, wohin niemand gehen will. »Baixada« heißt »Niederung«, das gilt in jeder Beziehung. Aber wir sind bewusst dort, wohin niemand gehen will, wir arbeiten mit denen, die keiner will. Ich denke bei diesem Ausdruck »am Ende der Welt« auch an die Erzählung von der sogenannten Himmelfahrt. Darin schickt Jesus seine Jünger bis an »das Ende der Welt«, oder bei Lukas »an die Grenzen der Erde«. Ich glaube, dass es in der Theologie der Befreiung eine ganz große Rolle spielt, »von den Rändern dieser Welt« her zu denken. Geht raus »an die Grenzen«, das sind Worte, die der Papst dann auch gebraucht hat. Uns ist auch aufgefallen, wie stark er betont hat, dass die Kirche sich selbst aufbrechen muss, die Türen aufmachen muss. Und es ist sehr verwunderlich, dass er trotzdem gewählt worden ist.

Als Papst Franziskus, ebenfalls noch am Abend seiner Wahl, ankündigte, er wolle und werde Rom evangelisieren, stockte mir der Atem. Vor dem Hintergrund von 500 Jahren Kolonial- und »Missions«-Geschichte Lateinamerikas ist das in meinen Augen ein kühnes Vorhaben.

Mir fällt spontan dazu ein, dass Papst Benedikt bei seiner Reise zum »Jubiläum« von 500 Jahren Kolonisation gesagt hat, die Ureinwohner hätten mit ganzem Herzen nur darauf gewartet, dass die Botschaft Christi zu ihnen gebracht würde. Und nun dreht Papst Franziskus plötzlich die Richtung um. Benedikts Äußerung hat sehr viel Irritation ausgelöst, nicht nur unter den sogenannten Ureinwohnern, den Indios, sondern auch in theologischen Kreisen in Brasilien, soweit wir darüber diskutiert haben. »Rom evangelisieren«, das fällt zusammen mit einer Äußerung Franziskus' über seine Seelsorge-Arbeit in Buenos Aires, die nach seiner Wahl bekannt geworden ist. Er ist bei seiner Arbeit mit jungen Priestern in die Favelas gegangen, in die Elendsviertel, an die Peripherie und hat dort einen Schwerpunkt seiner Arbeit gesehen. Seine Begründung war: »Von der Peripherie aus sieht man die Stadt am besten«. »Peripherie« ist ein mehrdeutiger Ausdruck. Von der »Peripherie der Welt« aus zurückgucken auf das sogenannte Zentrum der katholischen Kirche. Diese »Umorientierung« lässt mich an Jesus und Jerusalem denken, wie er an der Peripherie Jerusalems sitzt und über diese Stadt weint: »Jerusalem, Jerusalem, du mordest die Propheten und tötest die, die zu dir gesandt sind.« Damit ist auch die Macht gemeint, die Macht der religiösen Wirklichkeit, mit der er konfrontiert war. Darum kann Franziskus auch sagen: »Rom evangelisieren«. Der

»Ich wünsche mir eine arme Kirche, die für die Armen da ist.«

Papst Franziskus

Begriff »Evangelisierung« wurde oft von den letzten Päpsten gebraucht. Sie sprachen immer davon, rauszugehen zu den »anderen«, damit diese endlich evangelisiert würden. Aber es gibt ja auch den Gesichtspunkt, dass wir in der lateinamerikanischen Peripherie sehr stark merken, dass das »Zentrum« – die westliche oder sogenannte christliche Welt – evangelisiert werden muss, das heißt, mit den Fundamenten der christlichen Botschaft der Befreiung konfrontiert werden muss.

Uns hier in Deutschland, die wir sehr von lateinamerikanischen Theologen und vor allem von der lebendigen Pastoral in Lateinamerika inspiriert wurden, interessiert natürlich besonders, wie man Franziskus' Verhältnis zur Theologie der Befreiung in seiner Heimat beurteilt. Und könntest du auch etwas über die Haltung der Jesuiten zur Theologie der Befreiung sagen?

Uns von der AVICRES interessiert Franziskus' Verhältnis zur Theologie der Befreiung besonders, denn die AVICRES hat vor 27 Jahren unter dem Programm der »Theologie der Befreiung« zu arbeiten angefangen – an den Rändern. Mit denen zu arbeiten, die keiner will, war und ist unser Ziel. Und das ist natürlich mit der Namenswahl des neuen Papstes – mit dem Namen »Franziskus« – eng verbunden. »Franziskus« ist ein Programm. Es ist ziemlich gewagt, sich den Namen »Franziskus« zu geben. Diese bewusste Wahl, die bewusste Option für die Armen: eine franziskanische Haltung. Wir von der AVICRES haben von Anfang an mit dieser Richtung des franziskanischen Geistes zusammengearbeitet: Wir sind daraus entstanden – wenn ich nur an die Freunde der AVICRES denke, die in Brasilien als Franziskaner arbeiten oder gearbeitet haben, oder daran, dass der Bischof von Nova Iguaçu selbst Franziskaner war und mich gerufen hat, diese Arbeit zu machen. Wir haben von Anfang an im Geiste der franziskanischen Auslegung der Bibel gearbeitet. Und Leonardo Boff, selbst Franziskaner, hat unsere Arbeit persönlich in Brasilien kennenglernt, und auch mit beeinflusst, weil wir in der Theologie miteinander befreundet und Kollegen waren, z. B. im theologischen Seminar der Franziskaner. Jetzt muss man allerdings auch sagen, dass Theologie der Befreiung nicht als intellektuelle Spielerei oder als intellektuelles Lehrgebäude verstanden werden darf. Und so kann man auch sagen, dass Papst Franziskus kein intellektuell orientierter Theologe ist. Er macht das, was die Theologie der Befreiung auch immer betont, nämlich dass sie eine praktische Auslegung der biblischen Botschaft ist. Er ist also ein praktischer Seelsorger gewesen, all die Jahre an den Rändern von Buenos Aires. Er hat in den Elendsvierteln gearbeitet und hat als Jesuitenprovinzial mit seinen Jesuitenmitbrüdern immer betont: Wir müssen dahin gehen, wo die Armen sind, wir müssen Franziskus praktizieren als Brüder der Armen. Zwar kann man sagen, dass er nicht ausdrücklich Anhänger oder Befürworter der Theologie der Befreiung ist, aber er hat – sogar in letzter Zeit, z. B. 2007 auf der Konferenz der lateinamerikanischen Bischöfe in Aparecida in Brasilien – die Theologie der Befreiung noch ein bisschen weitergebracht, indem er in einer Grundsatzrede nicht nur von den Armen und Ausgebeuteten gesprochen hat, sondern die Ärmsten nicht nur als die Ausgebeuteten, sondern als die Ausgeschlossenen, die an den Rand Gedrängten bezeichnet hat, die nicht mehr zählen. Die *excluidos*. Dieser Text seiner Rede ist ausdrücklich ins Dokument der Bischofskonferenz von Aparecida 2007 aufgenommen worden.

Und nun zu der Frage nach seiner Haltung zu den Jesuiten in seinem Orden und ihrem Engagement für die Ärmsten: Es gibt Leute, die heute in der Analyse der Situation des Jesuitenordens in Argentinien von einer gewissen Spaltung sprechen, nämlich zwischen der Gruppe der sich dezidiert politisch orientierenden Theologen der Befreiung und der anderen Gruppe, die sich von dieser politischen, also gesellschaftlich ausgerichteten Tendenz der Theologie der Befreiung bewusst distanziert und lieber von einer Seelsorge für die Armen spricht, und zwar im Sinne einer karitativen Sorge für die Armen. Wie es scheint, ist Papst Franziskus nie einer gewesen, der sich dezidiert gegen die politischen Verhältnisse ausgesprochen hat, z. B. in der Zeit der Militärjunta in Argentinien. Da hat es Konflikte gegeben zwischen ihm und jesuitischen Mitbrüdern. Aber richtig beurteilen kann ich das nicht. Heute höre ich von ihm, dass es darum gehen müsse, uns von unserem Machtgehabe und von unseren Insignien der Macht, Machtausdrücken und Machtsymbolen zu befreien. Und hinsichtlich seiner praktischen Lebensführung weiß man schon von früher, wie einfach er gelebt hat. Als er Papst geworden ist, brauchte er keine Papstlimousine, sondern ist zusammen mit den Kardinälen im öffentlichen Bus gefahren. Seine internationalen Flugreisen hat er selbst bezahlt und hat sich nicht sponsern lassen von anderen oder von der Kirche.

All das lässt mich an Leonardo Boff denken, der – voller fast kindlicher Freude – sehr zuversichtlich ist, dass Franziskus nachhaltig in die bestehenden (kirchlichen) Strukturen wird eingreifen können. In einem »Spiegel«-Interview, das kurz nach der Papstwahl erschien, traut er ihm nachgerade alles zu. Wie beurteilst du Franziskus' Chancen, das Gesicht von Kirche und Welt zu verändern?

Gerade Leonardo Boff hat ja persönliche Erfahrungen mit der Macht der Kirche gegen querdenkende Theologen gemacht. Er hat ein Buch geschrieben, 1984 erschienen, 1985 ins Deutsche übersetzt: »Kirche – Charisma und Macht«. Darin reflektiert er dieses Problem der Machtstrukturen. Es ist als ein für die Machtstrukturen der katholischen Kirche gefährliches Buch angesehen worden. Boff wurde mit dem Lehrverbot belegt. Was seine optimistische Ansicht angeht, dass Franziskus es fertigbringen werde, die Machtstrukturen der Kirche zu brechen, sie positiv zu verändern oder zu beenden, bin ich mir nicht so sicher. Leonardo Boff spricht in einem anderen Interview davon, dass das Gegenteil von Glaube die Angst sei. Papst Franziskus scheine keine Angst zu haben, und deshalb könne er alles erreichen, wenn er nur konsequent genug bleibe. Die Frage ist für mich natürlich, ob er gegenüber diesen Strukturen konsequent genug bleiben kann, die ja so festgefahren sind. Ich lasse die verschiedenen Päpste vor meinem inneren Auge vorbeiziehen, angefangen von Pius XII. bis zu Franziskus. Sieben Päpste habe ich kennengelernt. Und nach dem sehr aristokratisch wirkenden Pius XII. haben, ich erinnere mich sehr gut, alle kirchlich Interessierten, alle kirchenpolitisch Interessierten, alle Theologen immerfort gefragt, ob die nachfolgenden Päpste es wohl schaffen würden, die Machtstrukturen der Kurie zu brechen. – Erst kürzlich noch habe ich in einem persönlichen Gespräch mit einem Diözesanbischof die massive Klage gehört, wie man als Bischof in Rom gegen die Machtstrukturen der Kurie nicht ankommt, gedemütigt wird und kaum in eine tiefer gehende Begegnung mit dem Papst kommen kann. –

Von Johannes XXIII. haben wir alle geglaubt, er werde an den Machtstrukturen rütteln können. Doch immer wieder am Ende der Pontifikate sind wir enttäuscht gewesen … Und Paul VI. – er war ja selbst ein ziemlich ängstlicher Papst, ich denke an die sogenannte Empfängnisverhütungsenzyklika – pochte immer auf die Lehre, anstatt Freiheit, Angstfreiheit in den Mittelpunkt zu stellen. Johannes Paul I. war viel zu kurz Papst, um etwas ändern zu können. Johannes Paul II. hat als charismatischer Papst einiges fertiggebracht, auch die Strukturen zu überspielen, aber zu brechen: auf keinen Fall. Und ich glaube, dass Papst Benedikt XVI. zum größten Teil auch an den Machtstrukturen des Vatikans gescheitert ist. Das kann ich sehr gut verstehen, weil ich ihn, als ich studiert habe, auch persönlich als Professor kennengelernt habe. Er war kein Machtmensch, obwohl viele das glauben. Jedenfalls lag es ihm nicht, zu jonglieren oder gegen die Macht vorzugehen, das hat er nicht hingekriegt. Auch bei Papst Franziskus bin ich skeptisch, u. a., weil er bereits 76 Jahre alt ist. Eigentlich ist er in dem Alter, dass er zurücktreten müsste von seinem Bischofsamt, nämlich mit 75. Doch jetzt setzt er Zeichen, z. B. durch die Berufung der Kardinalskommission zur Reform der Kurie, um die Machtstrukturen der Kirche zu reformieren. Er setzt Zeichen auch durch Männer, die er in diese Kommission genommen hat, z. B. den Kardinal von Honduras, der selbst ein Papstkandidat war und dezidiert klarmacht, dass man gegen die Strukturen des Vatikans vorgehen muss … Doch bin ich insgesamt weniger optimistisch als Leonardo Boff, wenngleich ich doch Hoffnung auf Papst Franziskus setze.

Was aber Leonardo Boff selbst angeht, ist er jetzt in vielen Interviews sehr versöhnlich mit seinem großen Gegner Ratzinger umgegangen. Das hat mich sehr erstaunt, auf der anderen Seite ist das auch eine Stärke, dass er Erfahrungen so relativieren kann, unter denen er selbst gelitten hat. Vielleicht hat er von daher die Kraft, gegen Machtstrukturen zu kämpfen.

Bitte gestatte zum Schluss noch eine ganz persönliche Frage. Wenige Tage nach der Papstwahl hieß es in der hiesigen Presse, Franziskus habe unmittelbar vor dem Konklave in einer an das Kardinalskollegium gerichteten programmatischen Rede »Hirten mit dem Geruch der Schafe« gefordert. Da habe ich sehr an die brasilianische AVICRES und ganz besonders an dich gedacht.

»Hirten mit dem Geruch der Schafe« – Stallgeruch … Ich komme aus einer Hirtenfamilie, aus einer Schäferfamilie und weiß, was das heißt. Wenn einer wirklich Hirt ist, hat er automatisch den Stallgeruch, den wird er auch nicht los, den nimmt er überall mit hin. Ich könnte von meinem Stallgeruch erzählen, den ich als Schüler – und Student – überall mit hingenommen habe, mit hinnehmen musste. Der Geruch der Schafe sitzt einfach an einem dran.

Es gibt auch den Ausdruck »Stallgeruch« im Sinne von »Stallblindheit«. Stallgeruch muss nicht immer positiv sein als Zeichen der Solidarität mit den Schafen. Es gibt auch das Phänomen der »Stallblindheit«, wenn man nichts anderes mehr sieht als seinen eigenen Stall, und das ist ja gerade das, was Papst Franziskus in seinen programmatischen Reden vor und nach dem Konklave deutlich gesagt hat. Genau das kann es nicht sein: »stallblind« werden, wenn die Kirche sich nur selbst reflektiert, sich selbst beweihräuchert und den Geruch von Weihrauch annimmt und weiterträgt. Doch »Stallgeruch« im positiven Sinne kann nur heißen, dass die Kirche, dass wir mit unserer Arbeit im Milieu der Leute, der Ärmsten also, mit denen wir arbeiten, einwohnen. *Inserção* nennen wir das, so wie Paulus sagt: »Allen alles werden, den Griechen ein Grieche usw.«. »Sich gemein machen«, das ist schon ein interessanter Ausdruck. Sich gemein machen – in die allgemeine Situation derer gehen, zu denen man kommt – und nicht von oben herab handeln. Da wird man natürlich auch gemein für viele, die das nicht vertragen können. Eigentlich haben wir hier wieder das Gleiche, was am Anfang unserer Überlegungen schon gesagt wurde: Wir müssen an das »Ende der Welt«, an die Grenzen oder an die Peripherie.

Der erste Leitartikel nach der Papstwahl im Bistumsblatt von Nova Iguaçu vertritt genau die Meinung, die ich hier versucht habe, zum Ausdruck zu bringen, nämlich dass dieser Papst als Lateinamerikaner die Anliegen der Theologie der Befreiung – das zentrale Anliegen der vorrangigen Option für die Ärmsten – eindeutig vertritt. Für uns in der Baixada, in dieser Niederung, ist das sehr wichtig. Es löst große Hoffnung aus. ◇

Auszüge aus *Evangelii Gaudium* von Papst Franziskus

»Lieber eine verbeulte Kirche, als eine, die aufgrund ihrer Verschlossenheit und Bequemlichkeit krank ist«

In seinem ersten Schreiben Evangelii Gaudium, *das sich an alle Bischöfe, Priester, Diakone, Personen geweihten Lebens und christgläubigen Laien richtet, fordert Papst Franziskus eine missionarische Umgestaltung der Kirche. Als erster Papst aus Lateinamerika verpflichtet er sich der Option für die Armen, und verleiht diesen eine Stimme. Auszüge seiner Schrift sind hier zusammengestellt:*

Es ist unglaublich, dass es kein Aufsehen erregt, wenn ein alter Mann, der gezwungen ist, auf der Straße zu leben, erfriert, während eine Baisse um zwei Punkte in der Börse Schlagzeilen macht. Das ist Ausschließung. Es ist nicht mehr zu tolerieren, dass Nahrungsmittel weggeworfen werden, während es Menschen gibt, die Hunger leiden. Das ist soziale Ungleichheit. Heute spielt sich alles nach den Kriterien der Konkurrenzfähigkeit und nach dem Gesetz des Stärkeren ab, wo der Mächtigere den Schwächeren zunichte macht. Als Folge dieser Situation sehen sich große Massen der Bevölkerung ausgeschlossen und an den Rand gedrängt: ohne Arbeit, ohne Aussichten, ohne Ausweg. Der Mensch an sich wird wie ein Konsumgut betrachtet, das man gebrauchen und dann wegwerfen kann. Wir haben die »Wegwerfkultur« eingeführt, die sogar gefördert wird. Es geht nicht mehr einfach um das Phänomen der Ausbeutung und der Unterdrückung, sondern um etwas Neues: Mit der Ausschließung ist die Zugehörigkeit zu der Gesellschaft, in der man lebt, an ihrer Wurzel getroffen, denn durch sie befindet man sich nicht in der Unterschicht, am Rande oder gehört zu den Machtlosen, sondern man steht draußen. Die Ausgeschlossenen sind nicht »Ausgebeutete«, sondern Müll, »Abfall« (53).

In diesem Zusammenhang verteidigen einige noch die »Überlauf«-Theorien (trickle-down Theorie), die davon ausgehen, dass jedes vom freien Markt begünstigte Wirtschaftswachstum von sich aus eine größere Gleichheit und soziale Einbindung in der Welt hervorzurufen vermag. Diese Ansicht, die nie von den Fakten bestätigt wurde, drückt ein undifferenziertes, naives Vertrauen auf die Güte derer aus, die die wirtschaftliche Macht in Händen halten, wie auch auf die sakralisierten Mechanismen des herrschenden Wirtschaftssystems. Inzwischen warten die Ausgeschlossenen weiter. Um einen Lebensstil vertreten zu können, der die anderen ausschließt, oder um sich für dieses egoistische Ideal begeistern zu können, hat sich eine Globalisierung der Gleichgültigkeit entwickelt. Fast ohne es zu merken, werden wir unfähig, Mitleid zu empfinden gegenüber dem schmerzvollen Aufschrei der anderen, wir weinen nicht mehr angesichts des Dramas der anderen, noch sind wir daran interessiert, uns um sie zu kümmern, als sei all das eine uns fern liegende Verantwortung, die uns nichts angeht. Die Kultur des Wohlstands betäubt uns, und wir verlieren die Ruhe, wenn der Markt etwas anbietet, was wir noch nicht gekauft haben, während alle diese wegen fehlender Möglichkeiten unterdrückten Leben uns wie ein bloßes Schauspiel erscheinen, das uns in keiner Weise erschüttert (54).

Während die Einkommen einiger weniger exponentiell steigen, sind die der Mehrheit immer weiter entfernt vom Wohlstand dieser glücklichen Minderheit. Dieses Ungleichgewicht geht auf Ideologien zurück, die die absolute Autonomie der Märkte und die Finanzspekulation verteidigen (...). Es entsteht eine neue, unsichtbare, manchmal virtuelle Tyrannei, die einseitig und unerbittlich ihre Gesetze und ihre Regeln aufzwingt (...). Zu all dem kommt eine verzweigte Korruption und eine egoistische Steuerhinterziehung hinzu, die weltweite Dimensionen angenommen haben. Die Gier nach Macht und Besitz kennt keine Grenzen. In diesem System, das dazu neigt, alles aufzusaugen, um den Nutzen zu steigern, ist alles Schwache wie die Umwelt wehrlos gegenüber den Interessen des vergöttlichten Marktes, die zur absoluten Regel werden (56).

Der Arme wird, wenn er geliebt wird, »hochgeschätzt«, und das unterscheidet die authentische Option für die Armen von jeder Ideologie, von jeglicher Absicht, die Armen zugunsten persönlicher oder politischer Interessen zu gebrauchen. Nur das macht es möglich, »dass sich die Armen in jeder christlichen Gemeinde wie »zu Hause« fühlen. Wäre dieser Stil nicht die großartigste und wirkungsvollste Vorstellung der Frohen Botschaft vom Reich Gottes?«. Ohne die Sonderoption für die Armen läuft die Verkündigung, die auch die erste Liebestat ist, Gefahr, nicht verstanden zu werden oder in jenem Meer von Worten zu ertrinken, dem die heutige Kommunikationsgesellschaft uns täglich aussetzt (199).

Keiner hat ein besseres Leben, wenn er die anderen flieht, sich versteckt, sich weigert teilzunehmen, widersteht zu geben, sich in seine Bequemlichkeit einschließt. Dies kommt vielmehr einem langsamen Selbstmord gleich (272).

Religionsvielfalt in Brasilien

Brasilien zählt zu den Ländern der gegenwärtigen Welt, deren religiöses Leben besonders intensiv und vielfältig ist. Die brasilianische Volksreligiosität entstand im Kolonialzeitalter aus der Vermischung der Religionen der drei ethnischen Hauptgruppen: der Eingeborenen, der portugiesischen Kolonisten und der afrikanischen Sklaven.

Heute gibt es in Brasilien eine Vielzahl religiöser Gruppierungen. Der Katholizismus und der Protestantismus, beide mit ihren unterschiedlichen Ausrichtungen, die Pfingstbewegung und die evangelikalen, sektenartigen Gruppen sind am weitesten verbreitet. Zu den Minderheiten zählen: die Zeugen Jehovas, die Espíritas, die Afrobrasilianischen Religionen, das Judentum, Orientalische Religionen, esoterische Kulturen, indianische Religionen.

Die große Mehrheit der Brasilianer sind Anhänger der katholischen Kirche, die sich unter den Portugiesen der Kolonialzeit ausgebreitet hat. Der Glaube ist bei den Brasilianern fest im Leben verankert und begegnet in alltäglichen Situationen. *Vai com deus* (»geh mit Gott«), *se deus quizer* (»wenn Gott es so will«), *fique com deus* (»bleib bei Gott«) sind alltägliche Redewendungen, die in einem Gespräch dazugehören. Neben den regelmäßigen Kirchbesuchen voller Emotionen leben die Brasilianer ihren Glauben intensiv in Form von Heiligenverehrung, Wallfahrten und Gelöbnissen. Es gehört zu den zentralen religiösen Verpflichtungen des Volkskatholizismus, ein Gelübde einzulösen; Fehlschläge und Misserfolge im Leben werden vom Volk deshalb oft auf ein nicht eingelöstes Gelübde zurückgeführt.

Die Zahl der Katholiken ist seit einigen Jahrzehnten rückläufig. Von 1960 bis heute sank in Brasilien ihr Anteil von 93 auf ca. 65 Prozent (in Nova Iguaçu sind es sogar nur 58 Prozent). Parallel dazu breitet sich die Pfingstbewegung von Jahr zu Jahr aus. Man bezeichnet damit charismatische Richtungen sowohl im Katholizismus als auch im Protestantismus. Viele davon entstanden zu Beginn des 20. Jh. in den USA. Die Pfingstbewegung orientiert sich an der protestantischen Ethik und betont besonders ekstatische religiöse Erfahrungen nach dem Vorbild des biblischen Pfingstereignisses. Das Streben nach Heiligung nimmt bei der Pfingstkirche den Charakter eines »spirituellen Kriegs« zwischen Gott und dem Teufel mit seinem Heer von dämonischen Mächten an. Alle Ereignisse im Leben werden als Kampf zwischen Gott und dem Satan gedeutet, und die Aufgabe des Gläubigen besteht darin, zum Sieg Gottes über das Böse beizutragen.

Viele dieser Pfingstkirchen nehmen sektenähnliche Züge an wie beispielsweise die *Igreja Universal*, die von ihren Mitgliedern Spendengelder bezieht, wodurch ihnen Heilung durch den Heiligen Geist versprochen wird. Die *Assembleía de Deus* verlangt von ihren Gläubigen, sämtliche Vergnügungen und Versuchungen zu meiden wie z. B. den Konsum von Alkohol oder die Teilnahme an öffentlichen Festen. ◇

Konfessionen in Brasilien 2003 und 2009

	2003	**2009**
Katholiken	73,79 %	68,34 %
Protestanten	12,49 %	12,76 %
Andere Evangelikale	5,39 %	7,47 %
Spiritisten	1,50 %	1,65 %
Afrobrasilianische Religionen	0,23 %	0,35 %
Orientalische/ Asiatische Religionen	0,30 %	0,31 %
Andere	1,03 %	2,23 %
Konfessionslos	5,13 %	6,72 %

Jesus Cristo é o Senhor

Quero ser a sua voz.
131
Lindberg
SENADOR
1399
BORNIER
1500
DAVI Monteiro
44555
MARCELO MATOS
1200
LUIZ NOVAES
DEPUTADO ESTADUAL
15656
Deputada Estadual
Dra. Rosimere Guarnier
22226

Wahlkampf

Politik in Brasilien – die Qual der Wahl

Der Wahlkampf 2010

Einblick ins Hinterland Rio de Janeiros zu Zeiten des Wahlkampfes

Das allgemeine Bild wird geprägt von einfachen Häusern aus roten Ziegeln, ohne Putz und ohne Farbe, dicht aneinander gebaut. Davor immer wieder ein brennender Müllhaufen und ein Tier, das nach Nahrung sucht: hier eine Katze, dort ein Pferd, mal eine Ziege, dann ein Schwein. Und mittendrin die Köpfe der Politiker, oder derer, die es werden wollen. Sie blicken mit aufdringlicher Präsenz von ihren Wahlkampfplakaten von Häusern, Mauern, Brücken und Wahlkampfautos.

Das Treiben auf der Straße ist bunt und hektisch, wilder Verkehr mit nur einer Konstante: Willkür. Alte und neue Autos, laute Lastwagen, stinkende Busse, knatternde Motorräder, Pferde und Karren, Fußgänger und Fahrräder – alles kreuz und quer. Ununterbrochen ertönt Lärm, *bagunça*. Ein ohrenbetäubender Geräuschpegel dröhnt aus Handys, vorbeifahrenden Autos, Geschäften oder öffentlichen Lautsprechern. Meistens ist es Musik oder als Ohrwurm getarnte (Wahl)werbung. Und inmitten dieses Chaos – immer wieder ein schlafender Hund am Wegrand.

Im Oktober 2010 finden in Brasilien Wahlen statt – es wird eine neue Regierung gewählt, ein neuer Präsident/eine neue Präsidentin, alle Bundes- und Landtagsabgeordneten, ein Teil der Senatoren und alle Gouverneure der Bundesländer. Bis zum 3. April mussten alle Kandidaten, die sich aufstellen lassen wollen, ihre bisherigen Ämter aufgeben.

Brasilien steht schon seit Wochen »Kopf«. Wo man auch hinguckt, hängen Plakate der Kandidaten für die jeweiligen Ämter. Jeder Kandidat bekommt eine eigene Nummer zugewiesen, welche die Wähler am Tag der Wahl in den Wahlbüros in kleine Computer eingeben müssen. Ja, sie *müssen* wählen, es herrscht Wahlpflicht. Wer nicht wählt, dem wird die Rente gestrichen. Wahlberechtigt ist jeder, der das 18. Lebensjahr erreicht hat. Derzeit gibt es 132 Mio. Wahlberechtigte in Brasilien.

Präsident Luiz Inácio Lula da Silva darf in diesem Jahr nicht mehr kandidieren – er wurde vor vier Jahren bereits wiedergewählt und somit hat er die maximale Amtszeit von acht Jahren erreicht. Wer zukünftiger Präsident/Präsidentin wird, und welche Partei die Mehrheit der Stimmen bekommt, ist zu diesem Zeitpunkt noch absolut offen – die Aussichten, dass sich grundlegend etwas an der Situation für die Armen ändert, sind allerdings eher dürftig. Im Herbst besteht die Regierung aus einer Parteienallianz zwischen der PT *(Partido dos Trabalhadores)* und der PMDB *(Partido do Movimento Democrático Brasileiro)* sowie neun weiteren Parteien. Derzeit sind 27 Parteien beim obersten Wahlgericht angemeldet.

Der Wahlkampf in der Baixada

Natürlich wird in diesen Tagen besonders der armen Bevölkerung – diese bildet schließlich den größten Teil der Wahlberechtigten – das Blaue vom Himmel versprochen: Kindertagesstätten sollen errichtet werden, Schulen gebaut, Gesundheitsvorsorge und Krankenversicherung für jeden selbstverständlich sein, ebenso wie ein Schlafplatz für jedes Straßenkind. Und man träumt sogar noch weiter: von einem Brasilien ohne Straßenkinder – auch mit Blick auf die Fußballweltmeisterschaft 2014 und die Olympischen Spiele 2016, denn wie kann ein Entwicklungsland mit derartigen sozialen Problemen die Welt empfangen? Die Kinder sollen in ihren Familien aufwachsen, und um dieses Ziel statistisch zu erreichen, verbietet man ihre Unterbringung in Kinderhorten. Zum kurzfristigen Bei-Laune-Halten werden der Mindestlohn angehoben (Januar 2011), Straßen asphaltiert, Kanalisationen gebaut, Lebensmittel verschenkt. Auch lassen es sich die Kandidaten der jeweiligen Stadtverwaltung in diesen Tagen nicht nehmen, selbst in soziale Einrichtungen zu kommen und Lebensmittel zu verschenken. »Medienwirksame Präsenz« ist das Stichwort, um mindestens bis zur Wahl in der Gunst der Wähler zu steigen. So verschenkte der Bürgermeister von Nova Iguaçu (Lindberg Farias) auf einer Volksversammlung vor den letzten anstehenden Wahlen Lebensmittel – Almosen fürs Volk – und ließ sich von den Bürgerinnen und Bürgern bejubeln wie ein Rockstar.

MAROTTE
Vereador
MAROTTE
Já é!
15000
PMDB
MAROTTE
15000
MAROTTE
Já é!
15000
PMDB
15
15

Überall fahren Autos mit Lautsprechern auf dem Dach, aus denen die jeweiligen Versprechen der Amtskandidaten ertönen sowie ihre Wahlnummer. Diese wird meistens gesungen, damit man von ihr einen Ohrwurm bekommt – eine eingängige Melodie, die Sorgenfreiheit und ein Gefühl der Unbekümmertheit vermittelt, frei nach dem Motto: »Wähl mich, und die Baixada Fluminense wird das Paradies«. Besonders grotesk ist dieses Bild, wenn man bedenkt, dass laut Gesetz weder Autos mit Lautsprechern durch die Straßen fahren noch Plakate der jeweiligen Kandidaten an Mauern und Wänden aufgehängt werden dürfen. In diesen Tagen herrscht in der Baixada Fluminense und wohl auch in ganz Brasilien ein wildes Durcheinander.

Infrastruktur

Busfahrten nehmen in diesen Tagen nicht selten das Doppelte an Zeit und mehr in Anspruch – so ist man schnell statt einer Stunde, zwei oder zweieinhalb Stunden in den lauten und überfüllten Straßen Nova Iguaçus unterwegs. Schuld daran sind die unzähligen Baustellen, die den Straßenverkehr chaotisch und äußerst belastend werden lassen. Die Politiker schmücken sich stattdessen mit ihrem Engagement, tun sie doch schließlich etwas für die Infrastruktur der Stadt, bauen Kanalisationen und ein besseres Verkehrsnetz. Dass die Asphaltdecke jedoch gerade dick genug ist, um die Zeit bis zum Wahltag zu überstehen, ist ein offenes Geheimnis. Die Fragen, die sich daher stellen, sind: *Wann* machen die zuständigen Behörden *was*? Und *mit welcher Nachhaltigkeit* machen sie das, was sie tun?

Schulen und Kindertagesstätten

Die Zeit kurz vor dem Wahlkampf ist geprägt von Versprechungen, die Zeit danach allerdings, und das sind immer wenigstens drei Jahre und zehn Monate, ist eine äußerst triste Zeit. Soziale Einrichtungen kratzen am Existenzminimum, oft können sie sich ohne private Spender nicht über Wasser halten. In den Schulen fehlen ständig Lehrer, sodass der Unterricht ausfällt – die Krankheitszeiten der Lehrer an den öffentlichen Schulen in Brasilien sind immens hoch. Verständlicherweise, denn Lehrer arbeiten für einen Mindestlohn – das sind zurzeit umgerechnet ca. 240 Euro. Davon kann keine Familie leben. So bleibt den meisten von ihnen nichts anderes übrig, als einen zweiten oder dritten Job anzunehmen. Darunter leidet natürlich der Unterricht, denn es fehlt an Zeit, den Unterricht gut vorzubereiten.

Hinzu kommt, dass vielen Lehrern an den öffentlichen Schulen die Motivation für einen guten Unterricht fehlt, so die ehemalige Lehrerin Marimília Leandro Fatá (31 Jahre): »Es gibt viele, die sich nicht bemühen, den Schülern das beizubringen, was sie ihnen beibringen sollten. Manche Kollegen sagen: ›Wozu das Ganze? Es wird nicht viel bringen, die hier wird später sowieso in einem Geschäft arbeiten. Ich investiere nichts für jemanden, der keine Zukunft hat.‹«

Gesundheitsversorgung

Wenn wir die öffentlichen Gesundheitseinrichtungen im Umland Rio de Janeiros betrachten, wird schnell klar, dass es kaum etwas gibt, das menschenunwürdiger ist als diese Versorgung kranker

VIARIO CENTRAL
RAÇÕES MERCEARIA
2792-3267
SACOLÃ
Rei DAS frutas
tel.
2792 3267
1399
1399
PICOLÉ

»Der Staat ist daran gewöhnt, dass wir nichts einfordern. Die Politiker sind daran gewöhnt, dass wir Angst vor ihnen haben. Dabei müsste es eigentlich genau umgekehrt sein. Staat und Politiker müssten Angst vor uns haben.«

Stimme einer Brasilianerin aus der Baixada

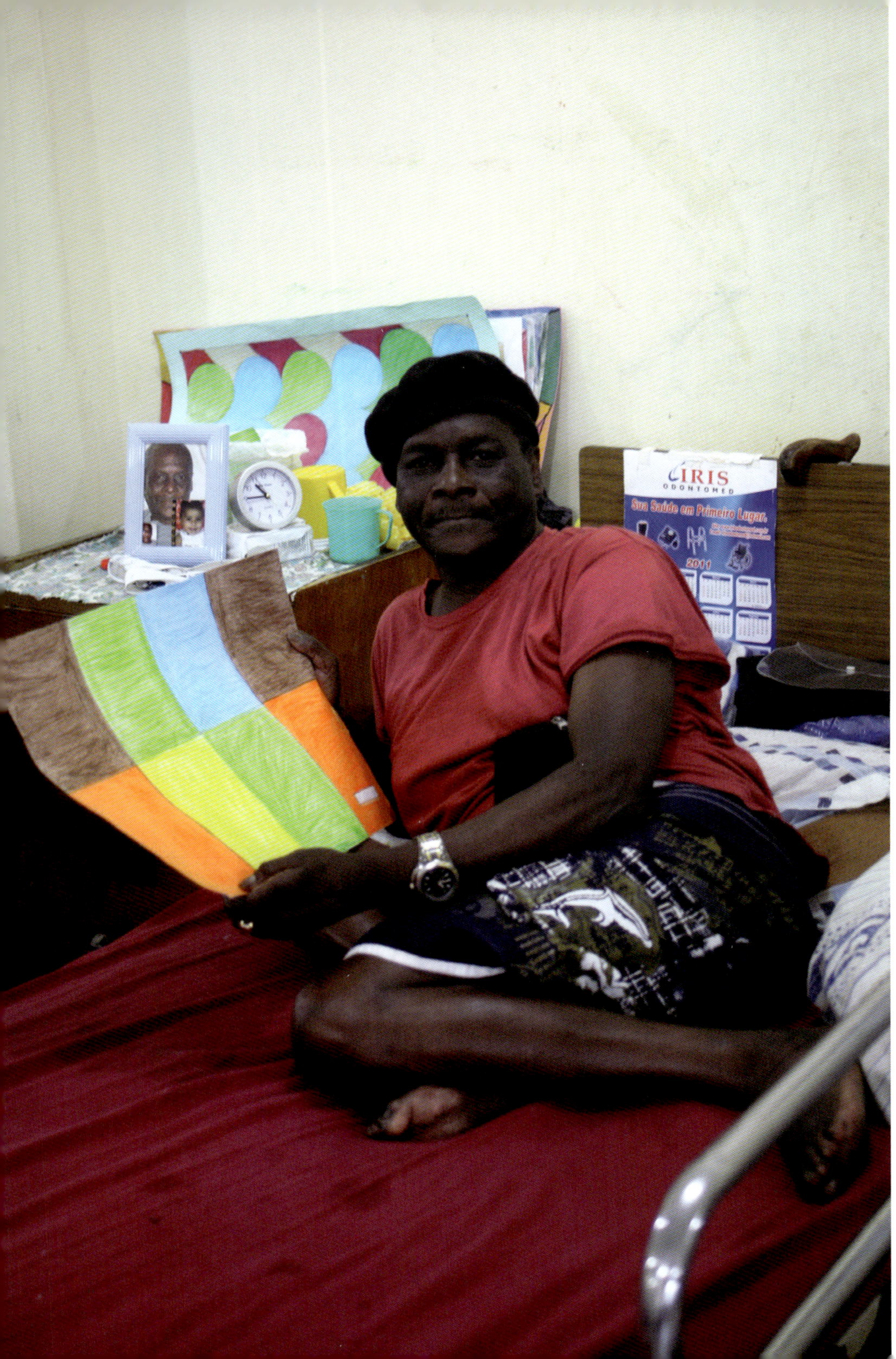

Menschen. Menschen, die ein Leben lang ihren Beitrag an die gesetzliche Krankenversicherung gezahlt haben, müssen tagelang auf Stühlen sitzen, um dort ihre Infusionen zu erhalten. Es gibt zwar Betten, doch nicht genügend. Die Krankenhäuser sind chronisch überfüllt, sodass Menschen ohne besonderen Kontakte wenig Aussicht auf Aufnahme haben. Hat man es geschafft, so ist ein Krankenhaus dennoch nicht selten kein Haus zum Kurieren, sondern eines, in dem man erst wirklich krank wird.

Was hält die arme Bevölkerung von den Politikern?

»Diese Politiker, die wir hier *jetzt* auf Plakaten sehen und aus Lautsprechern hören, sind Zuhälter der Armen! Sie wissen, dass sie uns brauchen, sie brauchen unsere Stimme, und sobald die Wahlen vorbei sind, sehen und hören wir nichts mehr von ihnen. Dann werden die Armen, wie eh und je, links liegen gelassen. Sie benutzen uns, sie wollen an die Macht, wenn sie es geschafft haben, stecken sie sich *unser* Geld in ihre eigene Tasche. Diese Korruption ist pervers!« (Mitarbeiterin der AVICRES, → S. 125.)

Wir fragen uns vielleicht, warum die Menschen in den Elendsgebieten Brasiliens das mit sich machen lassen, warum sie nicht auf die Straße gehen, nicht protestieren oder gar revolutionieren. In diesem Zusammenhang ist es wichtig, Armut nicht nur unter strukturellem Aspekt zu verstehen. Natürlich wird die sogenannte »Dritte Welt« innenpolitisch wie auch außenpolitisch weiterhin ausgebeutet und die Armen somit ihrer Rechte beraubt, doch hinzu kommt der historische Hintergrund: Die Demokratie steht in Brasilien noch an ihrem Anfang. Seit erst 22 Jahren wird gewählt, zuvor herrschte über zwei Jahrzehnte die Militärdiktatur, davor ein oligarchisches System; und auch die Sklaverei ist offiziell erst seit 1888 abgeschafft. Diese Mentalität ist noch tief in den Köpfen der Bevölkerung verankert. Jeden Tag aufs Neue erlebt man in der Baixada Fluminense die enorme Leidensfähigkeit dieser Menschen, sei es bei öffentlichen Gesundheitsposten, wo sie morgens um vier Uhr Schlange stehen, um abends um 20 Uhr doch wieder nach Hause geschickt zu werden, oder bei Behörden. Die Demütigung nimmt ihren Lauf: Die Armen werden ihrer Rechte beraubt und sie ertragen es. Sie ertragen es aufgrund ihrer geschichtlichen Wurzeln.

Für diese Armut gibt es auch Verantwortliche, die zurechtgewiesen und angeklagt werden sollten. Es sollte eine Mentalität entstehen, in der die Reichen die Armen in ihren Rechten und in ihrer Würde wahrnehmen und Solidarität entwickeln, um die Armen in ihrem Kampf zu unterstützen. Und die Armen? Sie sollten sich zu der Armut, die sie gefangen hält, selbst verhalten. Nur so haben sie die Chance, das Problem an seiner Wurzel zu packen.

Im Sommer 2013 fanden im Zuge des Konföderationen-Pokals in Brasilien landesweit Proteste statt. Zum ersten Mal seit etwa dreißig Jahren ist die Bevölkerung – vor allem die Mittelschicht – gegen Korruption und Ungerechtigkeit auf die Straße gegangen. Überwiegend friedlich wurde gegen die desolaten Zustände im Bildungs- und Gesundheitssystem sowie Preiserhöhungen bei Lebenshaltungs- und Fahrtkosten demonstriert. Ob das der Startschuss war, auf den viele schon so lange gewartet haben? Ob damit der Knoten des Schweigens und der Duldsamkeit endlich geplatzt ist? Ob diejenigen, die so lange geschwiegen haben, nun endlich zu Wort kommen? Und ob ihnen Gehör geschenkt wird – das bleibt noch abzuwarten. ◇

Auf der Suche nach einer neuen Geschichte

Die Bildungsperspektiven zweier junger Studentinnen

Samia Letícia

Mein Name ist Samia Letícia, ich bin 17 Jahre alt, studiere Ernährungswissenschaft im ersten Studienabschnitt und wohne mit meinen Großeltern väterlicherseits in der Stadt Bacabal im Bundestaat Maranhão im Nordosten Brasiliens. Bevor ich ankam, wo ich heute bin, habe ich einen Weg voller Kämpfe, Herausforderungen und Überwindungen zurückgelegt. Meine Familie hat immer sehr dafür gekämpft, dass ich gute Schulen besuchen konnte. Im Gegensatz zu vielen anderen Familien mit geringem Einkommen hat sich meine stark dafür eingesetzt, mir eine sichere Zukunft aufzubauen, die neben den Werten, die sie mir vermittelt haben, auf guter Bildung basiert. Alle Schulen, die ich besucht habe, waren Privatschulen. Glücklicherweise stand mir ein Stipendium zur Verfügung, da mein Vater an den Schulen arbeitete und auf diesem Weg ein Stipendium durchsetzen konnte. Sonst hätte er die Studiengebühren nicht bezahlen können.

Meine erste Grundschule war bis zur zweiten Klasse die Schule *Domingos Sávio do maternal*. Dann wechselte ich auf eine Franziskanerschule, *Colégio de Nossa Senhora dos Anjos*, auf der ich nur bis zur vierten Klasse bleiben konnte, da hier kein fortgeschrittener Grundschulunterricht angeboten werden konnte. In der fünften Klasse war ich auf der Schule der *SESI (Serviço Social da Indústria)*, wo ich nur ein Jahr blieb. Abgeschlossen habe ich die Grundschulausbildung mit der sechsten Klasse an dem *Colégio Reis Magos*. Die Sekundarstufe habe ich auf einer der strengeren und umfassenderen Schulen in Maranhão besucht, einer öffentlichen Schule mit dem Namen *Colégio Militar Tiradentes*. Das ist eine neue Schule in meiner Stadt, die von Militärs geleitet und von der Regierung von Maranhão betrieben wird. Es ist wichtig, zu betonen, dass in allen Schulen, die ich besucht habe, die Unterrichtsmethoden dank hervorragender Lehrkräfte und ausgezeichneter Projekte sehr gut waren. Wir wurden so immer mehr an die Realität herangeführt und auf eine Zukunft vorbereitet, für die sich all die Anstrengungen in der Vergangenheit gelohnt haben.

Nachdem ich die Sekundarstufe abgeschlossen hatte, habe ich mein Glück versucht und mich zu Aufnahmeprüfungen für Fach- und Hochschulkurse eingeschrieben. Ich hatte die Möglichkeit, an einer Aufnahmeprüfung für den Studiengang *Alimentos para o Campus* (»Lebensmittel für den Campus«) im Bereich Gesundheit an der bedeutenden Landesuniversität von Maranhão (kurz IFMA) teilzunehmen. Ich habe auch eine Aufnahmeprüfung an der Fakultät für Erziehungswissenschaften von Bacabal (kurz FEBAC) für ein Studium der Ernährungswissenschaften und eine Aufnahmeprüfung am IFMA für ein Technik- und Informatikstudium gemacht. In den meisten Kursen bekam ich eine Zusage. An der IFMA konnte ich jedoch trotz Teilnahme an der Quotenregelung für Schwarze und Bedürftige kein Technik- und Informatikstudium aufnehmen, da ich nicht die komplette Sekundarschule an einer öffentlichen Schule absolviert habe. Das hat mich sehr enttäuscht, da ich nur zu Privatschulen gegangen bin, weil mein Vater dort gearbeitet hat und umsonst ein Stipendium organisieren konnte. Die öffentliche Schulbildung muss sich leider immer noch sehr verbessern, sie weist noch viele Mängel auf. Daher finde ich es nicht gerecht, bestraft zu werden, weil ich Zugang zu besserer Bildung und ein Stipendium hatte.

Nun studiere ich Ernährungswissenschaften an der FEBAC und schließe demnächst den ersten Studienabschnitt ab. Da die FEBAC eine private Bildungseinrichtung ist, die mit FIES und PROUNI (Förderprogrammen für Studenten) in Partnerschaft steht, versuche ich ein Stipendium von der Regierung zu bekommen, denn meinen Studiengang gibt es an den staatlichen Universitäten nicht, auch nicht an der Landesuniversität von Bacabal. Es ist nicht so einfach, dieses Stipendium zu bekommen, aber wir werden es versuchen. Ich habe mehrmals daran gedacht, aufzuhören. Nicht, weil mir das Studium nicht gefällt, sondern weil es nicht leicht ist, an einer privaten Universität durchzuhalten, da ich wie alle anderen Menschen gewisse persönliche und mein Umfeld betreffende »Prioritäten« habe. Mein großer Traum ist eigentlich, Zahnmedizin zu studieren. Das »Universum des Mundes« fasziniert mich, aber hier in Bacabal gibt es diesen Studiengang noch nicht. Die nächste Möglichkeit hierzu liegt in der Hauptstadt

São Luis, aber so weit kann ich nicht von meinen Großeltern entfernt wohnen, auch aus ökonomischen Gründen nicht. Deshalb studiere ich weiterhin Ernährungswissenschaften in der Hoffnung, eines Tages Zahnmedizin studieren und den vielen Träumen in meinem Herzen folgen zu können. Mit viel Glauben, Kraft und Ausdauer werde ich sie irgendwann verwirklichen können, denn das Wort »aufgeben« taucht in meinem Wörterbuch nicht auf.

Layra Katrinne

Mein Name ist Layra Katrinne, ich bin 19 Jahre alt und wohne zusammen mit meiner Großmutter, meinen beiden Brüdern, meiner Mutter und meiner Tante in einem Haus im Nordosten Brasiliens.

Wenn man etwas über Bildung in Brasilien sagen möchte, muss man abwägen. Denn trotz der Verbesserungen, die es im Laufe der Jahre gegeben hat, sind wir immer noch »hinterher«, wenn man die Wirklichkeit mal genauer analysiert und mit anderen Schwellenländern vergleicht.

Es wäre zu einfach zu sagen, dass der Zustand unseres Bildungssystems derzeit schlecht ist und dass dies nur die Schuld des Staates sei. Denn es gibt bestimmte Bildungsangebote für die Bevölkerung, im Wesentlichen für die jungen Leute, zum Beispiel die Programme FIES und PROUNI. Dies sind staatliche Förderprogramme, die uns auf gewisse Weise einen Zugang zur Universität ermöglichen. Sie stellen eine Chance für Menschen dar, die nur über ein geringes monatliches Einkommen verfügen. Sie haben die Möglichkeit, ein Teil- oder sogar auch ein Vollstipendium zu erhalten.

Aber es genügt nicht, nur Programme wie diese zu finanzieren. Eine anständige öffentliche Schule, abgestimmt auf ein unternehmerisches Land, mit einem Lehrplan, mit gut bezahlten und gut ausgebildeten Lehrern, die stolz auf ihre Ausbildung und glücklich sind – das braucht Brasilien. Und zwar schon seit gestern. Technische Ausbildungen, die auf einen Beruf vorbereiten.

Unser Lehrplan ist so oberflächlich und überflüssig, dass ein Schüler am Ende der Sekundarschule noch nicht einmal ein Verb konjugieren kann und unfähig ist, einen Hauptsatz im Satzgefüge zu erkennen. Ich bin traurig, wenn ich sehe, wie die Jugendlichen meiner Generation ein Buch lesen und dabei nicht verstehen, was sie gerade gelesen haben.

Ist Bildung teuer? Das hängt vom Blickpunkt desjenigen ab, der sie betrachtet. Bildung ist jedenfalls keine Verschwendung. Sie ist Investition. Ein gebildetes Volk verdient mehr, konsumiert mehr, ernährt sich bewusster, wird seltener krank.

Hier in Bacabal ist die Situation kein bisschen anders, die Bildung in den öffentlichen Einrichtungen ist schlecht, es gibt noch viele Mängel. In den ländlichen Gebieten ist die Zahl der Analphabeten immer noch enorm, und den Jugendlichen fehlen weiterhin Perspektiven. Aber sie sind wissensdurstig. ◇

Foto: Layra Katrinne.

»Bildung ist (…) keine Verschwendung. Sie ist Investition. Ein gebildetes Volk verdient mehr, konsumiert mehr, ernährt sich bewusster, wird seltener krank.«

O Que É, O Que É?

Eu fico com a pureza
Da resposta das crianças
É a vida, é bonita
E é bonita …

Viver! E não ter a vergonha
De ser feliz
Cantar e cantar e cantar
A beleza de ser um eterno aprendiz …

Ah meu Deus!
Eu sei, eu sei
Que a vida devia ser
Bem melhor e será
Mas isso não impede
Que eu repita
É bonita, é bonita
E é bonita …

E a vida!
E a vida o que é?
Diga lá, meu irmão
Ela é a batida
De um coração
Ela é uma doce ilusão

E a vida
Ela é maravilha
Ou é sofrimento?
Ela é alegria
Ou lamento?
O que é? O que é?
Meu irmão …

In mir bleibt die Klarheit
Der Antwort eines Kindes.
Das ist das Leben, schön,
Es ist schön …

Leben! Und ohne Scham,
Glücklich sein.
Singen und singen und singen.
Erfüllung, ein ewig Lernender zu sein…

Oh, mein Gott!
Ich weiß, ich weiß,
Das Leben sollte
und wird viel besser sein.
Aber das hält mich nicht davon ab,
Es wieder zu sagen:
Es ist schön. Es ist schön.
Es ist schön.

Das Leben!
Was ist das Leben?
Sag es mir, mein Bruder.
Es ist der Schlag
Eines Herzens,
Eine süße Illusion.

Das Leben
Ist ein Wunder,
Oder ist es Leiden?
Es ist Freude,
Oder ist es Klagen?
Was ist es? Was ist es?
Mein Bruder …

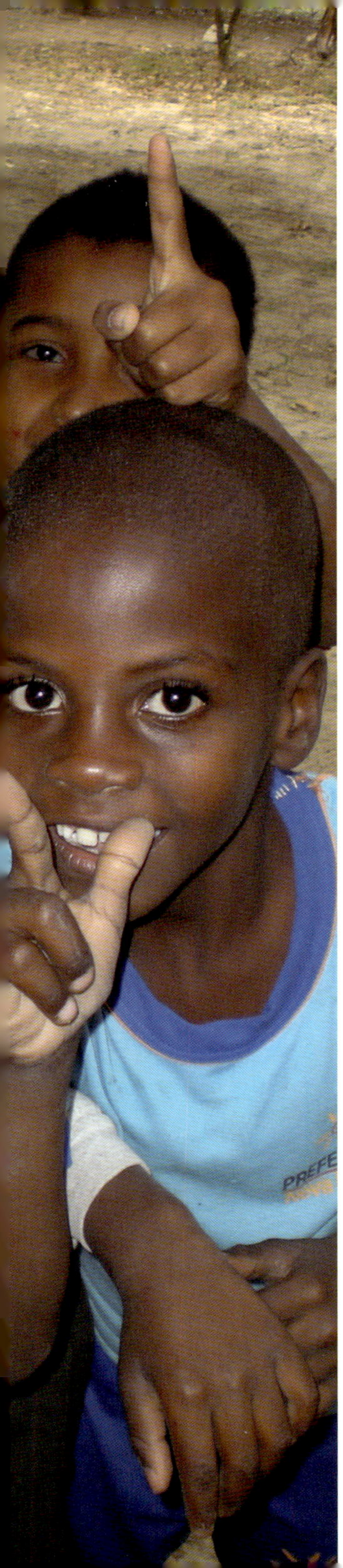

Was Ist Es? Was Ist Es?

Há quem fale
Que a vida da gente
É um nada no mundo
É uma gota, é um tempo
Que nem dá um segundo …

Há quem fale
Que é um divino
Mistério profundo
É o sopro do criador
Numa atitude repleta de amor …

Você diz que é luxo e prazer
Ele diz que a vida é viver
Ela diz que melhor é morrer
Pois amada não é
E o verbo é sofrer …

Eu só sei que confio na moça
E na moça eu ponho a força da fé
Somos nós que fazemos a vida
Como der, ou puder, ou quiser …

Sempre desejada
Por mais que esteja errada
Ninguém quer a morte
Só saúde e sorte …

E a pergunta roda
E a cabeça agita
Eu fico com a pureza
Da resposta das crianças
É a vida, é bonita
E é bonita …

Manche sagen,
Das Leben der Menschen,
Sei ein Nichts in der Welt,
Ein Tropfen, eine Zeit,
Nicht mal eine Sekunde.

Manche sagen,
Es sei ein göttliches,
Tiefes Geheimnis,
Der Atem des Schöpfers,
Ganz voller Liebe.

Du sagst, es sei Luxus und Genuss,
Er sagt, das Leben sei Leben,
Sie sagt, besser sei es zu Sterben,
Denn sie ist nicht geliebt,
Und das Wort sei leiden …

Ich weiß nur, ich vertraue dem Mädchen,
In sie lege ich die Kraft meines Glaubens,
Es sind wir, die das Leben gestalten,
Wie wir können, dürfen oder wollen.

[Leben ist] immer gewollt,
Sollte es auch falsch sein,
Den Tod will niemand,
Nur Gesundheit und Glück.

Die Frage durchwandert unseren Geist,
Verwirrt unsere Köpfe
In mir bleibt die Klarheit,
Der Antwort eines Kindes
Das ist das Leben, schön,
Es ist schön …

Brennpunkte

Drogenhandel und Prostitution

Gesellschaftliche Auswirkungen von Armut und Korruption in Brasilien

Der unerklärte Bürgerkrieg, der seit 30 Jahren in Brasilien herrscht, hat bisher weit über zwei Millionen Menschenleben gekostet. Drei Viertel davon waren Kinder und Jugendliche.

Bilanz: 80 Prozent der Jungen, die in das Drogengeschäft einsteigen, erleben nicht einmal ihren 21. Geburtstag.

Brasilien ist ein Land geworden, in dem Drogenhandel und kriminelle Netzwerke beinahe zum Alltag gehören. Die Drogenbanden sind mächtiger als die Polizei und dadurch haben sich eigene kleine politische Systeme innerhalb des eigentlich übergeordneten Staatssystems etabliert – diese Entwicklungen verwundern kaum angesichts ausufernder Korruption und Armut. Es lohnt sich aber, genauer auf die Ursachen für die starke Verbreitung des Drogengeschäfts zu schauen.

Warum der »Markt« Drogenhandel funktioniert

Der südamerikanische Kokainhandel hat inzwischen eine über 30-jährige Tradition. Mitte der 1970er-Jahre entwickelte sich daraus in den Ländern, die Brasilien umgeben, eine eigene Branche, die ganze Volkswirtschaften prägte. Davon blieb auch Brasilien vor dem Hintergrund hoher Verschuldung und Inflation nicht unberührt. Kriminelle Netzwerke entstanden, zunächst auf der Basis legaler Geschäfte wie Tierwetten und Edelholzhandel. Diese dienten schließlich nur noch als Deckmantel für illegale Aktivitäten und schwächten das Land weiter, indem sie ihm wirtschaftlichen Schaden zufügten.

Das Problem: Drogenhandel lohnt sich für die Akteure, denn sie werden kaum gestört bei ihren illegalen Aktivitäten. Die Instrumente, den Drogenhandel effektiv zu bekämpfen, beschränken sich auf korrupte Polizeiorgane. Ein Sicherheitsminister schätzte den Korruptionsgrad unter den Beamten der Zivil- und Militärpolizei in Brasilien auf rund 80 Prozent. Dies ist vermutlich wiederum auf die Lage der öffentlichen Haushalte zurückzuführen: Polizeibeamte und Ermittler fühlen sich dem Staat gegenüber vermutlich kaum verpflichtet, das Rechtssystem durchzusetzen, wenn sie dafür nur einen Monatslohn von umgerechnet etwa 240 Euro erhalten. Entsprechend groß ist der Reiz möglicher Verdienste im Drogengeschäft, der für einen einfachen Polizeibeamten genauso besteht wie für einen Richter. Die persönliche Vernetzung spielt dabei ebenfalls eine große Rolle. Wenn der Staatsanwalt des Polizeichefs bester Freund ist, verkommt die effektive Bekämpfung von Kriminalität zum zufälligen Einzelphänomen.

Machtloser Staat

Auch sonst sind die Umstände für Drogenhandel in Brasilien günstig. Rechtsfreie Räume gibt es viele. Knotenpunkte bilden sich dort, wo kriminelle Netzwerke bereits so dominant sind, dass staatliche Regulierung und »Störung« der Drogengeschäfte nicht mehr zu erwarten ist. Dabei ist die Drogenkriminalität in Brasilien im Vergleich zu anderen südamerikanischen Ländern nicht einmal besonders ausgeprägt. Die landwirtschaftlichen Produktionsbereiche wie Kaffeeanbau, Holzhandel und Fischerei bilden nämlich weiterhin einen wirtschaftlichen Hauptzweig, die Erträge daraus sind für die Menschen in vielen Regionen Brasiliens ohne die zusätzlichen Gewinne aus dem Drogenhandel aber nicht mehr rentabel.

Das Geschäft ist national wie international fest in brasilianischer Hand. Die Netzwerke verfügen zwar auch über gute Kontakte zu ausländischen Akteuren, doch die Köpfe dieser Banden sind fast immer Brasilianer, die entweder zum gehobenen Kreis angesehener Unternehmer und Politiker gehören, die ein niedriges Risiko eingehen und hohe Gewinne zu erwarten haben, oder aber zur besonders armen Bevölkerung, die stattdessen ein hohes Risiko für sehr wenig Geld eingehen und dafür nicht selten mit dem Leben bezahlen. Die Drogenhändler haben also

In der Baixada Fluminense kostet ein Auftragsmord zwischen 2.500 und 12.000 Reais (Mai 2014: ca. 800 bis 3.900 Euro), je nach Rang des Opfers und einzugehendem Risiko. Nicht selten kommen die Auftragsmörder von der Staatsmacht. Berüchtigt sind die sogenannten Todesschwadronen, die sich meistens aus Polizisten zusammensetzen. Diese üben Selbstjustiz – ihre Opfer: Kinder und Jugenliche, die auf offener Straße exekutiert werden.

Szene aus dem Film *Cidade de Deus* (»City of God«, 2002). Der Einstieg ins Drogengeschäft fällt leicht. Für die Kinder und Jugendlichen in Brennpunktgebieten ist er aus bestehendem Perspektivmangel sogar oft ein erstrebenswertes Ziel. Der Ausstieg aus dem Geschäft ist nahezu unmöglich. Nicht selten bezahlt man dafür mit dem Leben.

Der Film *Cidade de Deus*, der auf wahren Begebenheiten beruht, erzählt von dem 16-jährigen Buscapé, der in einem Armenviertel im Umland Rio de Janeiros aufwächst. Der Kontakt zur Kriminalität scheint unausweichlich. Auch Buscapé wird früh mit Gewalt konfrontiert. Doch gelingt ihm durch sein Talent als Fotograf ein Ausweg aus der Spirale von Arbeitslosigkeit, Gewalt und Kriminalität. Ein Beispiel, das Hoffnung machen soll. In der Realität ist ein solcher Verlauf aufgrund fehlender Perspektiven und Möglichkeiten immer noch die Ausnahme.

Thomas Lupo, freier Künstler des Projekts ARTHELPS lebte ein halbes Jahr in einer Favela im brasilianischen Belo Horizonte. Dort leitete er ein Kreativtraining für Kinder, um ihnen solch eine Perspektive zu bieten. Die Kinder und Jugendlichen machten die Erfahrung, dass in jedem von ihnen ein Künstler steckt. Ihre Kunstwerke schmückten die Mauern und Häuserwände ihrer Straßen und bekamen Gestalt (s. Foto rechts).

entweder nichts zu befürchten – oder aber nichts mehr zu verlieren. Korruption und Armut erscheinen hier als die beiden Seiten einer Medaille; unter dem Strich führt dies dazu, dass das Drogengeschäft in Brasilien immer weitere Kreise zieht und dadurch immer schwerer in den Griff zu bekommen ist.

Das Macholand Brasilien: Gesellschaftlicher Verfall durch Armut

Dass dabei auch gesellschaftliche Auswirkungen nicht ausbleiben, ist ein besonders trauriger Nebeneffekt. Ohnehin wachsen viele Menschen in Brasilien in sozial schwachen Verhältnissen auf – Tendenz steigend. In diesen sozial schwachen Milieus ist laut einer Studie der UNESCO bereits die Entwicklung erkennbar, dass viele brasilianische Jugendliche die Drogenhändler inzwischen als nachahmenswerte Vorbilder sehen.

Karriereziel: Prostituierte

Ein ähnliches Bild entstand in Gesprächen mit Heimbetreuern in Nova Iguaçu, die jeden Tag mit Jugendlichen aus sozial schwachen Verhältnissen arbeiten beim Thema Prostitution. Sie berichten, dass es für viele junge Mädchen ein Karriereziel sei, Prostituierte zu werden – weil die Prostitution schnelles Geld und vor allem etwas zu essen auf den Tisch bringt. Dazu braucht man »nur« den Körper. Das Gerücht, dass brasilianische Prostituierte vor allem vom Sextourismus und damit von Ausländern profitierten, entspricht wohl nicht ganz der Wahrheit. Zwar gibt es einen sehr großen Markt in den touristischen Gebieten der Großstädte, jedoch sind sexueller Missbrauch und Prostitution fernab davon, in kleineren Städten und Dörfern, ein vorwiegend brasilianisches Phänomen. Insgesamt betrachtet sind die Kunden der zahllosen minderjährigen Mädchen, die für ein paar Reais oder etwas zu essen Sex anbieten, Brasilianer aller sozialen Schichten – nur ein Bruchteil sind Ausländer. Die brasilianische Sozialwissenschaftlerin Fatima Quintas hat in Rio die Strukturen untersucht, die diesen Zuständen zugrunde liegen, und dabei – wenig überraschend – herausgefunden, dass die Machomentalität eines Großteils der brasilianischen Männer eine wichtige Rolle dabei spielt, Missbrauch und Prostitution zu banalisieren und als Normalzustand wahrzunehmen. In den Hütten, in denen die ärmste Bevölkerung Brasiliens lebt, sind meistens die Frauen die Familienoberhäupter. Die Männer verhalten sich oftmals verantwortungslos, wechseln häufig die Partnerinnen, zeugen Kinder in wechselnden Haushalten. Häufig sind solche Machos auch die Täter, wenn Mädchen vergewaltigt werden.

Der Schritt zur Prostitution als Einkunftsquelle ist von dort aus nicht mehr weit, Gewalt gegen Frauen ist ohnehin Normalität, Mädchen und Frauen sind ein solches Verhalten von Männern gewöhnt. Aufgrund der katastrophalen Armut in Brasilien bleibt vielen Mädchen und Frauen auch nichts anderes übrig, als genau das zu tun – den eigenen Körper aufzugeben, um zu überleben.

Ein alarmierender gesellschaftlicher Verfall zeichnet sich ab, ist zum Teil schon erschreckende Realität, auch weil der Staat seine Bürger und deren Grundrechte nicht (mehr) schützt oder schützen kann. Dadurch werden auch alle Bemühungen, das politische System zu demokratisieren, unterlaufen oder zumindest stark behindert. Dies ist eine so logische wie verheerende Konsequenz, die sich in zahlreichen Lebensbereichen aller Brasilianerinnen und Brasilianer spiegelt – und besonders die arme Bevölkerung trifft. ◇

WAIKIKI

Meinen Freunden in den Straßen

Vor Euch stehen,
versuchen Euch wachzurütteln,
klarzumachen,
dass es an Euch liegt,
Eure Zukunft in die Hand zu nehmen,
Euch nicht unterkriegen zu lassen,
Euch selbst etwas zuzutrauen,
Schritte zu wagen,
die Euch aus Euren Abhängigkeiten,
der Willkür anderer,
der Drogen und der Kriminalität
herausführen könnten,
vielleicht,
mit viel Kraft und Anstrengung,
Geduld und Ausdauer,
mit Hilfe von mir und meinen Freunden.
Ich rede,
ich spüre,
der ein oder andere von Euch
bewegt sich, fühlt sich ermutigt,
schöpft Hoffnung.
Und da mittenrein die Frage
Eures dreizehnjährigen Freundes,
ob es sich denn lohne,
einen solchen Anfang zu machen –
da Euereins ohnehin
kaum älter als siebzehn werde.

Franz Weber

Neco

Lieber Gott, ich weiß nicht, ob es dich gibt, oder ob du eine Erfindung bist, aber wenn du mich hörst, nimm mich auf!

Ich bin todunglücklich, lebe auf der Straße und viele nennen mich Randexistenz, aber das bin ich nicht, arm und liebenswürdig, das ja. Deshalb, nimm mich auf, Gott!

Meine Freunde schnüffeln Kleister und rauchen, aber das ist nicht meine Art, ich wollte nur leben.

Noch gestern, als ich auf der Straße saß, sah ich einen Mann mit seinem Sohn an der Hand und ich fragte mich, warum ich keinen Vater habe. Ich hätte so gerne einen, um ihn von der Heimkehr der Arbeit zu erwarten, hinzurennen und ihn zu umarmen, ihn sagen zu hören, tu dies nicht, tu das nicht. Wie sehr fehlt mir ein gut gemeinter Klaps auf den Po. Deshalb, nimm mich auf, Gott!

Ich lebe, indem ich um Geld und Arbeit bettle und die Menschen, die mich sehen, fliehen mich, als wäre ich ein wildes Tier. Vielleicht bin ich sogar eines. Ich weiß nicht, wie man vernünftig isst, wie man spricht, wie man liest. Ich bin nichts, nichts und niemand.

Ich habe keine Hoffnung mehr. Alles, was mir passieren konnte, ist mir schon passiert. Ich bin schon von meinen Leidgenossen verprügelt worden, bin von der Menschheit verachtet, habe Hunger gelitten und an der Kälte und den Zwängen dieses Lebens. Eine Mutter? Hatte ich nie. Vielleicht lebt sie noch in einem dieser Motels irgendwo. Warum haben einige zu viel und andere nichts?

Ich habe gehört, dass dein Heim großartig ist – voll Frieden, Einigkeit, Harmonie – und dass uns dort nichts fehlen wird. Das ist das Leben, das ich möchte, denn das Leben, das ich gerade lebe, hat mich schon enttäuscht.

Alle schlafen jetzt. Von hier oben kann ich die ganze Stadt sehen, die Lichter der Häuser. Bis hin zu den Familien in ihren sauberen und warmen Betten kann ich sehen, die ruhig träumen und schlafen.

Immer schon hatte ich das Gefühl, dass dieses Gebäude hier eine Beziehung zu mir hat. Jetzt weiß ich warum.

Ich bin bereit, Gott. Ich springe. Ich springe ins Leben! Ich fühle einen starken Wind um meinen Körper.

Ich bin angekommen, ich kann es sogar sehen: Hier ruht Neco, 1984–1995. Das ist meine letzte Sekunde. Vorbei. Nimm mich auf, Gott, nimm mich auf.

Porträt von Martiliana Maria Rodrigues Neta

Psychologin, Psychotherapeutin und Kämpferin für soziale Gerechtigkeit

Martiliana Maria Rodrigues Neta wurde am 25. Januar 1972 in Bacabal im Bundesstaat Maranhão im Nordosten Brasiliens als eines von 15 Geschwistern in dritter Ehe ihres Vaters geboren. Nach ihrer Schulzeit machte sie am Franziskanerkolleg in Bacabal eine vierjährige Ausbildung zur Krankenpflegerin.

In dieser Zeit nahm sie intensiv am pastoralen Leben der Franziskanergemeinde teil, das sie in ihrer persönlichen Entwicklung sehr prägte. Hier lernte sie, »bescheiden und solidarisch zu leben und dem Nächsten zu helfen« – in einer Zeit, in der Maranhão von großen Landkonflikten bestimmt war. Ehemänner wurden aus ihren Häusern vertrieben oder von Landbesitzern ermordet. Diesen Familien stand sie bei und unterstützte sie im Sinne der Befreiungstheologie.

Durch ihre Pfarrgemeinde in Bacabal lernte sie auch den Paderborner Theologen Johannes Niggemeier kennen. Er war es, der Martiliana bat, nach Nova Iguaçu zu kommen, um in einem Gesundheitsposten der Caritas in der Favela Lírio do Vale zu arbeiten.

Dieser Bitte ist sie im März 1993 gefolgt, zog in den Bundesstaat Rio de Janeiro und lebt nun – über 20 Jahre später – noch immer dort.

Der täglichen Gewalt im riesigen Vorstadtgebiet Rio de Janeiros, den fremden, teils abweisenden Menschen und ihrer Einsamkeit, weit weg von zu Hause, begegnet sie willensstark und ausdauernd. Der Dienst am und für den Menschen ist schon damals ihre Berufung.

Seit der Gründung der Nichtregierungsorganisation AVICRES im Jahr 1991 ist Martiliana hier zu Hause. Zunächst arbeitet sie als Krankenschwester im Gesundheitsposten, sucht gleichzeitig aber auch nach neuen Herausforderungen. Sie studiert Psychologie und später Neuropsychologie, um auch psychisch kranke Menschen in der Baixada behandeln zu können. Heute arbeitet sie als Psychologin und Psychotherapeutin in der Gesundheitsstation. In ihrer Rolle als stellvertretende Vorsitzende des Beratungsgremiums begleitet sie ehrenamtlich den Vorstand in seinen regelmäßigen Versammlungen. Martiliana gehört zu den wichtigsten Säulen der brasilianischen AVICRES. Die »vorrangige Option für die Ärmsten« lebt sie aus tiefer Überzeugung. Stark und sensibel, höflich und ausdauernd kämpft sie seit mehr als zwanzig Jahren für ein besseres Leben der Armen. Sie sind ihre Kinder, die es zu behüten gilt, bis sie auf eigenen Füßen stehen und ein Leben in Würde haben. ◇

Links: Psychologin Martiliana (links) mit Krankenschwester Ayza. Seit über zwei Jahrzehnten arbeiten sie zusammen in der Gesundheitsstation der AVICRES.

»Drogenhandel und Prostitution – Folgen sozialer Ungleichheit

Interview mit Martiliana Maria Rodrigues Neta

Martiliana, du arbeitest seit vielen Jahren als Psychologin und Psychotherapeutin in der AVICRES und betreust die Armen. Was sind die schwierigsten und was die schönsten Momente deiner Arbeit?

Seit 2005 arbeite ich als Psychologin in der AVICRES. Ich bin sehr dankbar für diese Möglichkeit und das Vertrauen, das die AVICRES mir schenkt.

Die schwierigsten Momente meiner Arbeit? Es gibt sicherlich viele, zum Beispiel die Auseinandersetzung mit der sexuellen Gewalt gegenüber Kindern, da dies immer sehr schmerzlich ist. Der sexuelle Missbrauch, seine Häufigkeit und seine kurzfristigen und langfristigen Konsequenzen sind unermesslich; immer erzeugt er eine sehr schwere psychosoziale Destruktion.

Dann die Gewalt gegenüber der Frau: die physische, die sexuelle und die psychologische Gewalt. Diese Formen von Gewalt sind noch zerstörerischer als andere, da sie die inneren Stärken zerbrechen, sie erstarren lassen, für Misstrauen sorgen und die seelische Gesundheit der Frau in vielfältiger Weise verletzen.

Die schönen Momente sind ebenso zahlreich. Es tut sehr gut, wenn man merkt, dass die Menschen, die unterstützt wurden, psychosozial sowie emotional gesunden, sich selbst wieder wertschätzen, von der Gesellschaft aufgewertet werden und ihr Trauma überwinden. Wenn sie beginnen, stark zu werden und sich psychisch zu erholen. Wenn sie lernen, mit ihren Konflikten umzugehen und sich bewusst mit ihren Traumata und Erlebnissen konfrontieren.

Es ist sehr schön zu sehen, dass ich in der Arbeit der AVICRES mit den Armen eines der Werkzeuge sein kann, das diese Arbeit unterstützt, damit diese Menschen Zugang zu Diensten bekommen, die sie nach schweren Erschütterungen oder gar Verlusten sozial und emotional stabilisieren.

Es ist auch schön zu sehen, wenn die Menschen den Umgang mit sich selbst und ihrer Umwelt verbessern.

Seit dem von Lula eingeführten staatlich finanzierten Familiengeld *bolsa família* sowie dem staatlich verordneten Mindestlohn von seinerzeit 500 Reais (ca. 200 Euro) heißt es, die Armut in Brasilien sei um bis zu 50 Prozent gesunken. Glaubst du, dass diese Rechnung stimmt?

Nein. Nach meiner Wahrnehmung ist die Armut in Brasilien nicht um 50 Prozent gesunken, trotz höherer Gehälter und *bolsa família*. Die Regierung behauptet, das Programm der *bolsa família* habe die soziale Ungleichheit in Brasilien geschmälert und die Familien, die diese finanzielle Unterstützung erhalten, wüssten das Geld gut zu gebrauchen. Ausgehend von der Realität direkt hier in der Baixada Fluminense ist meine Einschätzung, dass einige Familien sich vom Arbeitsmarkt zurückziehen und nur von diesem Geld leben.

Das Programm der *bolsa família* hat das Ziel, finanzielle Hilfe zu leisten und die Einnahmen der staatlichen Regierung zu nutzen, um den Hunger, die Armut und die Ungleichheiten zu bekämpfen. Es soll Zugang zu den Grundrechten Gesundheit, Erziehung, Sozialhilfe und Sicherheit garantieren und die soziale Integration fördern, damit die Familien im Gegenzug ihre Kinder zur Schule schicken und regelmäßig impfen lassen. Es soll die Armut bekämpfen und überwinden sowie ein nachhaltiges Wachstum der Familien ermöglichen.

Aber all dies macht mir Sorgen, da Assistenzialismus Bequemlichkeit und Behäbigkeit erzeugt und dafür sorgt, dass sich die Betroffenen vom Arbeitsmarkt fernhalten. Ich habe von Leuten gehört, die, nach ihren familiären Einkünften befragt, geantwortet hätten, dass sie nur von der bolsa família lebten. Deshalb meine ich, dass dieses Programm auch berufsbildende Kurse enthalten müsste, die den

und Ausgrenzung.«

Bürger beruflich qualifizieren, damit er für den Unterhalt seiner Familie sorgen kann, was ihm gleichzeitig seine Würde zurückgibt. Es müssten mehr Arbeitsmöglichkeiten geschaffen werden, damit diese Menschen Zugang zum Arbeitsmarkt finden. Ich bin der Ansicht, dass die *bolsa família* kein langfristiger Assistenzialismus sein darf.

Deswegen stimme ich der Rechnung, die Armut sei um 50 Prozent gesunken, nicht zu, sondern behaupte, dass es notwendig ist, in die Gesundheit zu investieren. Das Volk leidet, es stirbt aufgrund einer schlechten gesundheitlichen Versorgung. Es muss mehr für die Qualität der Bildung getan werden und für die Sicherheit der Bevölkerung. Wenn die Armut um 50 Prozent gesunken sein soll, wieso nimmt dann die Gewalt jeden Tag zu? Wo wird bei dieser finanziellen Hilfe der Zugang zu den Grundrechten – Gesundheit, Bildung, Sicherheit – geschaffen? Warum werden keine berufsbildenden Kurse für die Familien geschaffen und ihre Teilnahme daran im Gegenzug verlangt?

Das Programm der *bolsa família* ist nur eine Notlösung, deshalb muss man vorsichtig sein wegen der dadurch geförderten Bequemlichkeit. Sie ist ein großes Problem und ein typisches Merkmal eines Großteils der Bevölkerung.

Gibt es einen Unterschied zwischen der Armut im ländlichen Norden Brasiliens und der Armut in Millionenstädten wie São Paulo oder Rio de Janeiro? Was bedeutet für dich der Begriff »Armut« im Allgemeinen?

Es gibt auf jeden Fall einen enormen Unterschied, was die Armut in den Regionen Norden, Nordosten, Rio und São Paulo angeht. Die wirtschaftliche Ungleichheit und die Einkommensunterschiede sind groß.

Als Folge der Zentralisierung der öffentlichen Ausgaben und Investitionen sowie der hohen Bevölkerungsdichte beschränken sich die Ausgaben der meisten Gelder auf die großen Bundesstaaten wie São Paulo und Rio de Janeiro. Dies führt zu einer geringen Entwicklung der ärmsten Regionen Brasiliens, des Nordens und des Nordostens. Diese beiden Regionen stehen ganz oben auf der Armutsliste. Vielen Familien fehlt es an Lebensmitteln, sogar denen, die Landwirtschaft betreiben.

Aufgrund der Unfähigkeit der Behörden schaffen es einige Regionen nicht, das unbedingt Notwendige in Angriff zu nehmen, z. B. eine grundlegende Infrastruktur aufzubauen, Investoren anzuziehen, Arbeitsplätze zu schaffen, in die Gesundheit zu investieren, den Analphabetismus zu senken und Qualität der Bildung zu fördern.

Aus all diesen Gründen glaube ich, dass die Armut viele Facetten hat, nicht nur die wirtschaftliche. Denn der Mensch hat Bedürfnisse, die über das reine »Überleben« hinausgehen. Dazu zählen unter anderem: Nahrung, Wohnraum, Gesundheit, Bildung, Kleidung. Fehlende Würde, Eigenliebe und Hoffnung bezeichne ich auch als Armut. Lärmbelästigung, Schmutz und Hektik erzeugen Armut. Auch fehlender Respekt dem Leben gegenüber ist Armut, ebenso fehlende Gerechtigkeit, die Zerstörung der Familien und die Geringschätzung fundamentaler Menschenrechte, die von grundlegender Bedeutung fürs Leben sind. Und es gibt den Analphabetismus des Gewissens.

Die Folgen der Armut sind Elend und Hunger in mehrfacher Hinsicht, da man nach vielen Dingen hungern kann: Hunger nach Liebe, nach Familie, nach dem nackten Überleben. Hunger nach Respekt, nach Erziehung und Frieden. Hunger nach Integration, nach Gleichheit, Gerechtigkeit und Sicherheit …

Die Armut ist das Ergebnis sozialer, ethnisch, wirtschaftlicher und geistiger Ungleichheit und fehlender Möglichkeiten. Sie entsteht durch Unterschiede in der Schulbildung und niedrige Einkünfte. Auch in São Paulo und Rio, wo sich die wirtschaftlichen Gewinne und die wirtschaftliche Entwicklung fokussieren, wachsen Elend und soziale Ungleichheit.

Die Armut und der vielschichtige Hunger bringen den Menschen die soziale, geistige, physische und psychische Not.

Drogenhandel und Prostitution – zwei Brennpunkte in der Baixada. Welcher Zusammenhang besteht zwischen ihnen und dem Armutsbegriff, von dem du gerade gesprochen hast?

Drogenhandel und Prostitution sind Folgen der sozialen Ungleichheit, der sozialen Ausgrenzung und bestimmter psychosozialer Faktoren. Dies liegt daran, dass diese Faktoren mit der biologischen Dimension des Menschen in Wechselwirkung stehen und zur Entwicklung ungünstigen Verhaltens beitragen.

Ich denke, dass der Drogenhandel und die Prostitution eng miteinander verbunden sind. Die Droge ist ein Weg zur Prostitution und die Prostitution ein Weg zur Droge. Eigentlich ist die menschliche Sexualität etwas Komplexes; bei der Prostitution geht es jedoch um den Tausch sexueller Gefälligkeiten gegen Geld. Die Armut bringt den Menschen häufig dazu, auf jede erdenkliche Weise Geld zu verdienen. Dabei bemerken einige, dass sie ihren Körper wie eine Ware verhandeln und verkaufen können. Somit wird der Verkauf des eigenen Körpers zu einer Option, die Armut zu bekämpfen.

Es ist wichtig, zu bemerken, dass es zahlreiche Gründe für eine Person gibt, sich zu prostituieren, aber ich muss betonen, dass meiner Ansicht nach alle, die sich prostituieren, dies tun, um Geld einzutreiben, sei es für Essen oder um das soziale und menschliche Elend zu überleben und die eigene Geschichte zu ertragen oder um die Lebensbedingungen der Kinder bzw. der Familie zu verbessern.

Ein weiterer Aspekt, den ich für wichtig halte, sind die Folgen der sexuellen Ausbeutung des Kindes, die in der Realität Brasiliens sehr früh vorzufinden ist, vor allem im Nordosten, wo Kinder verkauft oder gegen Drogen getauscht werden und von Drogenhändlern reingelegt werden, damit sie sie sexuell missbrauchen können oder damit die Kinder für die Dealer Drogen transportieren und verkaufen. All dies hat ernsthafte Folgen wie Verhaltensstörungen, Vernachlässigung der Schulbildung, Drogenmissbrauch und -abhängigkeit, antisoziales Verhalten usw.

Ich meine, dass die Prostitution einer tiefen Armut entstammt, einem Elend bestehend aus sozioökonomisch ungleichen und ungerechten Strukturen, häuslicher Gewalt, zerstörten Familien, fehlender Erziehung, fehlender sozialer Integration und einer durcheinander geratenen Kindheit.

Die Armut setzt den Menschen der ständigen Gefahr aus, den Körper als letzte Überlebensmöglichkeit zu verkaufen. Die Kinder und Jugendlichen gelangen in die Prostitution wegen der Gesellschaft, der Armut ihrer Eltern und der Straffreiheit der Täter in der brasilianischen Rechtsprechung.

Der Drogenhandel und die Prostitution sind Reaktionen und Folgen der Armut, der sozialen sowie ethnischen Ungleichheiten in ihren wirtschaftlichen, psychosozialen und geistigen Formen.

Wie könnte man dieser Armut sinnvoll begegnen? Was müsste geschehen, um nachhaltig etwas zu ändern?

Die Frage lässt mich lange über die Philosophie und die Mission der AVICRES nachdenken. Wie soll man mit dieser Armut umgehen? Unter den Armen sein, den Armen und nicht der Armut gegenüber solidarisch sein. Es geht genau darum: Bei denen sein, die am bedürftigsten sind, bedürftig nach Nahrung, Respekt, Solidarität und Liebe. Sie aufnehmen und ihre Entwicklung fördern, ihre Würde, ihr Potential, ihr Wissen. Ihnen biopsychosoziale Unterstützung geben und somit Basisarbeit leisten, die dazu führt, dass sie sich ihrer Werte und ihrer Rechte und Pflichten bewusst werden.

Es ist notwendig, in die Bildung und die Gesundheit zu investieren. In eine öffentliche Politik, die nicht nur assistenzialistische Aktionen betreibt, sondern auch die Vorbereitung sieht, z. B. berufliche Ausbildung, damit diese Familien in den Arbeitsmarkt eingebunden werden und so selbst für ihren Unterhalt sorgen können, wodurch sie aktiv und leistungsfähig werden.

Das Dringen auf Investitionen in Erziehung, Gesundheit und in den Prozess der Bewusstwerdung ist unverzichtbar. Mehr Aktivität auf der Seite der Behörden, Partnerschaften mit dem dritten Sektor sowie Maßnahmen, die die Gesellschaft auf die Realität aufmerksam machen, stellen effektive Wege dar, um die Kriminalität und die Korruption, die politische, die soziale und die wirtschaftliche, zu senken und gleichzeitig Bildung, Bewusstwerdung und sozialen Ausgleich zu fördern.

Martiliana, vielen Dank für dieses Gespräch! ◇

Quem somos?

Seres
que estão tentando sobreviver
Sendo enrolados, enganados,
para esquecer
Proibidos, comandados, escravizados, iludidos
Quem somos nós?

Um bando de impedidos?

Arrasados, infelizes, sem razão
Isso é a palavra de todos
Injustiça, maldade, incompreensão
Quem somos nós?

Um ato sem permissão?

Prostitutas, trombadinhas, ladrões
Sofridos, ignorados, famintos
Seres que não merecem o perdão
Quem somos nós?

Bichos sem estimação?

Doloridos de tanto sofrimento
De olhos inchados de tanto lamento
De cabeça pesada de tantos problemas
De vida sem sentido,
de tanto sermos impedidos
Quem somos nós?

Seres proibidos?

Quem somos?

Wer sind wir?

Lebewesen.
Sie versuchen zu überleben,
Getäuscht, hintergangen,
Um vergessen zu werden.
Verboten, kommandiert, versklavt, betrogen.
Wer sind wir?

Eine Bande Verbotener?

Niedergerissene, Unglückliche, Sinnlose,
So sagen es alle.
Ungerechtigkeit, Bosheit, Dummheit.
Wer sind wir?

Wir, ohne Daseinsberechtigung?

Prostituierte, Taschendiebe, Gauner,
Leidgeprüft, unbeachtet, hungrig.
Existenzen, die keine Verzeihung verdienen.
Wer sind wir?

Wie weggeworfene Kuscheltiere?

Schmerzerfüllt von so viel Leid,
Mit verschwollenen Augen vieler Tränen.
Mit brummenden Schädeln von so vielen Problemen
Des Lebens ohne Sinn,
In die Sackgasse getrieben.
Wer sind wir?

Verbotene Wesen?

Wer sind wir?

Das Theater der Unterdrückten

Auseinandersetzung mit einer konkreten Situation

Das Theater der Unterdrückten ist ein dialogisches, partizipatorisches, politisches Theater, welches mit realen Konflikten arbeitet und einen dauerhaften Wandel zum Besseren anstrebt. In der Sprache Augusto Boals, des Begründers dieser Theaterart, befasst es sich mit »echten« Unterdrückungssituationen im Leben der Teilnehmer. Grundlage der in einem Gruppenprozess erarbeiteten Stücke sind reale Themen, konkret erlebte Ereignisse der Vergangenheit, die noch ungelöst sind und deren zukünftige Veränderung geprobt wird.

»Sein ursprünglich politisch motiviertes Konzept umfasst [...] Techniken, die von der politischen Aktionsmethode bis zum therapeutischen Verfahren reichen«. Boals Grundverständnis und damit auch seine Sprache sind geprägt durch ein marxistisches Klassendenken. Er will die gesellschaftlichen Trennlinien aufheben, die auch im (konventionellen) Theater bestehen. Die Barrieren, die durch »dominante Klassen« geschaffen wurden, sollen durchbrochen werden.

Augusto Boal strebt eine Veränderung der Gesellschaft an, die von den Unterdrückten ausgeht. Theater ist in seinem Verständnis eine »Waffe der Befreiung« aus ungerechten Sozialstrukturen. Es ist nicht einer bestimmten Gruppe vorbehalten, also weder elitär noch exklusiv.

In Boals Methoden kommt dem Dialog eine zentrale Bedeutung zu. Er strebt einen Dialog zwischen Bühne und Zuschauerraum, Schauspieler und Zuschauer an. Er hebt die Grenze zwischen ihnen auf und entwickelt den »espectator«, eine Wortschöpfung aus den Begriffen Zuschauer (espectador) und Schauspieler (ator). Der Zuschauer kann aktiv in das Geschehen eingreifen und wird damit selbst zum Schauspieler. Die Bühne dient dabei der Probe der Wirklichkeit, bei der alle »Protagonisten« die Transformation der Realität erkunden.

Nach Boal kann »jeder [...] Mensch Theater spielen, sogar die Schauspieler«. Er zielt darauf ab, jegliche Art von Subjekt-Objekt-Beziehung aufzuheben. Er möchte, dass alle Menschen Protagonisten, also aktiv handelnde Akteure auf der Bühne und in der Wirklichkeit werden. Für Boal ist die Essenz des Theaters »der Mensch, der sich selbst betrachtet. Der Mensch ›macht‹ nicht nur Theater, er ›ist‹ auch gleichzeitig Theater.« ◇

»Brecht hat gesagt, das Theater müsse in den Dienst der Revolution gestellt werden. Ich glaube, das Theater muss Bestandteil der Revolution sein. Es steht nicht im Dienste, es ist Teil der Revolution, Vorbereitung auf sie, ihre Generalprobe.«

Augusto Boal

Porträt von Augusto Boal

Ein Revolutionär des Theaters

»Das Theater der Unterdrückten und seine Formen [...] entstanden als Antwort auf die Repressionen in Lateinamerika, wo täglich Menschen auf offener Straße niedergeknüppelt werden, wo die Organisationen der Arbeiter, Bauern, Studenten und Künstler systematisch zerschlagen, ihre Leiter verhaftet, gefoltert, ermordet oder ins Exil gezwungen werden.«

Die Entwicklung des Theaters der Unterdrückten ist in besonderer Weise mit dem Leben Augusto Boals, des bekannten brasilianischen Regisseurs, Pädagogen, Politikers und Autors verbunden. Mit den zitierten Worten beschreibt Boal, der am 16. März 1931 in Rio de Janeiro geboren wurde, die Situation zur Zeit der Militärdiktaturen in Lateinamerika. Er selbst wurde aufgrund seines politischen Theaters als Leiter des Volkstheaters »Teatro Arenas« in São Paulo während der brasilianischen Militärdiktatur (1969–1985) immer mehr unter Druck gesetzt. Die von Boal erlebten Repressionen reichten von der Zensur seiner Stücke bis hin zu Verhaftung und Folter. Infolgedessen floh Boal zunächst nach Argentinien und Peru und später ins europäische Exil.

Die verschiedenen Methoden und Techniken, die er zeitlebens weiterentwickelte und systematisierte, sind als Reaktionen auf die soziale und politische Realität, in der er sich bewegte, zu verstehen. Das noch in Brasilien entwickelte »Zeitungstheater« beispielsweise ist eine Methode politischen Theaters mithilfe dessen die Zensurbehörde umgangen werden sollte. Ziel ist dabei, Zeitungsartikel »richtig« lesen und verstehen zu lernen, die Hintergründe von Meldungen zu erfassen und ihren wirklichen Aussagen nachzuspüren. Im »Unsichtbaren Theater«, welches in Argentinien entstand, wird die Grenze zwischen Schauspieler und Zuschauer gänzlich aufgehoben. Es findet im öffentlichen Raum statt, entledigt sich vollkommen der Bühne und »spielt« mit den Reaktionen der Öffentlichkeit, die nicht erfahren wird, dass das, was passiert, »Theater« ist. Die weltweit bekannteste und am meisten praktizierte Methode ist das »Forumtheater«, in dem gemeinsam mit den Zuschauern in der direkten theatralen Interaktion nach Handlungsalternativen für eine Konfliktsituation gesucht wird.

Nach dem Ende der Militärdiktatur entschloss sich Boal 1986, mit seiner Familie dauerhaft nach Brasilien zurückzukehren. 1989 gründeten einige seiner Mitarbeiter (mit Boal als künstlerischem Leiter) in Rio de Janeiro das Centro do Teatro do Oprimido (CTO), das Zentrum des Theaters der Unterdrückten. 1993 zog Boal als Kandidat der Arbeiterpartei PT ins Stadtparlament von Rio de Janeiro ein. Er ergriff die Möglichkeit, mithilfe des Theaters der Unterdrückten im Parlament direkte Demokratie zu praktizieren. Es war die Entstehungszeit des legislativen Theaters (»Teatro Legislativo«), durch das konkrete Gesetzentwürfe durch das Theater erarbeitet wurden. Fünfzehn durch diese Methode entwickelten Gesetze wurden in Boals Mandatszeit bis 1996 verabschiedet.

Auch ohne politisches Mandat hatte Boal bis zu seinem Tod am 2. Mai 2009 die künstlerische Leitung des CTO inne. Das CTO führte und führt bis heute Theaterprojekte in Schulen, Gefängnissen, Psychiatrien und forensischen Einrichtungen durch. Außerdem bietet es Multiplikatoren Ausbildungen, Workshops und ein internationales Austauschprogramm an. ◇

LABORATORIO MADALENA

Das Theater der Unterdrückten konkret

Magdalena. Vagabundin. Skandalöse Sünderin. Schuldig. Gedemütigt. Gesteinigt. – Von der Kirche angesehen als Prostituierte, die zur Schutzheiligen der Ausgeschlossenen und Mittellosen wurde. Magdalena. – Wer war diese Frau? Wie wurde sie wahrgenommen und dargestellt? Was haben die Zuschreibungen in der Bibel mit uns Frauen heute zu tun?

Auf die »Spuren« Magdalenas haben sich Alessandra Vannucci und Barbara Santos vom CTO (→ S. 110) begeben. Sie entwickelten und initiierten gemeinsam das »Laboratorio Madalena« und arbeiteten zwischen 2009 und 2011 mit Frauen in verschiedenen portugiesischsprachigen Ländern.

Im Theaterlabor soll »untersucht« werden, inwieweit alte Rollenbilder und Modelle bis heute überdauern, nach welchen Rollenerwartungen Frauen handeln, welche sozialen Kontexte den Körper der Frau konditionieren, welche Rollen und Räume Frauen heute einnehmen und welche sie gerne einnehmen würden. Das Theaterlabor Magdalena eröffnet damit einen Raum, in dem sich Frauen gemeinsam auf künstlerische Weise mit sich selbst, mit ihrem biologischen, vor allem aber ihrem gesellschaftlichen Geschlecht auseinandersetzen.

Eine Reise von der Baixada Fluminense zum CTO ins Zentrum von Rio de Janeiro – eine Reise zu uns selbst: Zwölf Frauen aus fünf verschiedenen Ländern kommen 2011 an einem Juniwochenende im CTO in Rio de Janeiro zum »Theaterlabor Madalena« zusammen, darunter Mitarbeiterinnen der AVICRES. Die Auseinandersetzung der »Madalenas« beginnt bereits zu Hause. Einige Männer/Partner der Teilnehmerinnen verbieten ihren Frauen, an einem Freitagabend ins Zentrum von Rio de Janeiro zu fahren: »Theater ist nur für diejenigen, die Geld haben. – Du solltest bügeln, das Haus aufräumen, … warum solltest du Theater spielen?«

Die Geschichte der »Madalenas der Baixada« geht am Samstag weiter. So unterschiedlich die Lebensgeschichten der Teilnehmerinnen auch sein mögen, die Erfahrungen, die durch den Workshop erlebt, geteilt und bearbeitet werden, sind ähnlich, vor allem in der Intensität des Schmerzes und dem Wunsch nach Veränderung. In den Bildern und Szenen zeigen sich Unterdrückung und Konflikte in Form von Fremdbestimmung durch Eltern, Familienmitglieder oder durch den Partner; Abhängigkeitsverhältnisse vom Ehemann oder Partner; Gewalt, Missbrauch, Ausbeutung; körperlich harte Arbeit; der Wunsch danach, von seinem Partner geliebt zu werden; der Wunsch nach Respekt, Anerkennung, Zuneigung und körperlicher Nähe. Außerdem meldet sich der Wunsch nach Loslösung von der eigenen Rolle, den festgefahrenen Strukturen, der Wunsch nach Freiheit.

Dieser Wunsch nach Veränderung, nach »Transformation« ist grundlegend und notwendig, um sich mit den Techniken des Theaters der Unterdrückten aus der Unterdrückung zu »befreien«, eine Konflikttransformation zu erreichen. Das Theater der Unterdrückten bietet einen geschützten Raum, in dem eine ungelöste Konfliktsituation der Vergangenheit erneut durchlebt und verändert werden kann. Es besteht die Möglichkeit, sich selbst in einer vertrauten Situation zu spielen, von anderen gespielt zu werden und damit sich selbst von »außen« und im anderen beobachten zu können. Damit ist das Theater der Unterdrückten eine Probe für die Wirklichkeit. ◇

»Welche Frau bin ich? Bin ich eine gewöhnliche Frau? Bin ich wie andere Frauen? Ich stelle mir Fragen über mich selbst und komme zu der Erkenntnis, dass ich einiges ändern muss. Über manche Dinge habe ich Gewissheit. Ich finde, dass ich eine schöne Frau bin! Ich bin Mutter, Tochter, Schwester, intelligent, romantisch, Hausfrau, Freundin und Prostituierte. Außerdem bin ich Frisörin. Ich bin die Frau, die ich beschrieben habe, und liebe es, so zu sein.«

»Mir haben besonders die kreativen Übungen zur Enthüllung der Begabungen und Fähigkeiten gefallen. Die Magdalenas sind Beispiele unserer Kraft, der Kampf um die Würde der Frau, die die männliche, kapitalistische Gesellschaft zu ersticken und zu unterdrücken versucht. Danke für die Möglichkeit, dass ich Teil dieses Workshops voller Leben von Magdalenas sein durfte.«

»Mit der Zeit konnte ich mir selbst begegnen, mich selbst finden. Mir haben die Momente der Entspannung besonders gut gefallen, in denen mit den Bewegungen des Körpers und dem Ton der Stimme gearbeitet wurde, die häufig durch Männer bestimmt werden. Bei diesen Übungen erinnerte ich mich an die Aussprüche und Gesten der Männer, die uns häufig unangenehm sind, und an die Antworten, die wir geben wollen, aber stattdessen verstummen.«

LUZ DE ESCOL
CASA DE ASSISTÊNCIA AOS FILHOS DE DEUS
MINISTÉRIO AMOR AO PRÓXIMO
"JESUS O PÃO DA VIDA"
TODA HONRA E TODA GLÓRIA SEJAM DADAS À DEUS.
ABRIGO
Obra Cristã de amparo
472
AMAR A DEUS SOBRE TODAS AS COISAS, E AO PRÓXIMO COMO A SI MESMO.
JESUS

Gesundheitssystem

Medizinische Versorgung in Brasilien

Zum Warten verdammt

Unten: Obdachlosenheim und Hospiz *Luz de Escol* in Nova Iguaçu. Hier leben bis zu 90 obdachlose und zum Teil schwerbehinderte Menschen. Die meisten haben keinen Kontakt mehr zu ihren Familien. Sie sind pflegebedürftig und lebten zuvor auf der Straße. Der Träger der Einrichtung ist eine Gruppe, die sich auf biblischer Basis zum Spiritismus zugehörig fühlt.

Rechte Seite: Krankenhaus *Santa Casa da Misericórdia*, Rio de Janeiro. 25 Patienten teilen sich hier einen Schlafsaal, in dem sie behandelt und gepflegt werden. Der Träger dieser Einrichtung, *Santa Casa*, ist eine in ganz Brasilien verbreitete karitative Organisation.

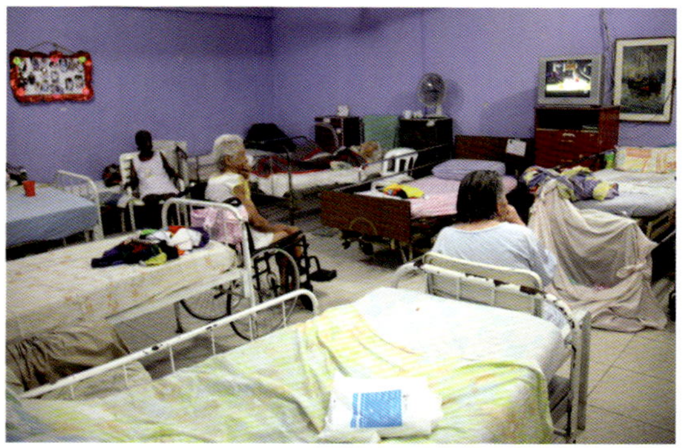

Während einer vierwöchigen Reise in die Baixada Fluminense hatten wir einige Begegnungen mit Freunden und Mitarbeitern der AVICRES, die unter der erschreckend schlechten medizinischen Versorgung in Brasilien und besonders der Baixada zu leiden haben: viel zu lange Wartezeiten auf Untersuchungen, die Aufnahme ins Krankenhaus und Operationen – und viel zu wenige Betten.

Kranke Menschen sitzen stunden- und tagelang auf Stühlen, wenn sie nicht das Glück haben, durch Kontakte zu Ärzten, Krankenpflegern oder vielleicht auch der Polizei zu besseren Bedingungen behandelt zu werden. Auch Menschen mit Krankheiten, die dringend behandelt werden müssten, Menschen in Lebensgefahr, werden von einem Krankenhaus zum nächsten geschickt: Es sei kein Platz, es gäbe keine Ärzte, die sich um die Patienten kümmern könnten, es sei doch gar nicht so schlimm und würde bald von selbst besser werden – das wird ihnen gesagt. Nicht wenigen kostet das das Leben. Andere, die eigentlich stationär behandelt werden müssten, werden von ihren Familien zu Hause so gut es geht gepflegt. Das bedeutet noch eine zusätzliche Belastung für den ohnehin schon strapaziösen Alltag vieler Brasilianer.

Wir sind fassungslos über diese Zustände, die man sich in Deutschland nur schwer vorstellen kann. Wenngleich das Gesundheitssystem in Deutschland sicherlich auch an vielen Stellen verbesserungswürdig ist, so ist doch zumindest eine gute Grundversorgung der Menschen gesichert. Davon kann in Brasilien keine Rede sein. Die öffentlichen Krankenhäuser, die aus staatlichen Geldern (Steuern) finanziert werden, sind überfüllt und schlecht ausgestattet mit medizinischen Geräten, Betten, sanitären Anlagen und vor allem Personal. Neben diesen öffentlichen Krankenhäusern *(publico)*, in denen die Patienten nichts zusätzlich bezahlen müssen, gibt es private Krankenhäuser *(particular)*. Letztere sind besser ausgestattet und bieten jene medizinische Versorgung, auf die eigentlich alle Bevölkerungsschichten ein Recht hätten. Denn: Per Gesetz hat jeder Brasilianer das Recht auf eine kostenlose Gesundheitsversorgung, die in der Realität allerdings nicht verwirklicht wird. Deshalb ist die Bevölkerung darauf angewiesen, zusätzlich private Versicherungen abzuschließen, die sich die arme Bevölkerung jedoch nicht leisten kann. Die Aufnahme in ein *hospital particular* übersteigt die finanziellen Möglichkeiten der meisten Brasilianer. Behandlungen dort sind so teuer, dass selbst viele Mittelschichtler die Kosten nicht aufbringen können und damit auf eine Versorgung in den öffentlichen Krankenhäusern angewiesen sind. Auf einen Operationstermin können die Patienten monate- oder jahrelang warten.

Eine schnellere Behandlung bietet in der Regel nur ein privates Krankenhaus. Der Patient kann das Geld für seine Behandlung hier entweder direkt bezahlen oder er kann eine Art Versicherung *(plano de saúde)* abschließen. Diese ist allerdings nicht mit den deutschen Krankenversicherungen vergleichbar, zumal Versicherungen in Brasilien jeglicher Art ein Luxusgut sind. Sie werden oft erst bei akutem Bedarf, etwa einer notwendigen Behandlung oder Operation abgeschlossen. Nach Abschluss muss der Versicherte zunächst viele Monate Geld einzahlen, um den gesamten Versicherungsschutz in Anspruch nehmen zu können und zum Beispiel eine Operation zu finanzieren. Dringende Behandlungen werden so viel zu lange aufgeschoben – Zeit, in der die Patienten unter Schmerzen leiden, die Krankheit sich stets verschlimmert und eine Operation immer risikoreicher wird. Kaum jemand kann es sich leisten, während dieser Wartezeit nicht zu arbeiten, da die teure Versicherung bezahlt werden muss.

Auch die Behandlung seelischer Erkrankungen in Brasilien bedarf einer grundlegenden Reform. Während den Reichen jede nur denkbare Therapie offensteht, müssen die unzähligen psychisch kranken Menschen in der Baixada, darunter viele, viele schwer traumatisierte Kinder, in der Regel vollkommen ohne psychiatrische oder psychotherapeutische Begleitung auskommen.

Es ist dringend notwendig, dass die *öffentliche* Gesundheitsversorgung in Brasilien verbessert wird. Es gibt gute Ärzte in Brasilien. Es gibt gute Behandlungsmethoden und gute Krankenhäuser. Doch die Masse derjenigen, für die noch nicht einmal eine grundlegende medizinische Versorgung gesichert ist, ist riesengroß. Politiker auf allen Ebenen nehmen ihre Verantwortung nicht wahr und berauben große Bevölkerungsgruppen dieses Grundrechtes. ◇

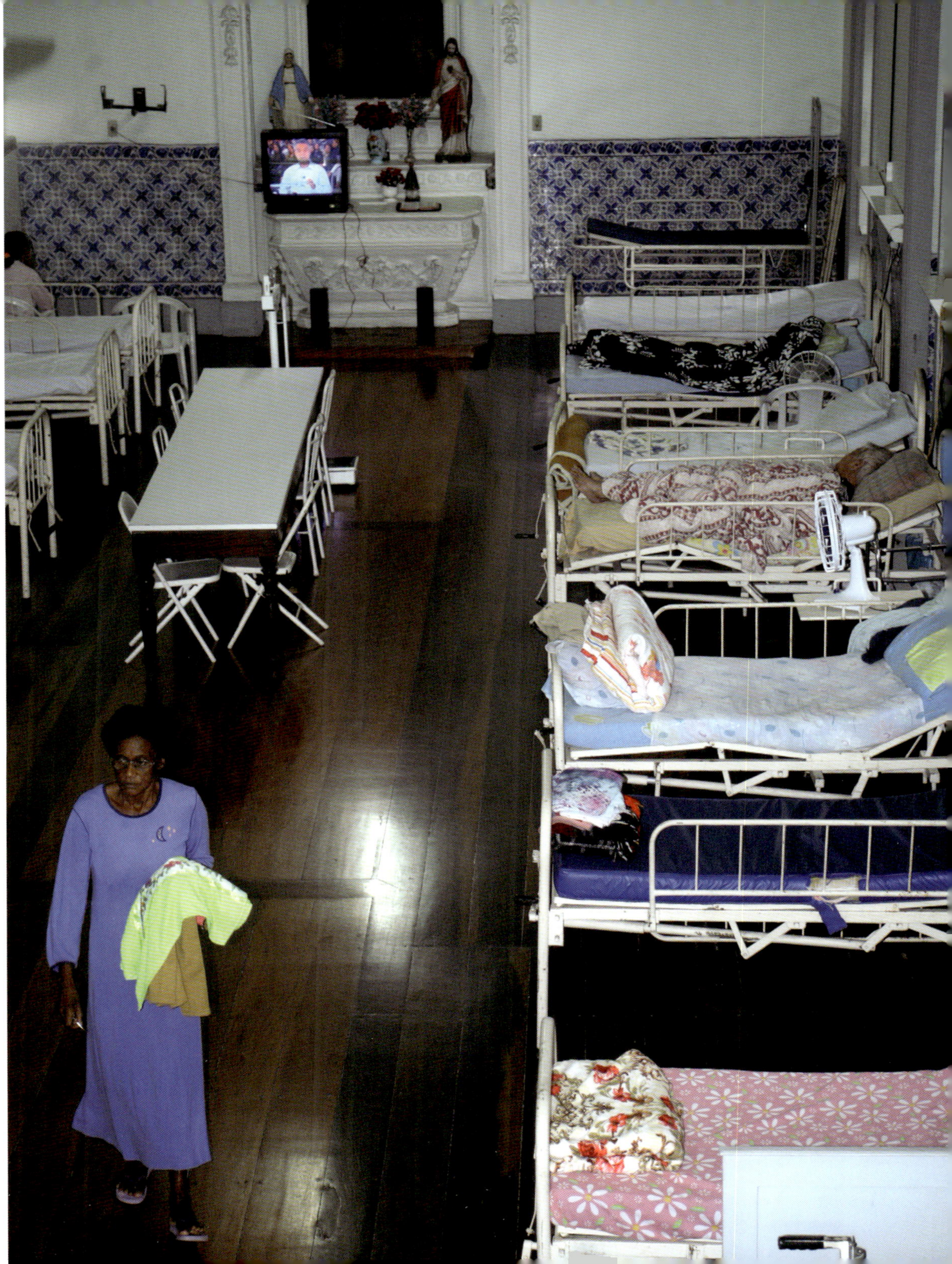

Teresinha stürzt und brauchte infolgedessen am Oberschenkelhalsknochen eine Prothese. Da sie eine Krankenversicherung *(plano de saúde)* hat, wird sie operiert. Als sie nach einem Jahr wieder mühsam laufen kann, bricht die Stabilisierung des Knochens beim Gehen an einer Sollbruchstelle. Der Arzt hatte bereits vor der OP gesagt, dass er von der Stabilisierung, die der *plano de saúde* genehmigt, abrate, da abzusehen sei, dass sie nicht halten werde. Nun steht erneut eine Operation an. ◇

Lucia, eine Mitarbeiterin der Hilfsorganisation AVICRES, wartet auf eine Knie-Operation. Sie hat die Hürde auf sich genommen, eine teure Versicherung abzuschließen, um in einem privaten Krankenhaus behandelt zu werden. Der Operationstermin ist erst in vielen Monaten – vorher muss sie genügend Geld in die Versicherung einzahlen, um den Eingriff finanzieren zu können. Trotz ihrer schmerzenden Beine muss sie weiter arbeiten, um die Versicherungsbeiträge zu bezahlen. Die medikamentöse Einstellung gegen den Schmerz hilft ihr dabei mehr schlecht als recht. ◇

Eine Freundin erzählt uns vom Tod ihres Vaters. Mit einem Leberleiden bringt die Familie ihn zu einem öffentlichen Krankenhaus in Rio. Mit Glück wird er dort direkt aufgenommen, muss allerdings – wie viele andere Patienten auch – zunächst zehn Stunden auf einem Stuhl ausharren, bis er untersucht wird. Nur durch den Zufall, dass der Sohn der Familie bei der Polizei arbeitet und diese Tatsache allein schon oft Eindruck schindet, ist es ihnen möglich, dem Vater zumindest eine provisorische Liege in einem Flur aufzubauen. Kissen und Bettdecke müssen sie selbst besorgen. Tagelang informieren die Ärzte die Familie nicht über den Zustand des Vaters. Erst auf wiederholte Nachfrage erklärt ihnen eine Krankenschwester ironisch lächelnd, dass dem Vater nicht mehr viel Zeit bleibe. Kurz darauf stirbt er. ◇

Márcia, Lehrerin und die Tochter einer Mitarbeiterin der AVICRES, ist nierenkrank. Nach jahrelangem Warten bekommt sie ein Spenderorgan transplantiert. Die Operation verläuft gut. Doch schon kurze Zeit später bekommt sie hohes Fieber. Wenige Tage später stirbt sie.

Später stellt sich heraus, dass sich im Bauchraum des Spenders Eiter befand und das Organ krank war. Die Ärzte hätten die Operation gar nicht erst durchführen dürfen. Der Leiter des Transplantationszentrums, das außer dieser Niere zwei weitere Organe desselben Spenders an Krankenhäuser ausgeliefert hatte, behauptet, alle Dokumente über den Zustand der Organe übermittelt zu haben. Die Ärzte, die die Operation durchführten, dagegen sagen, dass der Erhalt dieser Dokumente weder Routine sei noch sie ein solches Dokument erhalten hätten.

Die Folgen der Operationen waren für alle drei Patienten tödlich.

Brasilien gehört zu den Ländern, in denen es sichere Hinweise für einen organisierten Organhandel gibt, bei dem Organe für Geld oder andere Formen der Belohnung gekauft und zahlungskräftigen Kranken transplantiert werden. ◇

Liebe Gott über alles
und deinen Nächsten wie dich selbst.

Jesus

Ein Hausbesuch in der Baixada Fluminense

Eine Patientin über staatliche Krankenhäuser:

»Ärzte und Pfleger haben meist keine Lust, uns ordentlich zu behandeln. Da wird man ruckzuck mit einer Pille weggeschickt, dann heißt es: ›Komm in sechs Tagen wieder.‹ Die Leute sind dann oft schon tot – wen kümmert das schon? Häufig fehlen wichtige Medikamente – auch deshalb sterben viele.«

An einem Mittwochnachmittag besuche ich zusammen mit meiner brasilianischen »Tante« Tia Ayza, Krankenschwester in der Gesundheitsstation, in der ich zurzeit arbeite, eine alte Frau, Dona Jangira. Sie ist seit inzwischen 15 Jahren durch einen Schlaganfall an ihr Bett gefesselt. Dona Jangira hat das Glück, vier Schwestern zu haben, die sich sehr liebevoll um sie kümmern. Als wir an ihre Tür klopfen, empfängt uns eine der Schwestern mit einer herzlichen Umarmung: »*Que bom que vocês estão aqui! Sejam bem vindo!*«, sagt sie. »Wie gut, dass ihr hier seid! Seid herzlich willkommen!«

Es ist ein kleines Haus: Im Wohnzimmer stehen ein Tisch, ein Sofa und ein Sessel; neben der Küche ist ein kleines Bad. Wir gehen ins Schlafzimmer. Auch dies ist klein: ein Schrank, eine kleine Kommode und das Bett, in dem Dona Jangira liegt – das ist alles. Vor dem Bett steht ein Stuhl. Wir setzen uns zu Jangira ans Bett, Tia Ayza misst den Blutdruck und den Puls. Dann beginnt sie, mit der Patientin in einem ruhigen und liebevollen Ton zu sprechen. Sie hält ihre Hand, und ich habe den Eindruck, dass Dona Jangira dadurch ein bisschen wacher wird. Ihre Blicke treffen sich, und für einen Moment herrscht friedliche Stille. Dann beginnt Tia Ayza mit den Schwestern zu sprechen.

In diesem Gespräch erfahren wir, dass die Patientin vor drei Wochen in ein Krankenhaus eingeliefert worden war, ihre Blutzuckerwerte waren stark angestiegen. Doch auch im Krankenhaus hatte sich ihr Zustand nicht merklich gebessert, eher noch verschlechtert. Druckgeschwüre hatten sich an den Fersen und am Steißbein gebildet, die Blutzuckerwerte schwankten – wahrscheinlich durch unkontrollierte Insulingabe.

Als Dona Jangira schließlich einmalig einen guten Wert erreicht hatte, wurde sie zügig entlassen. Man versprach ihr eine gründliche häusliche Versorgung durch den täglichen Besuch einer Krankenschwester, auch ein Arzt sollte mindestens einmal pro Woche zur Visite kommen. Bei unserem Besuch war sie bereits 16 Tage zu Hause – weder eine Krankenschwester noch ein Arzt hatten das Haus bis dahin betreten. Die Bemühungen der Geschwister, telefonisch Arzt oder Krankenschwester zu erreichen, blieben ohne Erfolg. Ihre Anrufe nahm niemand entgegen.

Nach etwa eineinhalb Stunden verabschieden wir uns. Wir merken, dass es gut war, dort gewesen zu sein. Ich meine, in den Augen von Dona Jangira Zufriedenheit zu erkennen – es ist ein sehr weicher, liebevoller Blick. Jangiras Schwester bringt uns zur Tür: »*É isso aí. Mas está tudo bem, a vida vai continuar. Muito obrigada, gente!*« »Ja, so ist es«, sagt sie. »Aber es ist schon gut, das Leben geht weiter. Vielen Dank euch beiden!«

Eine Woche später erreichte uns die Nachricht, dass Dona Jangira gestorben war. ◇

Solindo, ein Obdachloser in Nova Iguaçu

»Ich verkaufe Pappe. Bringt nicht viel ein. 18 Centavos pro Kilogramm (umgerechnet ca. 8 Cent) – aber hier in Nova Iguaçu ist es leichter als im Zentrum von Rio de Janeiro. Dort musst du unendlich weit laufen, um einen Käufer zu finden. Hier ist der nächste direkt um die Ecke, hinter der *via light* (Hauptstraße in Nova Iguaçu). Früher war ich oft in Rio – heute lohnt es sich nur noch hinzufahren, wenn dort irgendwelche Events sind. Dann kannst du Dosen sammeln. Das bringt immerhin 2 Reais pro Kilo. Gestern lief das Geschäft super! Ich habe 110 Kilogramm Pappe gesammelt. Am Abend bin ich dann losgegangen und hab' das Geld vertrunken, um das Scheißleben zu vergessen.

Meine besten Zeiten hatte ich, als ich an der Autobahn stand, um bei LKW-Fahrern mitzufahren und für sie zu arbeiten. Da bin ich viel rumgekommen, hab' gutes Geld verdient, viele Frauen kennengelernt, und die Arbeit war auch okay. Heute gibt es zu viele Leute, die das machen. Du gehst auf dem Arbeitsmarkt unter. Na ja, was will man machen?!«

Vorsicht zerbrechlich!

10 Jahre Haus der Solidarität in Nova Iguaçu, Rio de Janeiro

Magdalena Brokamp leitet seit 2001 das »Haus der Solidarität« in Nova Iguaçu. Hier bekommen Obdachlose einen Platz zum Schlafen, Mahlzeiten und eine gesundheitliche Betreuung.

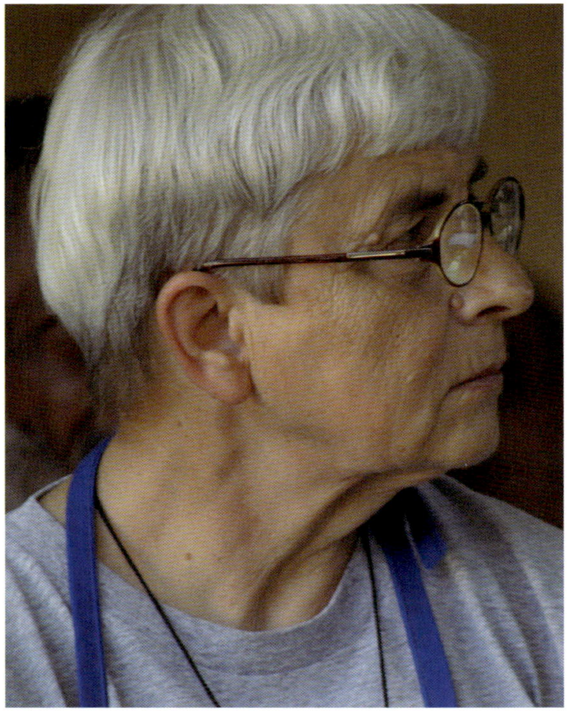

Wenn ich morgens zum Haus der Solidarität komme, sitzen einige Obdachlose schon auf der Terrasse. Barfuß und ohne Hemd, bekennt der erste: »O madre, ich habe so viel getrunken.« Der andere ist traurig und verstört, weil man ihm seine Wolldecke gestohlen hat, und der nächste liegt da, stöhnend, mit Fieber. Diese drei sind aber nur die ersten der 60 bis 65 Personen, die wir täglich betreuen.

In diesen Tagen feiern wir den 10. Geburtstag des Hauses der Solidarität und wir glauben, dass wir einen Traum Gottes, den er mit diesen Menschen hat, verwirklichen.

Der Zweck unserer Einrichtung ist die Wiedereingliederung der Straßenbewohner in die Gesellschaft. Wie kann man das im Alltag verwirklichen? Genügen eine schmackhafte Mahlzeit, ein Bad und saubere Kleidung?

Mich beeindruckt immer wieder die Zerbrechlichkeit und Zerbrochenheit der Straßenbewohner. Es ist ja nicht nur der Mangel an körperlicher und geistiger Gesundheit, auch die ganze Persönlichkeit, die Willensstärke ist zerstückelt. Es bestehen keine sozialen Bindungen mehr – aufgrund ihrer Verwirrung durch Alkohol und Drogen geben sie sich selbst auf und sind moralisch desorientiert.

Wir sehen unsere Aufgabe darin, diese Zerbrochenheit zu begleiten und zu heilen. Zunächst versuchen wir, jeden in seiner Individualität anzunehmen, auch wenn er anfangs ein provozierendes Verhalten zeigt. Oft heißt es, einfach auszuhalten, Interesse, Wohlwollen und Geduld zu bekunden und daran zu glauben, dass jeder einen guten Kern hat.

Durch Gespräche, behutsame Unterstützung bei der Körperpflege, Begleitung und Orientierung bei Behördengängen werden Beziehungen geschaffen, die helfen, den Sinn für das Leben, das Leiden und viele Verluste zu verstehen. Das ist, meiner Ansicht nach, der größte Schmerz eines Obdachlosen: festzustellen, dass er alles verloren hat – nicht nur die Liebe und den Respekt seiner Ehefrau und seiner Kinder, sein Heim, Freunde und Verwandte, auch seine Arbeitsstelle und seine beruflichen Fähigkeiten. Jemand sagte einmal, er fühle sich wie Müll. In dieser Situation ist es leicht, sich für Gewalt zu entscheiden, um sich selbst und andere zu zerstören.

Wenn wir diesen Menschen helfen können, ihre wahre Sehnsucht und ihre echten Bedürfnisse zu entdecken, wird das zu einer dynamischen Kraft, die der heilige Paulus kannte, als er sagte: »Wenn ich schwach bin, bin ich stark!« Dann ist es möglich, Solidarität zu leben und die Einsamkeit erträglicher zu machen durch die gemeinsamen Mahlzeiten und freiwilligen Dienste in Küche und Garten.

Wir haben keine genauen Angaben darüber, wie viele Menschen unser Haus besucht haben und wie vielen wir den Weg in die Gesellschaft geebnet haben. Einige wenige sind von Anfang an bei uns, andere sind zu ihren Familien zurückgekehrt oder konnten eine Arbeit finden, viele sind auch schon in der ewigen Heimat bei Gott.

Unsere Arbeit ist eine tägliche spirituelle Herausforderung, wir bekennen, dass wir manchmal an unsere Grenzen stoßen, dass es schwierig ist, das Angesicht Jesu im Nächsten zu entdecken. Tröstlich und beeindruckend ist, oft die göttliche Vorsehung zu erfahren, sowie die Solidarität vieler Freunde und Wohltäter. Aber die wichtigste Erfahrung ist die Gewissheit, dass es möglich ist, das Evangelium im Hier und Heute zu leben.

Darum ist unser Herz voll Dank und Freude. ◇

Schwester Magdalena Brokamp
Nova Iguaçu, den 28. April 2011

AVICRES

Porträt von Johannes Niggemeier

Als Befreiungstheologe nach Brasilien berufen

Johannes Niggemeier wurde am 17. August 1939 in Büren bei Paderborn geboren. Er wuchs dort in einer Schäferfamilie auf, die seit Generationen in dieser bäuerlichen Tradition steht.

Nach dem Abitur auf dem Jesuitenkolleg in Büren studierte er zunächst – auf dem Weg zur Priesterausbildung – an der Philosophisch-Theologischen Fakultät in Paderborn. Anschließend studierte er Theologie und Pädagogik an der Universität Münster und der Pädagogischen Hochschule Paderborn. Diese Studien schloss er ab mit dem Lehrerexamen für Grund- und Hauptschulen und dem Diplom in der Theologie.

Ab 1965 arbeitete er an den Schulen in Bielefeld und Paderborn. 1970 wurde er als Dozent an die Pädagogische Hochschule Paderborn berufen, die später in die neu gegründete Universität Paderborn integriert wurde. Hier übernahm er das Fach Religionspädagogik. Mit seinen ehemaligen Studentinnen und Studenten trifft er sich immer noch einmal im Jahr, um mit ihnen aktuelle Fragen der Theologie und Religionspädagogik weiterzuverfolgen und zu diskutieren.

Johannes Niggemeier ist verheiratet und hat zwei erwachsene Kinder.

Da er die »Blutleere und Selbstbezogenheit europäischer Theologie und kirchlicher Praxis« nicht länger ertrug, ließ er sich im Jahr 1987, für vier Jahre von seinen Dienstverpflichtungen in Paderborn entbinden. Durch den Ruf des damaligen Bischofs von Nova Iguaçu, Dom Adriano Hypólito, und die Beauftragung seitens der Missionszentrale der Franziskaner in Bonn übernahm er eine Lehrtätigkeit in biblischer Didaktik am Priesterseminar von Nova Iguaçu, an der Franziskanerhochschule in Petrópolis – zusammen im Kollegium mit Leonardo Boff – sowie im Franziskanerseminar in Teófilo Otoni.

Als praktische Konsequenz dieser Art von Theologie ergab sich, dass Johannes Niggemeier zusammen mit dem Bischof Dom Adriano in den Elendsvierteln Nova Iguaçus arbeitete, dabei besonders die Situation der Straßenkinder kennenlernte und sich nach dem Maße seiner Möglichkeiten um sie zu kümmern begann. Die dortigen Erfahrungen haben ihn so sehr betroffen, dass er sein Engagement seitdem nicht wieder aufgeben konnte.

1991 gründete er zusammen mit einem brasilianischen Pfarrer und einer brasilianischen Psychologin die AVICRES, (Associação Vida no Crescimento e na Solidariedade – »Gemeinschaft für das Leben, damit es wachse in Solidarität«) und in Deutschland die Brasilieninitiative Avicres e.V. als deren Partnerorganisation. Ihre Aktivitäten konzentrieren sich vor allem auf die Armen- und Elendsviertel im Raum Nova Iguaçu.

Noch immer arbeitet Johannes Niggemeier zum größeren Teil des Jahres in dieser Organisation in Brasilien und kämpft »für die Rechte derer, die keiner will« – stark und mit großer Geduld. Von Hindernissen und Rückschlägen lässt er sich nicht unterkriegen. Selbst als die Regierung im Jahr 1995 die Favela *Lírio do Vale*, wo die Arbeit der AVICRES begann, plattmachte, blickte er nach vorn und suchte nach neuen Wegen.

Auf die Frage, wo seit diesem Abriss die Favela der AVICRES sei, antwortet er: »Unsere Favela sind unsere Kinder, Jugendlichen und Obdachlosen, die aus schrecklichen Verhältnissen kommen und jetzt in unseren Heimen, Kindertagesstätten und in der Landwirtschaftsschule sind. Bei uns in den Heimen sieht man nicht mehr direkt, woher sie kommen. Aber wir – unsere Angestellten – wissen, woher sie stammen, zu uns gebracht oder aus welchen Verhältnissen wir sie geholt haben. Das ist unsere Favela.«

»Der damalige Bischof von Nova Iguaçu, Dom Adriano Hypólito, hat mich gebeten, etwas ›Eigenes‹ zu machen. Zunächst hatte ich bei der Caritas mitgearbeitet. Das Ver- und Zutrauen des Bischofs in meine Arbeit hat mich ermutigt, Leute zu suchen, mit denen ich die AVICRES auf den Weg gebracht habe.

Dom Adriano war dabei ein Vorbild für mich. Als ich ihn einmal fragte, was ihn diese Arbeit durchhalten lasse und dabei noch so fröhlich zu sein, sagte er zu mir: ›Johannes, nimm die Menschen, wie sie sind, es gibt keine anderen‹. Dann ging er mit mir in die Favela ›Lírio do Vale‹, das Elendste, was man sich vorstellen kann.

Damit hängt letztlich die starke Philosophie zusammen, mit der ich angefangen habe: die vorrangige Option für die Armen. Beflügelt haben mich die Menschen, die mit uns das Ganze angepackt haben, die Gesichter dieser Menschen, der Einsatz und die Begeisterung dieser Menschen.«

»Wir dürfen keine Zuhälter der Armen sein!«

Interview mit dem Befreiungstheologen Johannes Niggemeier

Der Paderborner Theologe und Religionspädagoge Johannes Niggemeier ging, vom Geist der Befreiungstheologie inspiriert, vor über 25 Jahren nach Brasilien. Dort gründete er die Organisation AVICRES, **Associaçao Vida no Crescimento e na Solidariedade,** *»Gemeinschaft für das Leben, damit es wachse in Solidarität«. Schwerpunkte der Arbeit in Nova Iguaçu sind Heime für Kinder von der Straße, Heime für Obdachlose sowie Gesundheitsarbeit. Die brasilianische AVICRES trifft sich möglichst einmal im Jahr mit ihrer gleichnamigen deutschen Schwesterorganisation zum Austausch in einem Landhaus in Ostwestfalen. Dort sitzt Johannes Niggemeier an einem einfachen Holztisch in der Sommersonne (→ Foto S. 127) und spricht nachdenklich, aber eindringlich über seine Sicht der schwierigen Lage vor Ort. Mit sonorer Stimme, manchmal leidenschaftlich und emotional, hält er ein Plädoyer für konsequente und nachhaltige Arbeit im Kleinen. Ein Gespräch über verfehlte Entwicklungspolitik, die Versuchungen des bequemen Lebens und die schwierige Gratwanderung zwischen Hilfe und Anbiederung.*

Nach dem Hoffnungsträger Lula wird Brasilien nun von seiner Nachfolgerin Dilma Rousseff regiert. Manche versprechen sich eine Fortführung der Sozialprogramme, die viele Menschen aus der Armut herausgeführt haben sollen. Was können die Armen von der neuen Regierung erwarten?

Man hat Lula immer als Hoffnungsträger für die kleinen Leute und für eine neue Politik bezeichnet. Auch wir bei der AVICRES, die wir aus der Befreiungstheologie kommen, haben diese Hoffnung in Lula gesetzt: dass er, der aus Arbeiterkreisen kommt, eine andere Politik betreiben werde als die Politik der Oligarchie. Aber er hat viele unserer Hoffnungen zerstört. Zugespitzt kann man sagen: Er hat keine echte Sozialpolitik betrieben, sondern Geschenke an die Armen verteilt, anstatt sie strukturell aus ihrer Armut herauszuholen.

Wahlkampfgeschenke? Wurde einfach Geld verteilt, anstatt wirklich etwas zu verändern?

Anfangs waren es Wahlkampfgeschenke, ja. Auch während seiner zweiten Amtsperiode hat Lula noch Geschenke verteilt. Das verstehen wir nicht als Sozialprogramm. Er hätte das Geld besser für strukturelle Veränderungen in den Bereichen Gesundheit, Erziehung, Infrastruktur, Umwelt und gegen die Gewalt einsetzen können. Doch all diese Dinge kamen als gezielte Politik nicht vor. Die neue Regierung? Ich persönlich vertrete den Standpunkt, dass man ihr eine Chance geben muss – vor allem auch deshalb, weil eine Frau an ihrer Spitze steht. Ich erhoffe mir, dass sie als Frau eine andere Sensibilität entwickelt, den Problemen wirklich auf den Grund zu gehen. Lula war in gewisser Weise typisch männlich und arrogant, im Sinne eines »Brasil, Brasil sobre tudo« – »Brasilien, Brasilien über alles«. Er hat sich vor allem um Großmannssucht-Projekte gekümmert, ohne Rücksicht auf die kleinen Leute, beispielsweise um Staudammprojekte, von denen nur die Agrarindustrie etwas hat, nicht aber Indios oder Fischer.

Heißt das, man hat in den Favelas nicht viel von der Sozialpolitik der Regierung gespürt?

Man hat schon etwas gespürt, aber nur im Sinne eines »Brotverteilens«. Man könnte auch sagen »Brot und Spiele« – wenn ich an die Olympischen Spiele denke. Das ist sehr typisch: Die Leute mit großen Spielen und Essen vom Nachdenken und Überlegen in strukturellen Fragen abzulenken. Denn wer schnell satt wird, ist ja erst einmal zufrieden. Arbeitsplätze schaffen, das wäre etwas gewesen!

Kann man von der neuen Regierung erwarten, dass sie diese Dinge strukturell anpackt?

Das ist schwer zu sagen. Aber wir müssen uns selbst Mut machen. Ich glaube, dass die neue Präsidentin das will. Sie hat auch einen anderen Stil als diesen Männlichkeitswahn und diese männliche Härte. Das macht sie aber auch weich und ausnutzbar. Die Probleme, die angepackt werden müssen, sind überdimensional. Wir sind skeptisch. Wir – das sind auch Leute, die links denken. Von der Theologie der Befreiung her sind wir natürlich Linke. Als solche sind wir sehr enttäuscht worden. Wir haben uns vielleicht auch zu sehr identifiziert, das darf man niemals machen.

Identifiziert mit der regierenden Arbeiterpartei?

Ja, mit der Regierungspartei, die links war wie wir auch. Wir haben uns mit ihr identifiziert. Ich als Theologe sage heute: Das darf man nie machen! Wenn man sich so festlegt, ist man nicht mehr kritikfähig. Die Bibel ist Kritik gegenüber allen Machtstrukturen und muss dies auch bleiben.

Zurück zu den »Spielen«: Die Kehrseite der Fußballweltmeisterschaft 2014 in Brasilien und der Olympischen Spiele 2016 in Rio ist, dass Favelas unsichtbar gemacht, eingemauert oder aufgehübscht werden sollen. Was passiert dort genau?

Das kann man so pauschal nicht sagen. Man will die Slums »urbanisieren«, das ist ein schön klingender Ausdruck. Hinter schönen Worten lässt sich vieles verbergen. In einer Favela wurde selbst eine Seilbahn gebaut …

Für Touristen?

Auch für Touristen, was natürlich sehr ironisch ist. Dort wird ein regelrechter Favela-Tourismus gefördert: Die Reichen kommen und schauen sich die Bewohner, die *Favelados*, wie im Zoo an. Insofern ist da schon etwas dran, dass man aufzuhübschen versucht. Man baut auch Mauern und Glaswände, das stimmt. »Zum Schutz vor der Gewalt«, wird dann gesagt. Aber die Favelas z. B. komplett zu räumen, ist gar nicht möglich. Vertrauen zu schaffen in die Polizei und eine bessere Bezahlung für die Polizisten – das sind die Dinge, die dort getan werden müssten. Ansonsten wird die Polizei wütend auf die Menschen und agiert als Feind der Bevölkerung. Das ist ein Problem, das sich sogar verschlimmert hat. Dennoch: Man kann nicht pauschal sagen, dass die Favelas weggeräumt würden.

Aber es ist schon so, dass sie aus dem Blickfeld der Öffentlichkeit verschwinden sollen, um die Außendarstellung für WM und Olympia zu steuern?

Ja. Diese Schönfärberei kennen wir auf vielen Gebieten. Als 1992 die Umweltkonferenz in Rio stattfand, wurde eine Schnellstraße vom Flughafen an die Copacabana gebaut, und zwar so, dass die Besucher aus aller Welt die Abwässer und den stinkenden Schlamm nicht sahen. Solche Strategien des Versteckens sind durchaus üblich.

Im Zusammenhang mit den Spielen wurde das Gesetz der Reintegration und Adoption von Heimkindern verschärft.

Auch das ist Schönfärberei. Diese Verschärfung wurde interessanterweise genau in dem Zeitraum beschlossen, als entschieden wurde, dass die Olympischen Spiele in Brasilien stattfinden werden. Nun soll für die Spiele die harte Realität verdrängt werden. Das Gesetz der Reintegration und Adoption richtet sich gegen das Elend der Straßenkinder und -jugendlichen. So etwas darf es doch nicht geben in einem aufstrebenden Land! Der Begriff »Straßenkinder« weckt natürlich Aversionen gegen Brasilien, deshalb soll das Gesetz das Problem beseitigen: Es soll keine Straßenkinder mehr geben. Dazu gehört, dass man unzähligen Straßenkinderheimen die Arbeit unmöglich macht: Man verordnet per Gesetz, dass die Kinder aus den Heimen raus müssen und »reintegriert« werden – auch wieder so ein schönes Wort. Das heißt, sie sollen zurück in die Verhältnisse, aus denen sie geflohen sind. Wie soll das gehen? Höchstens, wenn der Staat Programme für Erziehung und Bildung einführen würde. Es ist aber unrealistisch, dass man Familien, in denen Gewalt und Missbrauch herrschen, wieder so fit machen kann, dass die Kinder zurück können.

Der andere Aspekt des Gesetzes ist die Adoption. Kinder werden verschickt wie Postpakete. Die Adoptiveltern sind aber oft überfordert und bringen die Kinder wieder zurück. Also werden Kinder in den Heimen vorgeladen und von einem Richter verhört, warum sie immer noch im Heim sind. Alle drei bis sechs Monate kommt der Richter und »fegt die Heime leer«. Wir wollen den Kindern Wärme und so etwas wie eine Familie geben und sie erziehen, wenn sie länger bei uns sind. Diese Arbeit wird durch das Gesetz unmöglich gemacht. Reintegration und Adoption sind also nichts als Illusion, und über kurz oder lang fängt alles wieder von vorne an, alles wieder wie gehabt …

Was bedeutet das konkret für die Arbeit der AVICRES?

Wir hatten einmal vier Straßenkinderheime mit jeweils 25 Plätzen. Nach den anderthalb Jahren, in denen das Gesetz jetzt so praktiziert wird, haben wir nur noch ein Heim mit 20 Plätzen. Das ist die neue Realität.

Wird die Arbeit also systematisch behindert?

Ja, unsere und auch andere Einrichtungen werden systematisch behindert. Der Gesellschaft wird vorgemacht, dass dadurch das Problem gelöst werden würde. Aber in fünf oder sechs Jahren wird die Straßenkinderflut wieder zunehmen und dann fängt alles wieder von vorne an. Es geht uns nicht darum, uns als Institution zu erhalten – wir sind dazu da, »kleiner« zu werden. Unsere Sorge ist, dass durch die Behinderung unserer Arbeit die Kinder kaputtgemacht werden. Nun wollen wir präventiv eine neue Straßenkinder-Welle verhindern. Dies versuchen wir neuerdings mit *casas de acolhida*, »Aufnahmehäusern«, in denen wir Kindern außerhalb der Schulzeiten Aktivitäten, Ausbildungsmöglichkeiten, Hausaufgabenhilfe und vernünftiges Essen bieten. Sie sollen ein menschenwürdiges Leben lernen. So wollen wir verhindern, dass die Kinder auf der Straße landen und den Drogenbossen in die Hände fallen.

Warum soll die AVICRES kleiner werden?

Sie ist kleiner geworden, allein schon durch die sinkenden Mitarbeiterzahlen. Wir hatten schon einmal 120 Angestellte, jetzt haben wir ca. 80. Rund um die Uhr muss jemand für die Kinder da sein, deshalb brauchen wir viele Angestellte. Allerdings mussten wir die Zahl verringern, da weniger Kinder da waren und so viele Angestellte sonst nicht mehr zu rechtfertigen gewesen wären. Was ich aber mit »kleiner werden« meinte: Eigentlich sollte unsere Arbeit nicht nötig sein.

Das bedeutet: Das Ziel ist, sich selbst überflüssig zu machen.

Wer erzieherische Arbeit macht, will so arbeiten, dass er nicht mehr nötig ist. Wenn der Staat die Verantwortung übernehmen würde, wären wir überflüssig. Doch der Staat tut das nicht. Also sind wir für diejenigen da, die niemand will. Eine Gruppe, die hinzukommt, ist die der Obdachlosen, deren Zahl zunimmt. Unser Ziel war von Anfang an, mit denen zu arbeiten, die keiner will: mit *Favelados*, Straßenkindern und jetzt mit Obdachlosen, für die wir Gesundheitsarbeit machen.

Hat eine kleine Organisation Vorteile gegenüber einer großen internationalen Hilfsorganisation?

Ja. Unser Vorteil als bewusst kleine Organisation besteht darin, dass wir näher an der Realität sind, *com pé no chão*, »mit den Füßen auf dem Boden«. Wir kennen unsere Leute, die keiner will, wir kennen deren Lebenswirklichkeit. Es gibt viele große Organisationen, die den Kontakt zur Realität verloren haben. Deren Arbeit sieht schön aus, hat aber mit harter, realistischer Basisarbeit nichts mehr zu tun. Sie nutzen die Armen aus.

Ist das eine Art Hochglanz-Entwicklungshilfe?

Ja, Hochglanz und Ausnutzung. Sie brauchen die Armen und die Straßenkinder, sie können gut von der Armut leben und machen damit Geschäfte. Es gibt Nichtregierungsorganisationen in Brasilien, die den Ruf haben, *cafetões dos pobres* zu sein, »Zuhälter der Armen«. Sie machen sich ein gutes Leben auf Kosten der Armen. Es gibt absurde Beispiele von Leuten, die an der Copacabana oder irgendwo hinter Mauern wohnen, dicke Autos fahren, aber keinen Kontakt mehr zu den Armen haben. Da wundert es mich nicht, dass Nichtregierungsorganisationen manchmal einen schlechten Ruf haben. Manche sind völlig korrumpiert – und gut gefüttert von ihren korrupten Kollegen in der Regierung. Das könnte auf uns abfärben, wenn wir nicht ganz klar an unserer Philosophie festhalten würden, die da lautet, vorrangige Option für die Armen zu sein. Wir müssen uns immer wieder hinterfragen: Sind wir das wirklich? Sind wir noch an der Seite derer, die keiner will?

Wie wird hinterfragt und überprüft, ob die Philosophie noch so angewandt wird?

Wir haben z. B. in allen Sektoren der AVICRES in den vergangenen Wochen einen Film gezeigt, der sich mit der Problematik der »Zuhälter der Armen« befasst. Wir haben mit all unseren Angestellten reflektiert, wie es bei uns aussieht. Das ist hart, aber es geht nicht anders, weil es nicht selbstverständlich ist, an einer solchen Philosophie festzuhalten. Die Versuchung des bequemen Lebens ist natürlich groß und muss uns bewusst bleiben.

Korrupte Hilfsorganisationen, die die Entwicklungshilfe an sich in Verruf bringen, sorgen für kuriose Reaktionen. Der Kenianer James Shikwati kritisiert, dass die Geberländer nur ihre eigenen Interessen verfolgen. Er fordert sogar, die Entwicklungshilfe komplett einzustellen.

Wenn das so Beschriebene Entwicklungshilfe sein soll, kann ich mich nicht als Entwicklungshelfer verstehen. Sein Helfersyndrom durch eine Organisation zu befriedigen – das geht nicht. Manche

steigen auch selbst in die Oberschicht auf. Das kann aber nicht das Ziel von Entwicklungshilfe sein, die Hilfe muss aus einer anderen Motivation kommen. Schon in dem Begriff der Entwicklungshilfe steckt etwas Falsches: Wir helfen »denen«, damit sie sich entwickeln. Aber wir müssen nicht für die Menschen etwas tun, damit sie sich entwickeln, sondern mit ihnen gehen, damit wir zusammen neue Wege entdecken. So verstehe ich unsere Arbeit: An der Seite der Ärmsten der Armen – *mit* ihnen, nicht *für* sie. Sollen sie sich etwa in Richtung eines Kapitalismus entwickeln, an dem wir in der sogenannten Ersten Welt schon gescheitert sind?

Wäre das also eine Form von Arroganz der sogenannten Ersten Welt gegenüber der sogenannten Dritten Welt?

Ja, ich finde das sehr arrogant. Das kann nicht sein, das ist von oben herab: »Wir wissen es besser als ihr.« Das ist meistens rücksichtslos und respektlos gegenüber den Reichtümern anderer Gesellschaften. Es gibt dort ganz andere Reichtümer, als wir sie kennen. Wenn ich länger nicht in Brasilien war, vermisse ich die dortige Herzlichkeit, Solidarität, Wärme, Gastfreundschaft, Einfachheit, Fröhlichkeit. Dieser todernste Entwicklungshelfer, der kann's doch nicht sein!

Diese Arroganz der Industrieländer schlägt sich auch in einem Phänomen nieder, das die niederländische Journalistin Linda Polman »Mitleidsindustrie« nennt: Nur große, medientaugliche Krisen der Dritten Welt finden Beachtung in der Ersten Welt. Alle stürzen sich darauf, aber sobald das Schlimmste überstanden ist, zieht die Karawane weiter.

Es gibt dazu ein sehr passendes Motto von MISEREOR: Mutig sein bedeutet zu bleiben, wenn die Schlagzeilen verschwinden. Darauf kommt es an: Dableiben, im Kleinen weitermachen und daran glauben. Ein schönes Wort aus der Bibel lautet: »Glaubt ihr nicht, dann bleibt ihr nicht.« Bleiben, auch in Situationen, über die niemand redet. Über unsere Obdachlosen gibt es keine Schlagzeilen. Bei ihnen müssen wir bleiben.

Es gibt ein afrikanisches Sprichwort: »Kleine Leute an unwichtigen Orten, die einfache Dinge tun, erreichen Außergewöhnliches.« Dazu will ich eine kleine Geschichte erzählen: Ich habe kürzlich jemanden erlebt, der nur in größeren Zusammenhängen und Großorganisationen dachte. Er besuchte uns und hielt uns als kleine Organisation für mickrig und ineffektiv. Für ihn war die Begegnung mit uns wie ein Zoobesuch, was uns sehr wehgetan hat. Gegen Ende seines Besuchs wurde er kleinlaut und sagte, er habe unsere Philosophie jetzt doch verstanden. Kurze Zeit später hat er uns dieses Sprichwort geschickt, das ich gerade zitiert habe.

Die Arbeit, hinter der diese Philosophie steckt, macht die AVICRES seit über 20 Jahren. Wo wird die Organisation in weiteren 20 Jahren stehen?

Wir haben damals nicht gewusst, wohin sich die AVICRES entwickeln würde. Was ich aber sicher weiß: Wir bemühen uns, bei unserer ursprünglichen Position zu bleiben, nämlich vorrangige Option für die Ärmsten der Armen zu sein. Wo wir später sein werden, weiß ich nicht. Zur Zeit sind wir schwerpunktmäßig neu mit der Gesundheitsarbeit mit den Obdachlosen und den *casas de acolhida*, den »Aufnahmehäusern«, beschäftigt. Eines möchte ich auf jeden Fall: Festhalten an unserer Philosophie, denn dann bleiben wir an der Seite der Armen. ◇

»Gente pequena, fazendo coisas simples,
em lugares sem importância,
conseguem coisas extraordinárias.«

*

»Kleine Leute, die einfache Dinge tun,
an unbedeutenden Orten,
erreichen Außerordentliches.«

Afrikanisches Sprichwort

Baixada Fluminense

Entstehung und Entwicklung

Fahne eines Fluminense-Fans. Der Fluminense Football Club, kurz Fluminense, wurde 1902 gegründet und ist der älteste Fußballclub Rios. Seine größten Rivalen sind die drei anderen Vereine der Metropole: CR Flamengo, Botafogo und Vasco da Gama.

Die Bewohner des Bundesstaates Rio de Janeiro werden auch »Fluminenses« genannt.

Blick vom Stadtteil K11 über Nova Iguaçu.

In diesem Buch begegnet man immer wieder dem Begriff *Baixada Fluminense* oder kurz *Baixada*. Was bedeutet er eigentlich? Wörtlich übersetzt heißt *Baixada* »Tiefebene« und *Fluminense* (von lat. *flumen*) »Fluss« – man kann es also mit »Flussebene« übersetzen. Gemeint ist die Tiefebene im Hinterland Rio de Janeiros, die von vielen Flüssen durchzogen ist.

Schon im 17. und 18. Jahrhundert war diese Tiefebene eine wichtige Verkehrsstrecke, ausgehend von der Hauptstadt des damaligen Kaiserreichs. Zudem entstand hier im 19. Jahrhundert eines der ersten Anbaugebiete für brasilianischen Kaffee. Seitdem erlebt diese Region eine stetige Entwicklung.

Mitte des 19. Jahrhunderts kam der wirtschaftliche Aufschwung durch die Konstruktion der ersten brasilianischen Eisenbahnlinie. Sie führte vom Hafen von Mauá in der damaligen Provinz Rio de Janeiro nach Fragoso im brasilianischen Hinterland, unterhalb des Waldes von Petrópolis. Der Bau weiterer Eisenbahnstrecken markierte das Ende der Viehtreiberwege und der Binnenschifffahrt und erwies sich als Meilenstein in der Geschichte der Urbanisierung: Um die Bahnhöfe herum bildeten sich Dörfer und Städte. Auf diese Weise entstanden auch die Städte der Baixada Fluminense.

Die zunehmende Landflucht begünstigte das rasante Wachstum neuer Siedlungen. Arme Familien vom Land zogen in die städtischen Regionen, auf der Suche nach einem besseren Leben. Sie schlugen ihre Hütten und Bretterbuden entlang des Flusses im Hinterland Rios auf. Die Bedingungen, unter denen die Menschen hausten, waren schlimm: Sie litten unter unerträglichen hygienischen und sozialen Zuständen, sie waren oft ohne ärztliche Versorgung, fließendes Wasser oder Strom. Malariaepidemien und andere Krankheiten machten sich breit. Die schnelle Zuwanderung führte zu hoher Arbeitslosigkeit, enormer Kriminalität, massiver Gewalt und immensen sozialen Problemen, die bis heute andauern. Dadurch gilt die Baixada Fluminense noch immer als eine der gefährlichsten Regionen Brasiliens (→ S. 9–10).

Die Baixada Fluminense setzt sich aus 13 Gemeinden zusammen, in denen insgesamt 3,7 Millionen Menschen leben. Nova Iguaçu ist die Hauptgemeinde. Das Bruttoinlandsprodukt (BIP) der Region beträgt 42 Milliarden Reais, das sind 15,4 Prozent des BIP von Rio de Janeiro (Bundesstaat).

Angesichts der Großereignisse, die Brasilien in den nächsten Jahren bevorstehen – Fußballweltmeisterschaft 2014 und Olympische Spiele 2016 – hat die Regierung von Rio de Janeiro Mittel für die Sanierung und den Ausbau von Häfen, Flughäfen, Straßen, Zug- und Busstrecken sowie von Metro und Straßenbahn bereitgestellt. Alle diese Gelder fließen jedoch nur in die Zentren der austragenden Städte. Die Baixada Fluminense am Rande Rios wird, wie schon lange, auch jetzt vergessen und außen vor gelassen. Die Auswirkung ist ein Anstieg der Gewalt, und zwar aus zwei Gründen: Die Einrichtung von Polizeieinheiten zur »Befriedung« der Favelas in Rio hat zur Folge, dass die Drogenhändler in die Städte der Baixada ausweichen. Zum anderen wird dadurch die Anzahl der ursprünglich dort stationierten Polizisten reduziert. In der gesamten Baixada Fluminense kommt 1 Polizist auf über 1000 Einwohner. In Nova Iguaçu liegt das Verhältnis bei 1 zu 1659.

Trotz des Leids und der Vernachlässigung gibt es immer noch Menschen, die an eine bessere Baixada glauben und sich dafür einsetzen. In der Baixada gibt es beispielsweise sagenhafte Naturschauplätze und Kulturstätten, wie zum Beispiel das Naturreservat von Tinguá, das 1991 von der UNESCO als Biosphärenreservat anerkannt wurde. Es wurde schon im Jahr 1989 gegründet und befindet sich zwischen den Städten Duque de Caxias, Petrópolis und Miguel Pereira. Das Naturschutzgebiet bewahrt den atlantischen Regenwald und umfasst auch das Gebirgsmassiv von Tinguá mit 1600 Metern Höhe. Im Inneren findet man Flüsse, Stromschnellen, Wasserfälle, Naturpools und Ruinen aus dem 18. und 19. Jahrhundert. In der Umgebung liegen der Bahnhof von Tinguá, die Estrada Real do Comércio (königliche Handelsstraße), die Fazenda São Bernardino, die Kirche Nossa Senhora da Piedade von Iguaçu und der Hafen des ehemaligen Dorfes Iguaçu.

In der Baixada lebt ein fröhliches und zähes Volk, das Fürsorge und Aufmerksamkeit braucht. Seitens der Regierenden und Behörden verdient dieser kleine, aber bedeutende Teil von Rio de Janeiro mehr Anerkennung. Seit über 150 Jahren kämpfen seine Bewohner nun schon für eine würdige Geschichte, für Gleichheit, Gerechtigkeit und Freiheit.

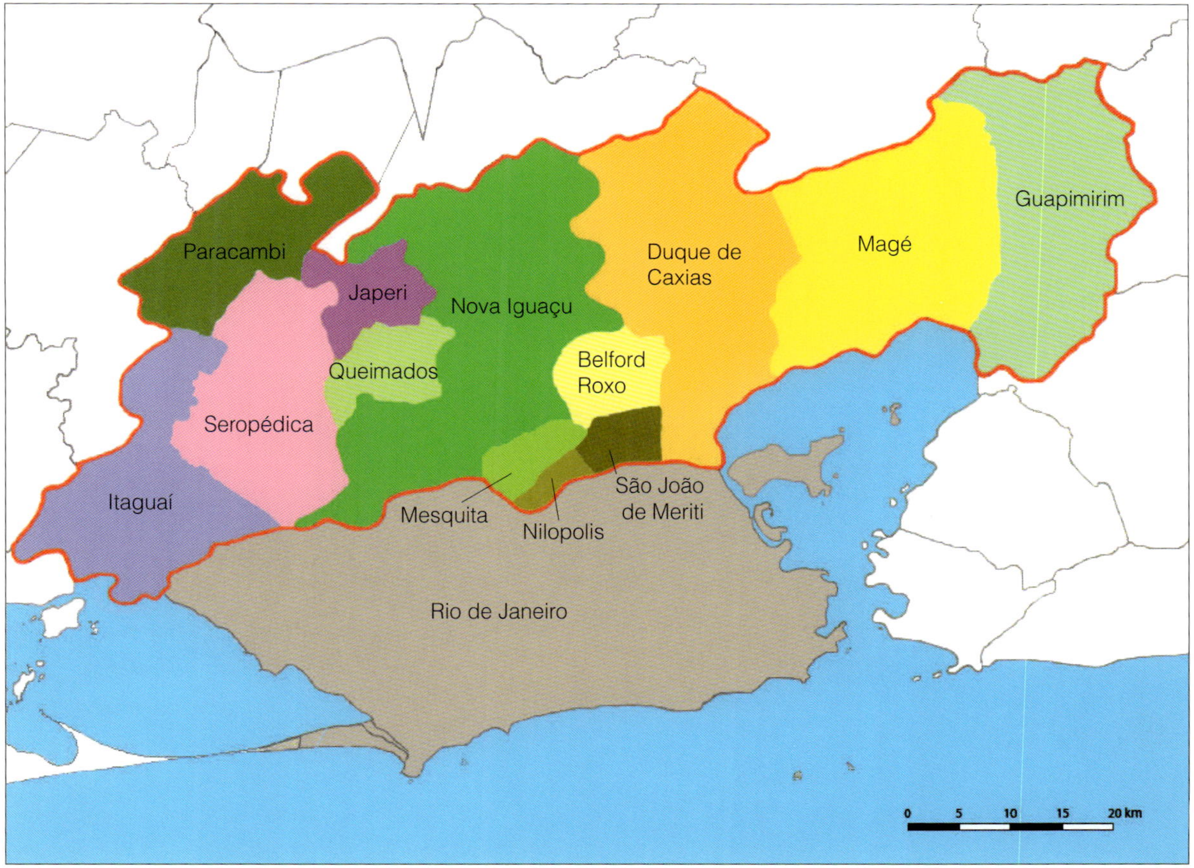

Karte der Baixada Fluminense mit den Gemeinden: Duque de Caxias, Nova Iguaçu, São João de Meriti, Nilópolis, Belford Roxo, Queimados und Mesquita. Neueste Studien schließen auch Magé und Guapimirim im Osten sowie Paracambi, Japeri, Seropédica und Itaguaí im Westen mit ein.

AVICRES – Ein soziales Projekt in der Baixada Fluminense, Rio de Janeiro

Der Name AVICRES ist eine portugiesische Abkürzung und steht für ***A**ssociação **Vi**da no **Cres**cimento e na **S**olidariedade*, »Gemeinschaft für das Leben, damit es wachse in Solidarität«.

Die brasilianische AVICRES wurde 1991 von dem Paderborner Religionspädagogen Johannes Niggemeier, einem brasilianischen Pfarrer und einer brasilianischen Psychologin gegründet. Sie ist inzwischen auf allen politischen Ebenen öffentlich-rechtlich als gemeinnützige Nichtregierungsorganisation (NGO) anerkannt. Ihre Aktivitäten konzentrieren sich vor allem auf die Armen- und Elendsviertel im Raum der Millionenstadt Nova Iguaçu bei Rio de Janeiro.

Brasilien ist kein armes Land, sondern eines, in dem Besitz und Reichtum ungerecht und ungleich verteilt sind. Es gibt eine reiche Flora und Fauna, mannigfaltige Bodenschätze sowie eine besonders in jüngster Zeit wachsende Wirtschaft. Doch es herrscht eine immense gesellschaftliche Ungleichheit: Den Ärmeren kommt all dies nicht zugute, sie werden aus der Gesellschaft ausgegrenzt. Das wird jedem klar, der das Land bereist und die Zerrissenheit kennenlernt. Die Armut begegnet dem Reisenden im ländlichen Nordosten ebenso wie in den Ballungsgebieten um die Metropolen São Paulo und Rio de Janeiro. Nova Iguaçu, eine Millionenstadt an der Peripherie Rio de Janeiros, spiegelt die soziale Lage in Brasilien wie in einem Brennglas wider. Die verarmte Bevölkerung ist ein Auffangbecken billiger Arbeitskräfte für die Industrie und den Dienstleistungsektor von Rio de Janeiro.

Die meisten Familien leben von weniger als zwei Mindestlöhnen (2014: etwa 475 Euro). Es ist keine Seltenheit, dass ein Drittel davon allein für das Fahrgeld zum Arbeitsplatz verbraucht wird. Die Familien können mit diesen geringen Einkünften ihre Grundbedürfnisse nicht sichern; auch die Kinder sind in den alltäglichen Lebenskampf der Familien eingebunden.

Das Ergebnis solch großer sozialer Ungleichheit ist ein Klima enormer Gewalttätigkeit, und so gehört der Großraum Nova Iguaçu zu den statistisch gewalttätigsten Gegenden der Welt. Die Gewalt äußert sich z. B. darin, dass die verschiedenen Gruppen marginalisierter Menschen durch eine organisiert agierende Drogenmafia, durch »Säuberungstrupps« (Todesschwadronen) der Geschäftswelt und auch durch Feindschaft innerhalb der »einfachen« Bevölkerung bedroht werden.

Die brasilianische AVICRES setzt mit ihrer Arbeit direkt vor Ort bei dieser Problematik an. Ihre Philosophie ist die vorrangige Option für die Ärmsten der Armen: sich also derer anzunehmen, die in der Gesellschaft »nichts wert« sind und die niemand will. Nicht selten werden ihr und ihren Mitarbeitern dabei Hindernisse in den Weg geräumt – von der Drogenmafia, der Polizei, dem Staat –, was dazu führte, dass sich in den vergangen 20 Jahren der Arbeitsschwerpunkt öfter verschob, wie die Spalteneinträge auf den Seiten dieses Kapitels anschaulich dokumentieren. Doch trotz aller erzwungenen oder auch beabsichtigten Veränderungen ist der Grundsatz dieser Arbeit immer gleich geblieben. ◇

1987

Der damalige Bischof Dom Adriano Hypólito begründet im Rahmen des *Movimento Belém*, »Bewegung Betlehem« eine Sozialarbeit in der Favela *Lírio do Vale*, »Lilie des Tals«, an der sich auch der Paderborner Religionspädagoge Johannes Niggemeier beteiligt.

Die Arbeit besteht anfänglich vor allem in der Ausgabe einer Suppe für die Gemeinde und in der Arbeit mit Kindern auf dem Fußballplatz.

1989

Nach mehrjähriger Arbeit in Brasilien richtet der Reiligionspädagoge Johannes Niggemeier zusammen mit einem brasilianischen Pfarrer und einer brasilianischen Psychologin in Zusammenarbeit mit einer Frauenkommission der Favela *Lírio do Vale* eine Kindertagesstätte ein.

Ankunft der ersten deutschen Praktikantin in Brasilien.

1990

Entstehung der Gesundheitsstation *Lírio do Vale*.

B. F.

Às margens da cidade grande
Muitas coisas que você olha
Mas não vê
Coisas que não vivem, onde mora,
Onde mora o poder.

B. F. – Baixada Fluminense
B. F. – Baixada Fluminense

No rosto
As marcas da passividade,
Mancham o chão
Que covardia
Toda inocência de um bebê doente
Toda inocência que de tanta dor,
Não chora mais.

B. F. – Baixada Fluminense
B. F. – Baixada Fluminense

Vejam o que deixaram pra nós,
Na noite, um mistério insiste em nos dizer
Que existe, sem como e sem porquê
Na memória cicatriz arquivada.

B. F. – Baixada Fluminense
B. F. – Baixada Fluminense

B. F.

Am Rande der großen Stadt
Gibt es viele Dinge, die du anguckst,
Aber nicht siehst.
Dinge, die es nicht gibt, wo sie wohnt,
wo die Macht wohnt.

B. F. – Baixada Fluminense
B. F. – Baixada Fluminense

Im Gesicht
Die Narben der Passivität.
Sie beflecken den Boden.
Welch Feigheit:
Gesamte Unschuld eines kranken Babys,
Gesamte Unschuld, dass es von so viel Schmerz
Nicht mehr weint.

B. F. – Baixada Fluminense
B. F. – Baixada Fluminense

Seht mal, was sie für uns übrig ließen.
Nachts drängt sich uns ein Geheimnis auf, das sagt,
Dass es existiert, ohne Wie und ohne Warum,
In Erinnerung die archivierte Narbe.

B. F. – Baixada Fluminense
B. F. – Baixada Fluminense

WILDEST
WINTER

Creche – Die Kindertagesstätte

Die Arbeit in den Kindertagesstätten führt zurück bis an die Anfänge der AVICRES mit der Gründung der ersten Creche in der Favela *Lírio do Vale*. Ähnlich arme und chaotische Zustände herrschen im Stadtteil *K11*, wo die jetzige Kindertagesstätte der AVICRES steht. Die Wege dort sind nicht asphaltiert, sodass sie nach einer längeren Regenperiode nicht begehbar sind. Der Gestank aus den offenen Abwasserkanälen liegt beißend in der Luft. Die »Häuser« sind eher Hütten aus Brettern, Wellblech und Plastikplanen, selten mal ein Rohbau aus Stein. Ebenso erschreckend wie die ganz offensichtliche Armut in diesem Gebiet sind die hohe Gewalt, der gefährliche Drogenhandel und Drogenkonsum und der häufige Kindesmissbrauch.

Es ist ein Anliegen der AVICRES, den Kindern dieses Elendgebiets eine Tagesbetreuung mit Verpflegung zu bieten und ihnen Werte und einen umsichtigen Umgang miteinander zu vermitteln. Schon früh werden den Kindern die Türen der Kindertagesstätte geöffnet, um so die wenigen berufstätigen Eltern in ihrem Kampf gegen die Armut zu unterstützen. Die Kinder bekommen Frühstück, Mittagessen und gegen Nachmittag noch eine weitere Mahlzeit. Für viele von ihnen ist es ein Segen, denn nicht wenige leiden zu Hause Hunger.

Es gibt verschiedene Gruppen, in denen sich die Kinder je nach Alter zusammenfinden und gemeinsam die Zeit verbringen. Sie spielen und basteln; die zukünftigen Schulkinder bekommen erste Lehrinhalte vermittelt. Liebevoll ist die Kindertagesstätte eingerichtet. Die Worte auf einem Plakat sagen, wofür sie steht: »Unsere Werte: Glaube, Liebe, Respekt, Solidarität, Engagement und Erziehung«. Das erleben die Kinder hier – und noch viel mehr: Sie erfahren Zuwendung, werden respektiert und dürfen einfach Kind sein. ◇

1991

Der damalige Bischof von Nova Iguaçu, Dom Adriano Hypólito, bittet den Paderborner Religionspädagogen Johannes Niggemeier, eine Laienbewegung zu gründen. Gemeinsam mit dem brasilianischen Pfarrer Valdir de Oliveira kommt Niggemeier dieser Bitte nach – sie gründen gemeinsam die brasilianische AVICRES.

1992

Gründung der deutschen Brasilieninitiative Avicres e. V. mit Sitz in Paderborn als Partnerorganisation der brasilianischen AVICRES.

Erster Erfahrungsaustausch von heimgekehrten und zukünftigen Praktikantinnen.

Erstes Treffen von Mitgliedern der Brasilieninitiative und dem brasilianischen Vorstand.

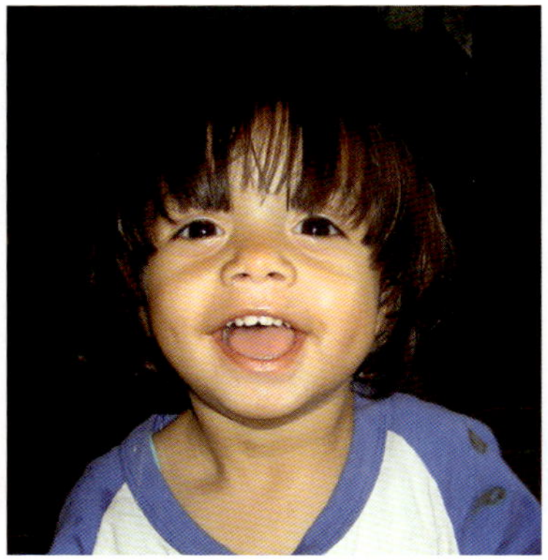

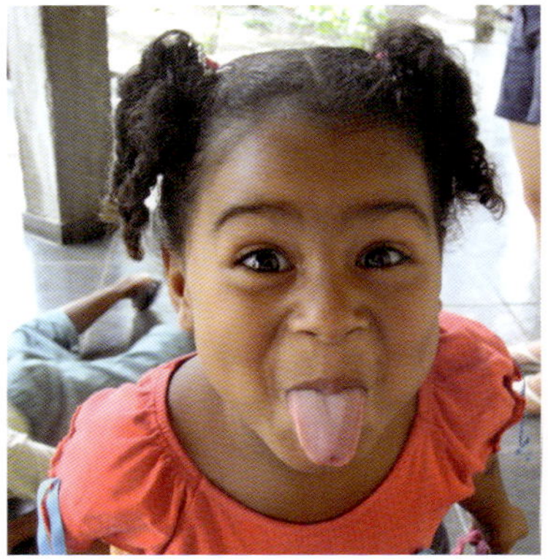

Posto de Saúde – Der Gesundheitsposten

Der Gesundheitsposten *Lírio do Vale*, benannt nach der ersten Gesundheitsstation in der Favela *Lírio do Vale*, beschäftigt zur Zeit einen Allgemeinmediziner, einen Frauenarzt, eine Kinderärztin, einen Zahnarzt, eine Psychologin und Psychotherapeutin, einen Physiotherapeut, eine Apothekerin, drei Krankenschwestern, eine Ernährungsberaterin, eine Praxisassistentin und eine Köchin. Jährlich werden hier etwa 20 000 Patienten behandelt. Unabhängig von ihrer speziellen beruflichen Funktion arbeiten hier alle gleichwertig, kollegial im Team zusammen.

Die Gesundheitsstation liegt in einem dicht besiedelten Stadtviertel Nova Iguaçus. Viele der Anwohner können sich eine private Zusatzversicherung nicht leisten und haben trotz gesetzlicher Vorschriften somit (fast) keinen Zugang zur medizinischen Versorgung. Gerade das umfassende Angebot an Behandlungsmöglichkeiten kommt den Menschen sehr zugute. Diabetes, Übergewichtigkeit und Bluthochdruck sind nur einige Krankheitsbilder, die vom Allgemeinmediziner, dem Ernährungsberater und dem Physiotherapeuten fachübergreifend behandelt werden.

Ein wesentlicher und äußerst wichtiger Teil der Behandlung ist die psychologische Betreuung vieler Patienten. Gerade in dem Gebiet der Baixada Fluminense, wo vor allem den Frauen und Kindern häusliche Gewalt, Missbrauch und Vergewaltigung widerfahren, sind die suizidalen Gedanken und psychischen Krankheiten enorm ausgeprägt. Außerdem leben die Menschen mehr und mehr in einer Gesellschaft, die geprägt ist vom täglichen Kampf ums Überleben, bei dem sie immer weniger Mitmenschen finden, die ihnen zuhören und ihre Sorgen und Ängste mit ihnen teilen.

Nicht zuletzt die Arbeit des Zahnarztes verdeutlicht, wie elend es diesen armen Menschen geht, sind doch ihre oft verstümmelten Zähne Ausdruck ihres gesamten Gesundheitszustands.

Alle Mediziner und Mitarbeiter halten in regelmäßigen Abständen Vorträge im Warteraum der Gesundheitsstation, um über einfache Möglichkeiten der Gesundheitsprophylaxe aufzuklären, die es den Bewohnern im Alltag erleichtern sollen, sich vor Krankheiten zu schützen.

Im Innenhof der Gesundheitsstation wurde ein Heilpflanzengarten angelegt. Er soll den Menschen die Bedeutung der Heilkraft der Natur näherbringen und sie an einfache Heilpflanzen heranführen, aus denen man z. B. Tees, Salben, Tinkturen, Lotionen und andere Arzneimittel gewinnen kann.

Ein weiterer wichtiger Teil der Gesundheitsarbeit ist die Partnerschaft mit einem Obdachlosenheim und Hospiz in Nova Iguaçu (»*Luz de Escol*«; →

KURZPORTRÄT

Quem é você? – Wer bist du?

Name Dr. Ivan Henrique

Alter 50 Jahre

Beruf Ich bin Allgemeinmediziner in der Gesundheitsstation *»Lírio do Vale«*. Unsere Arbeit besteht überwiegend darin, die Bevölkerung dieser Gegend präventivmedizinisch aufzuklären, ihnen Orientierung zu geben, wie sie länger gesund leben können. Natürlich arbeiten wir auch diagnostisch und therapeutisch. Die uns zur Verfügung stehenden Mittel sind in diesen Bereichen allerdings eingeschränkt. Die medizinische Grundversorgung für die Menschen der Baixada ist im Allgemeinen sehr bescheiden. Umso wichtiger ist es, unser Wissen weiterzuvermitteln, um Krankheiten vorzubeugen.

Was bereitet Ihnen Freude im Leben? Oh, es gibt viele Dinge, die mir Freude im und am Leben machen. Es ist schön, Freunde zu treffen, sich auszutauschen, zusammen zu lachen und etwas zu unternehmen; ich reise sehr gerne; ich habe Freude daran, mich in meinem Beruf ständig weiterzubilden – ich möchte sehr gut sein in dem, was ich tue –; ich lese gerne. Und mir bereiten Menschen Freude, die unkompliziert sind. Menschen, die einfach sind (lacht).

Wovor haben Sie Angst? Jeden Abend, wenn ich die Nachrichten im Fernsehen schaue, wird von Morden und von Gewalt berichtet. Gewalt, die einerseits weit weg ist – wenn ich an Afghanistan, den Irak oder Libyen denke. Aber auch die Gewalt, die täglich vor unserer Haustür passiert. Diese Gewalt bereitet mir Angst. Angst um das Zusammenleben der Menschen auf der Welt, aber auch Angst davor, einmal direkt selbst von der Gewalt betroffen zu sein.

Was ist Ihr größter Wunsch? Ich wünsche mir, gesund zu bleiben! Gute Knie zu behalten (lacht).

Fotos S. 114, 116, 128) und mit einem Krankenhaus in Rio de Janeiro (*»Santa Casa da Misericórdia do Rio de Janeiro«)*. Zusammen will man in den kommenden sechs Jahren die Häufigkeit von Hepatitis A, B und C, AIDS, Alkoholsucht und anderen Abhängigkeitserkrankungen unter der obdachlosen Bevölkerung im Großraum Rio de Janeiro feststellen und diese Menschen gegen Hepatitis B impfen. Das Projekt beinhaltet außerdem die Begleitung der Patienten in einen geregelten Tagesablauf (soweit das möglich ist). Obdachlose sollen die Chance bekommen, einen Platz zurück in der Gesellschaft zu erlangen. Hierfür werden sie psychologisch und psychotraumatisch betreut und im Alltag durch Sozialarbeiter unterstützt. Der Projektleiter Prof. Dr. Milton dos Reis Arantes ist ein guter Freund der AVICRES und Chefarzt der 4. und 20. Krankenstation im *Santa Casa da Misericórdia*. ◇

Prof. Milton, Chefarzt im Krankenhaus Santa Casa da Misericórdia, Rio de Janeiro: »Die wichtigste Person im Krankenhaus ist der Patient, nicht der Arzt, nicht das Gesundheitsteam, nicht der Verwaltungstrakt, sondern der Patient. Wir leben in der Funktion des Patienten.«

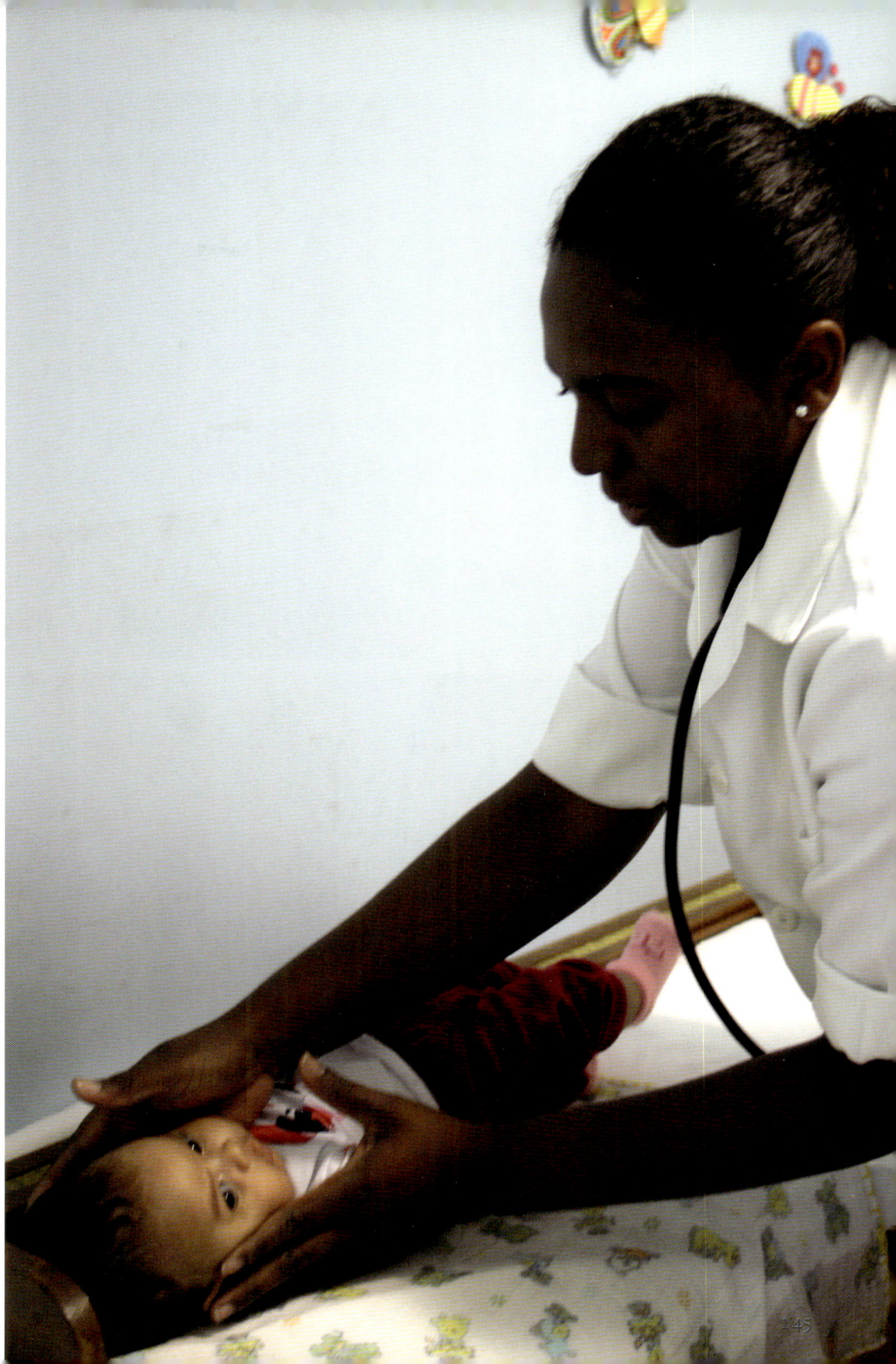

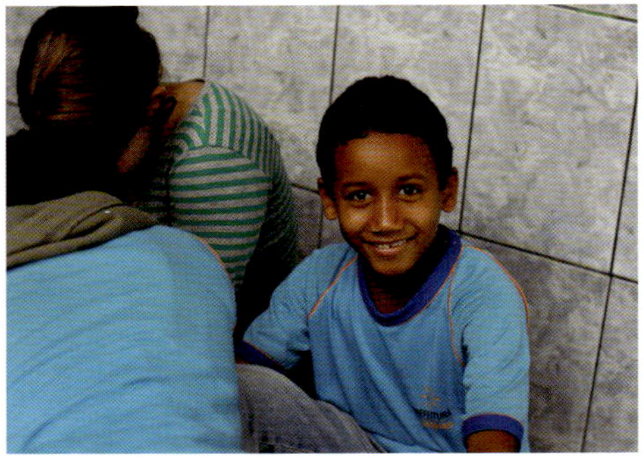

Abrigo – Das Heim

Über viele Jahre haben die Heime für (Straßen-)Kinder eine zentrale Rolle in der Arbeit der AVICRES eingenommen. Begonnen hat es mit zwei Einrichtungen, dem *Sítio Natureza Viva*, »Erholungsort lebendige Natur«, und dem *Casa da Esperança*, »Haus der Hoffnung«, die im März und Juni 1994 in Cabuçu, einem Stadtteil von Nova Iguaçu, eröffnet wurden. Nach mehreren Provisorien wurde im Januar 1998 das *Sítio das Crianças*, »Erholungsort der Kinder«, in Nova Iguaçus zentralem Stadtteil Posse übernommen, in dem neben einer Grundschule und einer Gesundheitsstation auch ein Heim für Kinder der Straße eingerichtet wurde. 1999 zog das *Casa da Esperança*, in dem ausschließlich Straßenmädchen leben, nach Shangri-lá im Bezirk Belford Roxo. Ein Heim für kleine Mädchen, das *Casa do Amor*, »Haus der Liebe«, wurde 2002 am Standort des *Sítio das Crianças* neu errichtet.

Diese vier Heime bestanden in dieser Form bis zum Frühjahr 2010: zwei Heime für Mädchen und zwei für Jungen – jeweils eines für die Jüngeren und eines für die Älteren. Die kleinen Kinder sind zwischen 3 und 12 Jahren, die großen zwischen 13 und 18 Jahren. Spätestens im Alter von 18 Jahren müssen sie das Heim aufgrund gesetzlicher Bestimmungen verlassen.

Die Kinder kommen aus verschiedenen Gründen ins Heim. Manche haben zuvor auf der Straße gelebt, andere kommen direkt von zu Hause. Gemein ist ihnen, dass sie es in ihrer Familie nicht ausgehalten haben. Meist ist dort für sie kein kindgerechtes Leben möglich, weil ihnen gegenüber Gewalt ausgeübt wird oder die Eltern, z. B. aufgrund von Alkoholismus oder einer Krankheit, nicht in der Lage sind, sie zu erziehen oder weil einfach die materiellen Mittel fehlen. Bei anderen Kindern sind die Eltern verstorben, und es gibt keine Angehörigen, die in der Lage wären, sich ihrer anzunehmen.

Das Heim bietet ein Dach über dem Kopf und einen Ort zum Leben. Ein Bett, Kleidung und regelmäßige Mahlzeiten sind die Basis. Erzieher kümmern sich rund um die Uhr um die Kinder. Mit dem Kontakt zu den Behörden und weiteren organisatorischen Dingen beschäftigen sich Sozialassistenten. Zudem findet in jedem Heim regelmäßig eine psychologische Betreuung statt. Diese ist für einen großen Teil der Kinder und Jugendlichen besonders wichtig, da sie unter vielen schwer zu verarbeitenden Erlebnissen leiden. Dazu zählen unter anderem Vergewaltigung, Drogenmissbrauch und auch psychische Gewalt. Diese Hintergründe äußern sich bei manchen Kindern in Aggressivität, Ängsten oder starken Schwierigkeiten im Umgang mit anderen Menschen.

Großer Wert wird auf die Bildung gelegt. So gehört der Schulbesuch fest zum Tagesablauf. Da die Qualität des Unterrichts in den öffentlichen Schulen meist recht schlecht ist und einige Kinder Lernschwierigkeiten oder Nachholbedarf haben, findet im Heim zusätzlich ein Nachhilfeunterricht statt.

1993

Attentat vor der Kathedrale *Candelária* in Rio, bei dem acht Straßenkinder erschossen werden.

Erstes Wochenendseminar der Brasilieninitiative Avicres e. V. mit erster Mitgliederversammlung.

1996

Abriss des Armenviertels *Lírio do Vale* zwecks Bau einer Schnellstraße.

Verlegung der Verwaltungszentrale in den Stadtteil Banco de Areia und Verlegung des Gesundheitspostens in das Gemeindezentrum mit Kindertagesstätte *São Martinho*.

Fortführung der Aktivitäten im *Casa da Esperança* mit jugendlichen Straßenmädchen.

1997

Beginn der Zusammenarbeit mit der Landbesetzergemeinde *Zumbi dos Palmares* und Angliederung von zwei weiteren Kindertagesstätten.

Aufnahme von Straßenkindern im Sitz der AVICRES in Banco de Areia.

Beginn der Aktivitäten im Landgut *Pequeno Lavrador* (»Kleiner Landarbeiter«), heute Landwirtschaftsschule und Tagesstätte für Kinder und Jugendliche in der sehr armen Region Campo Alegre (»Fröhliches Feld«).

Für die etwas älteren Jugendlichen gibt es ein Angebot an Kursen in Zusammenarbeit mit Kolping. So sollen die Chancen für einen späteren Berufseinstieg verbessert werden.

Nicht zuletzt wird auch auf ausreichende Hygiene und eine medizinische Versorgung geachtet, was für viele Kinder vorher nicht selbstverständlich gewesen ist.

Auf dem weitläufigen Gelände der Heime wird den Kindern Raum geboten, sich auszutoben bei Sport und Spiel oder – bei Bedarf – sich zurückzuziehen. Im Gegensatz zur Straße oder manchen Vierteln herrscht im Heim eine sichere und geschützte Atmosphäre. Durch die anderen Kinder und Jugendlichen sowie die Mitarbeiter sind sie in Gesellschaft; sie hören einander zu, unternehmen etwas zusammen und sind froh, dass immer jemand da ist. Dennoch kann die Familie dadurch nicht ersetzt werden.

Es kommt immer wieder einmal vor, dass Kinder weglaufen, zurück auf die Straße, dorthin, wo die scheinbar grenzenlose Freiheit lockt. Gerade, wenn sie Regeln und Ordnung nicht gewohnt sind, fehlt die vorher ausgelebte Freiheit. Hinzu kommen Konflikte mit anderen Kindern und Jugendlichen oder auch mit den Angestellten, da ein geregeltes soziales Leben vielfach schwierig ist.

Für manche Kinder findet sich aber auch ein Platz bei Verwandten oder wieder in ihrer Familie, wenn sich die Situation dort entsprechend gebessert hat. So herrscht eine große Fluktuation der im Heim lebenden Kinder und Jugendlichen. Viele verbringen aber auch mehrere Jahre in den Einrichtungen und lernen sie als ihr Zuhause schätzen. Für einige findet sich im Anschluss sogar eine Beschäftigung in einem der Sektoren der AVICRES.

Neuerdings wird die Arbeit in den Heimen vom Gesetzgeber leider stark eingeschränkt. Durch die von den Behörden forcierte Reintegration der Kinder und Jugendlichen in ihre Familien ist die Verweildauer im Heim sehr begrenzt. Oftmals ohne sorgfältige Vorbereitung und Untersuchung der Verhältnisse, werden Kinder nach wenigen Monaten zurück in ihre Familien oder zu Verwandten geschickt. Dies geschieht in vielen Fällen gegen den Willen der Kinder und selbst dann, wenn sich die Bedingungen in der Familie nicht gebessert haben. Da eine Betreuung durch Sozialarbeiter nicht stattfindet und die Kinder alleine gelassen werden, entscheiden sich viele Kinder nach kurzer Zeit wieder für die Flucht auf die Straße. Eine konstante Arbeit mit den Kindern, wie in den Heimen möglich, braucht mehr als nur ein paar Monate Zeit, da Vertrauen erst mühsam aufgebaut werden muss. Im Zuge der neuen Gesetzgebung musste die Zahl der (Straßen-) Kinderheime der AVICRES stark reduziert werden. So besteht seit Januar 2012 nur noch ein Heim, in dem die Kinder wohnen bleiben können – das Mädchenheim *Casa da Esperança*. ◇

Rechts: Priscila

Interview mit einem Heimmädchen

Name: Rosilené
Spitzname: Patricia
Alter: 16 Jahre
Beruf: Schülerin (ohne Schulplatz)

Rosilené, Du sagst, dass du Schülerin ohne einen Schulplatz bist – wie kommt das?

Als ich Ende des Jahres hier ankam, gab es keinen freien Platz mehr in der Schule. Das wird frühestens im kommenden Jahr der Fall sein.

Wie schade! Findest du das auch? Was tust du nun den ganzen Tag?

Ja, das ist wirklich schlecht, aber ich kann nichts machen. Dafür habe ich eine andere Aufgabe gefunden. Zurzeit kümmere ich mich zum Beispiel um die Babys im Heim. Ich helfe den Erzieherinnen, auf sie aufzupassen. Ich bade und füttere sie, ich wechsle die Windeln und kaufe neue ein. Das gefällt mir.

Erzähl ein bisschen von den Babys. Wie war das, als sie ins Heim kamen?

Die Babys kamen wahnsinnig schmutzig hier an, sie waren voller Läuse und alles. Sie haben gestunken und hatten keine Kleidung. Also hat eine Erzieherin ihnen frische Windeln und was zum Anziehen gegeben, denn die Mutter hat sich um sie nicht gekümmert. Sie kam hier ebenso schmutzig an und

hat sich nicht um die Kinder gesorgt. Die Erzieher meinten, dass sie, wenn sie so weitermache, die Kinder verliert. Denn dann würde sich jemand um die Babys kümmern, der das auch wolle. Babys haben nichts und brauchen viel Liebe und Fürsorge. Und seitdem sie hier sind, geben wir ihnen, was wir nur können – Babys sind sehr liebebedürftig. Wir lassen sie nicht lange weinen und baden sie. Das waren sie am Anfang gar nicht gewohnt, weil sie es nicht kannten. Jetzt langsam gewöhnen sie sich daran. Sie konnten nicht richtig essen, wir wussten nicht einmal, was das richtige Essen für sie war, weil sie außer »Brust, Brust, Brust« nie andere Nahrung bekommen hatten. Wir haben es mit Früchten und Keksen versucht … doch das ging nicht.

Wie alt sind die Kinder?

Die Mutter sagt, eines sei 8 Monate alt. Aber es ist keine 8 Monate alt, höchstens 6. Und die Schwester ist 1 Jahr und 11 Monate alt. In ihrem Gesicht erkennt man jetzt, dass sie sehr glücklich ist. Sie spielt und schaut sehr glücklich aus. Das hat sich geändert, am Anfang wirkte sie sehr traurig, doch sie fühlt sich hier, glaube ich, sehr wohl.

Das Schöne an der Zeit mit ihnen ist, dass ich etwas gebe und gleichzeitig noch mehr zurückbekomme. Generell bekommen wir hier ebenfalls viel Liebe und Fürsorge. Man kümmert sich hier sehr gut um uns. Wir bekommen gut gemeinte Ratschläge, da wir ihnen am Herzen liegen. Das war auf der Straße anders, das willst du gar nicht wissen. Da geht es pa, pa, pa und fertig! Da hat niemand Geduld mit dir. – Das ist hier anders, hier geht es um uns, hier passt man auf uns auf, damit wir uns ändern können. Wenn ich eines Tages zu meiner Mutter zurückkehre, dann werde ich sie respektieren und will nichts mehr von der Straße wissen. Hier drinnen sind wir beschützt, auf der Straße nicht. Wenn ich rauskomme, kann ich entweder einen guten Beruf erlernen oder zum Banditen oder zum Dieb werden und dann früh sterben. Doch, das will man doch nicht. Ich jedenfalls nicht! Ich möchte eine Ausbildung machen und deshalb möchte ich auch meine Schule abschließen.

Doch solange ich auf einen Schulplatz warte, kümmere ich mich eben um die Babys hier. Ich kümmere mich sehr gerne um Kinder und auch um alte, hilfsbedürftige Menschen. Ein Baby ist ein Baby. Doch alte Menschen werden auch wieder zu Babys. Der Zyklus ändert sich ein weiteres Mal und sie werden noch weicher und verdienen noch mehr Zuneigung als zuvor. Ich habe die Kraft, mich um sie zu kümmern. Das kann bei meiner Oma oder einer anderen alten Person sein – ich kümmere mich um sie, denn das finde ich wirklich schön. Es macht sie glücklich … Sie bekommen etwas und geben mir noch viel mehr.

Darüber freust du dich also. Aber gibt es auch Dinge im Leben, vor denen du Angst hast?

Die gibt es. Ich habe Angst davor zu sterben oder, dass meine Mutter stirbt. Das will ich mir nicht einmal vorstellen! Und ich hoffe, dass meine Mutter seeehhhr alt wird, denn ich habe schon keinen Vater. Wenn ich jetzt also auch noch meine Mutter verlieren würde …

Du hast deinen Vater verloren?

Ja, er erlitt bei der Arbeit einen Herzinfarkt.

Wie hat das dein Leben verändert?

Früher in der Schule hatte fast jeder einen Vater, nur ich nicht. Ich konnte mir nicht vorstellen, dass meinem Vater so etwas passieren würde. Nachdem mein Vater gestorben war, löste das eine große Empörung in mir aus. Ich rebellierte gegen alles, weil ich es nicht akzeptieren wollte und konnte. Und ich kann es bis heute nicht. Doch ich lerne damit umzugehen und denke, dass es Gottes Wille war, dass seine Zeit einfach gekommen war. Aber das habe ich damals nicht akzeptiert. Ich fand es nicht richtig

»Nachdem mein Vater gestorben war, löste das eine große Empörung in mir aus. Ich rebellierte gegen alles, weil ich es nicht akzeptieren wollte und konnte. Und ich kann es bis heute nicht. Doch ich lerne damit umzugehen …«

und tat von da an, wozu ich Lust hatte, und dachte, das würde schon gehen. Aber so läuft es nicht.

Du hast gegen alles und jeden rebelliert?

Ja, gegen jeden. Wenn ich ausgehen wollte, bat mich meine Mutter, nicht zu gehen, doch ich sagte nur: Ach Mama, lass mich in Ruhe, und ich habe ihr nur widersprochen … Aber ich habe mich geirrt. Ich glaubte Freunde zu haben, doch sie sind alle weg. Niemand von ihnen sieht mich heute noch, niemand kommt hier vorbei und fragt nach mir. Nur meine Mutter kommt hier vorbei. Jedes Wochenende kommt sie, um mich zu besuchen, obwohl sie weit weg wohnt – sie wohnt in Rio und gibt jedes Mal viel Geld für die Fahrt aus.

Verstehst du jetzt besser, was deine Mutter früher für dich getan hat?

Ja, früher wollte ich davon nichts wissen und habe mich gegen alles gesperrt. Deshalb hat sie auch irgendwann die Tür zugeschlagen und mich auf die Straße gesetzt. Und deswegen bin ich hier.

Und siehst du es als eine Chance an?

Ja, das tue ich. Nur zu sagen, dass man etwas bedauert, ist nicht genug. Auch reicht es nicht zu sagen, dass man sich ändern wird und es dann nicht tut. Ich habe gesagt, dass ich mich ändern werde und ich habe mich geändert. Früher habe ich zum Beispiel niemanden respektiert. Ich habe alle beschimpft – das mache ich jetzt nicht mehr. Ich habe alle angeschrieen – das mache ich nicht mehr. Ich habe ständig meiner Mutter widersprochen – das mache ich nicht mehr. Ich widerspreche niemandem mehr. Das Einzige, was ich noch mache, ist laut reden (lacht) – nur das. Und auch das werde ich lernen. Sie haben mich darum gebeten, also werde ich es lernen.

Und dein Traum? Hast du einen Traum?

Ja, den habe ich. Ich hätte gerne ein Haus und eines für meine Mutter, denn das hat sie verdient … und dann würde ich sehr gerne helfen, in einem Heim. Hier hilft jeder, das finde ich sehr schön. Wenn es die Möglichkeit geben sollte, würde ich in einem solchen Haus arbeiten. Denn wenn ich mal Kinder habe, möchte ich nicht so leiden müssen wie meine Mutter leiden musste. Damit meine Kinder das also nicht erleben müssen, werde ich sie erziehen und werde selbst vielleicht in einem Heim wie diesem helfen. Denn ich finde das eine sehr schön Sache, den Kindern mit so viel Offenheit und Zuneigung zu begegnen – ob sie groß sind oder klein, hier sind sie glücklich. ◇

Das neue Gesetz der Reintegration und Adoption (Nr. 12010/09)

Aktuelle Änderungen der Satzung für Kinder und Jugendliche (ECA = Estatuto da Criança e do Adolescente)

Art. 1

Das Gesetz steht für die systematische Verbesserung der familiären Struktur. In Anlehnung an das bestehende Gesetz Nr. 8069 vom 13. Juli 1990 (»Statut für Kinder und Jugendliche«) garantiert es allen Kindern und Jugendlichen das Recht auf Familienleben.

§ 1 Die staatliche Intervention ist, in Übereinstimmung mit den Bestimmungen des Art. 226 der Bundesverfassung, darauf fokussiert, die natürliche Familienstruktur sozial zu fördern, damit Kinder und Jugendliche dauerhaft darin leben können. Ausnahme ist die absolute Unmöglichkeit für das Kind/den Jugendlichen, in der Familie zu leben. Dies wird vom zuständigen Jugendgericht beurteilt.

§ 2 Wenn das Kind/der Jugendliche nicht dauerhaft in der natürlichen Familienstruktur leben kann, wird, unter Vorbehalt des Gesetzes Nr. 8069 vom 13. Juli 1990 der Bundesverfassung, Adoption, Vormundschaft oder Fürsorgerecht veranlasst.

Art. 19

§ 1 Die Unterbringung eines jeden Kindes/Jugendlichen in einer Gastfamilie oder einer Institution wird im Abstand von sechs Monaten, basierend auf dem Bericht eines interdisziplinären bzw. multidisziplinären Teams, durch die zuständige Justizbehörde überprüft. Dabei wird über die Möglichkeit der Familienzusammenführung, Wiedereingliederung oder Unterbringung in einer Pflegefamilie, begründet auf Art. 28 dieses Gesetzes, entschieden.

§ 2 Dauerhaftes Wohnen von Kindern und Jugendlichen in Heimen für mehr als zwei Jahre ist nicht gestattet, es sei denn die Notwendigkeit ist durch die zuständige Justizbehörde genehmigt.

§ 3 Die Aufrechterhaltung oder Wiedereingliederung des Kindes oder Jugendlichen in die Familie hat absoluten Vorrang. Dies geschieht durch Anleitung und Hilfestellung des Art. 23, Absatz 1–4, Art. 101 Absatz 1–4 und Art. 129 dieses Gesetzes.

Art. 39

Die Adoption eines Kindes oder eines Jugendlichen wird gemäß den Bestimmungen dieses Gesetzes geregelt werden. Eine Adoption durch Bevollmächtigte ist verboten.

§ 1 Die Adoption ist eine unwiderrufliche, außergewöhnliche Maßnahme. Sie sollte nur in Erwägung gezogen werden, wenn die Ressourcen der natürlichen Familienstruktur vollkommen erschöpft sind.

§ 2 Eine Rücknahme des Kindes/Jugendlichen in die natürliche Familienstruktur ist nach vollzogener Adoption verboten.

Art. 42

Mit Vollendung des 18. Lebensjahres ist die Unabhängigkeit vom Familienleben erreicht. (…)

§ 2 Voraussetzung für eine gemeinsame Adoption ist die standesamtliche Ehe und eine stabile Familienstruktur. ◇

Ein veraltetes Gesetz »für« Strassenkinder(heime)

»Ein Schlafplatz für ein Straßenkind«, »Reintegration unserer Kinder in die Familie«, »Brasilien, ein Land ohne Straßenkinder(heime)«, »Wir kümmern uns um unsere Kinder«. – So oder so ähnlich lauten die Wahlwerbesprüche in den Tagen des Wahlkampfes im Hinblick auf die Straßenkinderproblematik. Aber was steckt dahinter?

Die (Straßen-)Kinder sollen tatsächlich in ihre Familie reintegriert werden. Der Grundgedanke dieser Reintegration ist unbestritten richtig, denn kein Heim der Welt und kein Erzieher und keine Erzieherin können einem Kind die Liebe schenken, die es von seinen Eltern bekommt – oder vielmehr bekommen sollte. Und genau hierin liegt das Problem: Die familiären Zustände in den ärmeren Regionen brasilianischer Metropolen sind überwiegend derart katastrophal, dass diese Kinder in ihrer Familie häufig nicht in einem geschützten Umfeld aufwachsen können. Alleinstehende Mütter, die bereits 15 (!) Kinder haben, sind mit ihrer Situation grenzenlos überfordert.

Die Heimkinder werden alle drei Monate dem Jugendrichter vorgeführt und dürfen maximal zwei Jahre im Heim leben. Beim Jugendrichter, dem zusätzlich staatliche SozialarbeiterInnen und PsychologInnen beisitzen, findet eine Befragung statt. Das jeweilige Kind wird mit Fragen durchbohrt: »Hast du eine Familie?«, »Warum lebst du nicht in dieser Familie?«, »Warum bist du von zu Hause weggelaufen?«, »Warum lässt du deine Geschwister und deine Eltern im Stich?«. Bei weiteren Sitzungen werden die »Eltern« dazugeholt. Die SozialarbeiterInnen und PsychologInnen besuchen in den kommenden drei Monaten bis zur nächsten »Begutachtung« die Familie an einem Nachmittag, um sich selbst ein Bild von der familiären Situation zu machen. Anschließend wird entschieden, ob das Kind zurück in seine »Familie« kommt oder weiterhin im Heim bleibt. Fällt die Entscheidung für die Familie oder ist das Kind schon zwei Jahre im Heim, dauert es vielleicht noch eine kurze Zeit, bis es zurück in seiner alten Herkunft ist. Aber sicher ist, dass es zurück muss. Wenn es keine Familie mehr gibt und das Kind Waise ist, dauert der Prozess länger, dann wird eine Adoptivfamilie gesucht.

Es ist erschreckend, wie wenig durchdacht – oder an die heutige Zeit angepasst – dieses Gesetz ist, schließlich sind viele Kinder genau vor diesem Zuhause, in das sie jetzt zurück müssen, einmal weggelaufen, weil sie geschlagen, vergewaltigt oder misshandelt wurden. So wäre es wenigstens erforderlich, parallel eine Familienbegleitung durchzuführen. In den 1990er-Jahren, als dieses Gesetz entworfen wurde, waren die familiären Strukturen noch andere – Drogengeschäft und Prostitution und die damit einhergehende materielle wie soziale Armut hatten lange nicht die heutigen Dimensionen angenommen. Zu dieser Zeit fand das Gesetz wenig Beachtung von Seiten der öffentlichen Ämter, schließlich war und ist seine Umsetzung auch mit Arbeit verbunden. Jetzt aber steht Brasilien bald durch die Fußballweltmeisterschaft 2014 und Olympia 2016 im Fokus der Weltöffentlichkeit. Da passen Straßenkinder und Kinderheime nicht ins Bild, das das stolze Land von sich abgeben möchte.

Das jetzige Verfahren hat zur Folge, dass die Kinder wieder aus ihren Familien fliehen und auf die Straße laufen, den täglichen Überlebenskampf auf der Straße den Misshandlungen zu Hause vorziehen. Manchmal werden die Kinder in ihrem Wohngebiet von Drogenbossen gejagt – nicht selten stehen sie sogar auf ihren Todeslisten. In den meisten Fällen geraten die Kinder nach der »Heimkehr« in alte Strukturen: Sie verfallen dem Drogenhandel und der Prostitution. Der Grundsatz der Menschenrechte »Die Würde des Menschen ist unantastbar« rückt in ungreifbare Ferne. Wahrscheinlich werden die Kinder irgendwann wieder auf der Straße aufgelesen und, wenn sie »Glück« haben, erneut in ein Heim gebracht. Dann beginnt alles von vorne: Jugendrichter – Familie – Straße. Nur eins ist nicht mehr möglich: eine fürsorgliche, wohlwollende Erziehung. Stattdessen ein Schubsen in jene und ein Zerren in die andere Richtung.

Während dieser Teufelskreis unaufhörlich scheint, schmückt sich die Regierung in der Öffentlichkeit mit ihrem vermeintlichen Erfolg und zieht in den Wahlkampf mit der Lüge »Brasilien, ein Land ohne Straßenkinder.« Ein recht typisches Merkmal für die Amtszeit von Lula: In diesen acht Jahren wurden die Symptome der Armut bekämpft, nicht aber ihre Ursachen. Das hat sich auch nicht unter Dilma geändert. Bisher ist die amtierende Präsidentin in diesem Punkt dem Kurs ihres Mentors Lula treu gefolgt. ◇

Auswirkungen der Gesetzesverschärfung

Die Geschichte von Douglas

Mit seinen 16 Jahren war er damals der älteste von neun Jungen im *Sítio Natureza Viva*, einem Heim für Jungen, die kein Zuhause mehr haben oder aus gewichtigem Grund dort nicht bleiben können oder wollen. Douglas und ich haben uns immer gut verstanden. Eines Tages erzählte er mir, dass er wahrscheinlich bald nicht mehr im Heim wohnen werde. Der Abschied fiel ihm sichtlich schwer, da er wahrscheinlich schon ahnte, was noch auf ihn zukommen würde.

In der darauf folgenden Woche fand die sogenannte *audiência* statt, eine Anhörung, bei der Jugendrichter, Psychologen und Sozialpädagogen in die Heime kommen, um sowohl die Kinder als auch – soweit vorhanden – die Familien zu befragen. Daraufhin wird festgelegt, ob das Kind in die Familie »reintegriert« oder von einer anderen Familie adoptiert wird. Ein längeres Leben im Heim wird ihnen verweigert. Bei Douglas' *audiência* wurde beschlossen, dass er das Heim verlassen musste.

Wahrscheinlich lebt Douglas inzwischen wieder in seiner Familie mit neun Geschwistern. Die Mutter ist alkoholabhängig und der Vater blind. Douglas hat mir gegenüber immer betont, dass er nicht zurück zu seiner Familie wolle. So wie ich ihn im Heim kennenlernen durfte, hat er sich immer liebevoll um die anderen Jungen gekümmert und wird vermutlich jetzt die Erziehung seiner jüngeren Geschwister übernehmen (müssen). Seine Zukunft wird geprägt sein vom täglichen Kampf ums Überleben; Schule oder Bildung im Allgemeinen werden dabei auf der Strecke bleiben. Mich beschäftigt die Frage, warum Douglas' eigener Wille bei der Entscheidung über seine Zukunft nicht berücksichtigt wurde.

Dies ist »nur« ein Schicksal von vielen, seitdem das Gesetz der »Reintegration und Adoption« umgesetzt wird. Für mich ist es besonders bewegend, denn es geht nicht um Paragrafen, Zahlen oder Statistiken, sondern um das Schicksal leibhaftiger und liebenswerter Kinder und Jugendlicher. ◇

Interview mit dem Vorstand der AVICRES

Ein Gespräch mit Adelaide (Verwaltung) und Marlene (Leitung von *Pequeno Lavrador*)

Die AVICRES ist nun 21 Jahre alt – ein Alter, bei dem man beim Menschen vom »Erwachsenenalter« spricht. Wie »erwachsen« ist die AVICRES?

A: Die Philosophie der AVICRES existiert seit ihrer Gründung. Wachstum im Sinne von Entwicklung und Solidarität treiben uns immer schon an und bringen uns dazu, den Benachteiligten mit Liebe zu begegnen.
M: Ob die AVICRES erwachsen ist? Ja, die AVICRES ist erwachsen. Sie kämpft täglich um ihr Überleben, muss Hindernisse überwinden und lernt aus ihren Fehlern. Dabei versucht sie, an den ständigen Veränderungen zu wachsen.

Was sind die schönsten Momente bei der Arbeit in der AVICRES und insofern die »treibende Kraft«?

A: Für mich sind alle Momente der Arbeit schön. Einen Schritt weiterzukommen ist immer erfreulich.
M: Wenn ich Menschenleben sehe, die sich verändern, wie zum Beispiel bei Renata, Danielle, Alexandre und Emanuel. Trotz so vieler Schwierigkeiten schreiten sie voran. Diese Entwicklung stärkt uns und gibt uns Mut, unsere Arbeit fortzusetzen.

Auch wenn Leute zu Besuch kommen und uns unterstützen, nachdem sie uns kennengelernt und die Ernsthaftigkeit der Arbeit der AVICRES gespürt haben. Wenn jedes Jahr junge Praktikantinnen und Praktikanten aus Deutschland kommen mit ihrer Freude und Bereitschaft, mit Freundschaft und dem Willen zu helfen und unsere Arbeit und die dahinter stehende Philosophie kennenzulernen. Die, wenn sie wieder gehen, ihre Erfahrung und alles, was sie hier in Brasilien erlebt haben, mit nach Hause nehmen und das Anliegen der AVICRES in Deutschland verbreiten können.

Und die Kraft, die Johannes uns allen gibt, wenn er uns ermutigt weiterzumachen.

Was sind die größten Enttäuschungen und Schwierigkeiten, mit denen die AVICRES konfrontiert wird?

A: Die größten Enttäuschungen: Ich denke, dass einige Mitarbeiter, die in die Arbeit nicht richtig involviert sind, sich nicht genug engagieren. Die größten Schwierigkeiten: Wir schaffen es noch nicht, die Arbeit durch eigene Mittel zu tragen. Noch hängen wir von der Hilfe aus Deutschland ab, um unsere Projekte aufrechtzuerhalten.
M: Die größten Enttäuschungen, das sind für mich die Leute, denen die AVICRES vertraut, und die uns auf der Hälfte des Weges verlassen. Die größten Schwierigkeiten bestehen darin, Unterstützer und Spenden hier in Brasilien zu bekommen, mit denen wir langfristig rechnen können.

Wie ist die Hilfe von Seiten der Kirche zu spüren? Wie von Seiten der Regierung? Und wie von Einzelpersonen und Firmen?

A: Die AVICRES oder auch andere NGOs haben Schwierigkeiten mit der Eintreibung von Spenden. Was sie erreichen, ist zu wenig, um die Projekte zu versorgen.
M: Die Kirche muss mehr auf die Arbeit der AVICRES aufmerksam gemacht werden. Aber hierfür müssten sich die einzelnen Sektoren innerhalb ihrer jeweiligen Gemeinde mehr engagieren. Wenn sie die AVICRES bekannter machen und so Vertrauen schaffen würden in die Ernsthaftigkeit und das Engagement aller Beteiligten, könnten sie mehr erreichen.

Unglücklicherweise können wir nicht mit der Unterstützung durch die Regierung und die lokalen Behörden rechnen. Sie haben kein Interesse daran, Partnerschaften mit der AVICRES zu bilden.

Insgesamt sind es wenige brasilianische Spender und brasilianische Firmen, die uns helfen. Sie tun und spenden so viel, wie sie können.

Häufig bekommen wir Spenden von einfachen Leuten. Von Gruppen, die mit uns in Kontakt treten und mit uns zusammenarbeiten.

Wenn ihr einen Blick in die Zukunft wagt: Was müsste sich ändern, um eine Arbeit wie die der AVICRES am Leben zu halten oder sogar verbessern zu können?

A: Ich glaube, dass der Weg, dem die AVICRES folgt, der richtige ist. Man könnte sich noch verbessern, indem man vielleicht die Mitarbeiter öfter versammelt, um ihnen die Verantwortung jedes Einzelnen noch stärker bewusst zu machen.
M: Wir müssen noch mehr auf uns aufmerksam machen und mehr für die Selbstversorgung tun. ◇

Die harte Realität der Straßenmädchen

Interview mit AVICRES-Mitarbeiterin Eliane, Leiterin des Mädchenheims

Die Gesetzeslage zur Regelung des Heimaufenthalts von Kindern in Brasilien hat sich geändert – Straßenkinder sollen nicht mehr über einen längeren Zeitraum in Heimen bleiben. Das Ziel: weniger Heimkinder. Die Realität: mehr Kinder in kaputten Familien und gleichzeitig wieder mehr Kinder auf der Straße. Eliane, Leiterin des Heimes* Casa da Esperança, *erzählt im Interview, was das für die Einrichtungen vor Ort bedeutet und wie die jeweilige Organisation trotzdem wie eine Mutter für die Kinder sein kann.

Eliane, erzähl uns bitte ein wenig von der Situation der Mädchen in eurem Haus, dem *Casa da Esperança*, und der Realität der Straßenkinder in der Baixada.

Seit Einführung des neuen Gesetzes bleiben die Kinder nicht mehr lange im Heim. Das *Ministério Público* (Staatsanwaltschaft) und der Jugendrichter beabsichtigen, dass die Kinder nur eine kurze Zeit im Heim sind und dass sie möglichst schnell wieder in ihre Familien zurückkehren. Dieses Gesetz wird nun seit zwei Jahren befolgt. Meiner Ansicht nach soll es nur dazu dienen, die nach wie vor vorhandenen Probleme in Brasilien zu kaschieren. Denn das *Ministério Público* setzt sich meiner Meinung nach nicht dafür ein, die Realität der »Familien« durch Betreuung nachhaltig zu ändern.

Ein Kind landet zunächst im Heim. Hat es aber noch einen Onkel, eine Tante oder Großeltern, so entscheidet der Jugendrichter meist, dass das Kind dorthin kommt oder aber in seine Familie zurückkehrt. Oft besteht aber keine Bindung zu der strukturlosen Familie oder den entfernten Verwandten. Was passiert also, wenn es wieder »nach Hause« kommt? Schon bald hält es das Kind dort nicht mehr aus und kehrt zurück auf die Straße. Wenn wir dieses Kind dann wieder aufnehmen, geht es ihm erfahrungsgemäß schlechter als vorher.

Vor Einführung des Gesetzes hatten wir mehr Zeit. So manches Kind, dem es schlecht ging, blieb zwei, drei oder mehr Jahre bei uns. Wenn es dann als junger Erwachsener das Heim verließ, hatte es sich sehr verändert. Es hatte nun eine Lebensperspektive und konnte versuchen, in der eigenen Familie etwas zu verändern.

Und wie ist es heute, wo wir kaum Zeit haben, mit den Kindern zu arbeiten? Die Kinder kehren zurück in ihr Zuhause, halten es dort aber nicht aus und kehren zurück auf die Straße. Wenn es uns nicht gäbe, wären diese Kinder verloren. Es kann gut sein, dass sie auf den falschen Weg abdriften – in Richtung Prostitution oder Drogenhandel.

Deswegen glaube ich, dass das Heim immer noch der beste Ort für Kinder mit solch einer Realität ist. Hier können sie bleiben. Die Familien brauchen Hilfe, damit sie die eigene Situation meistern können, wenn ein Elternteil zum Beispiel den Job verliert, psychisch erkrankt oder alkohol- bzw. drogenabhängig wird. Diese »Familien« haben nicht die Ressourcen, um sich wieder um ihre Kinder zu kümmern. Deswegen gehen die Kinder erst nach Hause und kehren dann wieder ins Heim zurück, was unsere Arbeit noch schwieriger macht.

Ein Beispiel: Raiane. Sie war lange Zeit im *Casa do Amor* (→ S. 147). Sie hat viele Geschwister; einige von ihnen befinden sich in anderen Heimen, wieder andere leben bei der Mutter, die psychisch krank ist. Vor einiger Zeit tauchte hier ein Onkel auf. Er wollte sich um Raiane kümmern. Das hat uns Erzieherinnen im *Casa do Amor* sehr gefreut. Tatsächlich aber kam dieser Onkel nach einiger Zeit mit Raiane zurück ins Heim und sagte, er wolle sie nicht mehr bei sich haben. Stattdessen nahm er ihre Geschwister, zwei Babys, Zwillinge, die zuvor ebenfalls ins Heim gekommen waren. Die Polizei stellte irgendwann fest, dass er die Zwillinge verkauft hatte, konnte ihn aber nicht festnehmen, da er nicht bei der Tat erwischt wurde.

Daraufhin kam Raiane ins *Casa da Esperança* und blieb dort zwei Jahre. Dieses Jahr im August ist sie mit einem anderen Mädchen abgehauen. Vor Kurzem kam sie zurück und bat darum, wieder im Heim leben zu dürfen. Bei ihrer Mutter ging es ihr nicht gut, auf der Straße auch nicht. Der letzte Bezugspunkt war für sie das *Casa da Esperança* samt seinen Erzieherinnen. Ich denke, dass wir sie wieder aufnehmen mussten. Das Aufnehmen und mit den

schwierigen Menschen arbeiten – das ist der Auftrag der AVICRES. Ich sage meinem Team immer: Es ist toll, mit den Einfachen zu arbeiten, mit denen, die sich selbst helfen wollen. Aber mit denen zu arbeiten, die keiner will, die selbst nicht wollen, dass man ihnen hilft, das ist schwierig. Das ist unsere Herausforderung, dass die Kinder hier bleiben, dass sie ihr Leben verbessern. Ich sehe AVICRES als eine Mutter. Eine Mutter, die immer bereit ist, ihr Kind anzunehmen. Ich scherze immer, indem ich sage, es gibt Vater und Mutter. Aber die Mutter hat ein besonderes Herz. Sie nimmt jedes Kind an und glaubt daran, dass es sich verändern kann. Sie gibt ihm immer eine Chance. Für mich ist AVICRES diese Mutter: eine Mutter, die aufnimmt, um zu verändern.

Wenn Raiane also zu uns kommt, dann ist dies ihr Zuhause, und nicht das, aus dem sie herkommt. Wo es kein Essen, kein Badezimmer, keine Erziehung gibt. Nichts. Sie kommt hierher, weil sie weiß, dass sie hier Zärtlichkeit, Essen und ein Zimmer bekommt. Wir setzen aber auch Grenzen, denn die Mädchen brauchen Grenzen. Doch als sie kam, haben wir sie umarmt, und jetzt müssen wir versuchen, mit ihr die Situation zu verbessern. Sollte es am Ende gelingen, sind wir sehr glücklich. Dann hat sich unsere Arbeit erst recht gelohnt.

Was glaubst du, warum ist Raiane abgehauen?

Weil sie eine Jugendliche mit großem Freiheitsdrang ist. Hier dürfen die Mädchen das Gelände alleine nicht verlassen. Ein anderes Mädchen hatte ihr erzählt, dass es cool sei, auf die Straße zu gehen, Jungs zu treffen, zu einer Baile-Funk-Party zu gehen. Deswegen ist sie gegangen. Manchmal müssen wir Erzieherinnen sagen: »Du bist noch zu jung, um Jungs zu treffen, um mit ihnen zu schlafen. Du musst zur Schule gehen, du musst lernen.« Manchmal nervt das die Mädchen. Dann kann es passieren, dass eines zum anderen sagt: »Komm, wir gehen auf die Straße, da ist es cool. Keiner sagt dir was. Du kannst Jungs treffen, trinken, Spaß haben.« Dann tun sie das und merken am Ende, dass es nicht gut war. Raiane ist jetzt übrigens zwölf.

Kannst du uns erzählen, wie die beiden Babys, die hier wohnen, zu euch ins Heim gekommen sind?

Sie heißen Gilvane und Caroline, 6 Monate bzw. 1 Jahr und 8 Monate alt. Sie haben bei den Eltern gelebt, die beide drogenabhängig waren und Crack nahmen. Die Mutter war 22 Jahre alt und psychisch krank, der Vater kriminell. Die Kinder waren oft alleine zu Hause, hatten nichts zu essen; sie krabbelten auf die Straße, in den Dreck. Wenn die Eltern mit den Kindern zu sehen waren, dann um mit ihnen zu betteln. An den Ampeln in Belford Roxo (Stadt in der Baixada Fluminense) haben sie um Geld gebettelt.

Die Nachbarn haben den *Conselho Tutelar* informiert, einen fünfköpfigen Gemeinderat, der über das Wohl von Kindern und Jugendlichen entscheidet. Sie haben das Leid der Kinder beobachtet. Der Vater hat die Kinder am Arm gepackt, hat sie aufs Sofa, das Bett und den Boden geworfen. Er hat auch seine Frau geschlagen. Die Mutter ging zur Richterin und bat um Essen. Die Richterin kannte die Geschichte und hielt die Mutter im Gericht fest. Der *Conselho Tutelar* ging zu ihrem Haus, um nach den Kindern zu schauen – sie waren alleine. Daraufhin hat er sie hierher gebracht und darum gebeten, dass sie hier bleiben können.

Die Eltern werden die Erziehungsberechtigung verlieren. Diese Kinder werden auf jeden Fall zur Adoption freigegeben. Die Eltern können sie nicht behalten. Und auch sonst niemand aus der Familie. Zwei Familienangehörige, eine Tante und ein Onkel, kamen zu uns und sagten, dass sie sich kümmern wollten, doch das bezweifeln wir. Wir glauben, dass sie wussten, was passiert ist, und dass es ihnen egal war. Wenn sie sich jetzt also plötzlich sorgen, was haben sie dann wohl mit ihnen vor? Wollen sie sie an andere Leute verkaufen? Deswegen werden die Kinder wohl zur Adoption freigegeben. Die Eltern sind nicht fähig, sich um sie zu kümmern. Es wird lange dauern und erfordert viel Arbeit, bis sie sich ändern. Crack ist eine der schlimmsten Drogen. Sie müssen sich verändern wollen und ihre Sucht überwinden. Das wollen sie aber nicht, sondern ihr gewohntes Leben zusammen mit den Kindern fortsetzen. Und das geht nicht.

Schau, wie die Kinder sind. Sie sind jetzt fröhlich, alles hat sich verändert. Deswegen ist es besser, dass sie im Heim bleiben und nicht zu Hause. Ich denke, dass das Schicksal von Gilvane und Caroline in Brasilien nichts Besonderes ist; die Mehrheit der Familien hier in der Baixada lebt in vergleichbaren Verhältnissen.

Man hört, dass es in Europa heißt, Brasilien gehe es sehr gut. Aber Brasilien ist sehr groß und hat deswegen viele Probleme. Man kann nicht alle auf einmal lösen. Brasilien ist nicht reich. Es gibt viel

»AVICRES, eine Mutter, die aufnimmt, um zu verändern«

1998

Übernahme des Sítio das Crianças (»Landhaus der Kinder«) in Posse, Nova Iguaçu, mit Grundschule, Gesundheitsposten und Straßenkinderheim für die Jungen von 6 bis 10 Jahren.

2002

Übernahme der Kindertagesstätte K11.

Bau des Kinderheims Casa do Amor (»Haus der Liebe«) für Mädchen von 6 bis 11 Jahren.

2004

Beginn der Zusammenarbeit mit Kolping do Brasil und Gründung der Kolpinggruppe CKFAN (Comunidade Kolping do São Francisco da AVICRES de Nova Iguaçu) auf dem Sítio das Crianças. Angebot von beruflichen Ausbildungskursen für Jugendliche und Erwachsene.

Schlechtes, viele korrupte Leute. Das Geld, das verwendet werden müsste, um die Erziehung und die Situation der Bevölkerung zu verbessern, wird veruntreut und von den Verantwortlichen in die eigene Tasche gesteckt. Wenn es das so nicht gäbe, wäre die Armut nicht so groß. In der Baixada Fluminense und selbst in der *Zona Sul* (Südregion Rio de Janeiros, zu der die Stadtteile Ipanema und Copacabana gehören) mit ihren Favelas, gibt es viele Arme, weil die Gehälter so niedrig sind. Der Mindestlohn beträgt nur 724 Reais (ca. 240 Euro; Stand: Mai 2014). Die meisten Menschen müssen Miete zahlen. Des Weiteren gehen die Kinder zu den qualitativ schlechten öffentlichen Schule – sie bekommen keine gute Schulbildung. Die Krankenhäuser schaffen es nicht, alle Menschen zu behandeln, die es nötig hätten. Daher hat Brasilien viele Probleme. Von außen macht es den Eindruck, als wäre alles toll. Aber so ist es nicht. Es könnte alles gut sein, wenn die Leute, die die Politik machen, nicht so korrupt wären und das Geld bei den richtigen Leuten landen würde. Viele Familien bekommen die *bolsa família*, finanzielle Unterstützung für sozial schwache Familien. Wer zur Schule geht, erhält ca. 100 Reais (ca. 33 Euro). Von den 100 oder auch 300 Reais, je nach Anzahl der Kinder, kann man aber nicht Nahrung, Strom und Kleidung bezahlen. Die Mehrheit der Menschen bekommt zu wenig Geld. Die Kinder gehen deshalb auf die Straße, betteln und fangen sehr früh an zu arbeiten. Einige Kinder kommen deshalb nicht mehr hier her, da sie zu Hause helfen müssen. Sie liefern Sachen von einem Ort zum anderen und verdienen vielleicht 10 Reais. Sie arbeiten in einem Supermarkt und verdienen noch mal 10 Reais. Sie arbeiten, da sie ihrer Familie helfen müssen. Viele Familien leben so.

Ich glaube, die Situation ist für die Kinder sehr schwierig, und die Arbeit mit ihnen ohne Zweifel auch. Aber es gibt sicherlich Dinge, die dir bei deiner Arbeit Freude bereiten. Welche sind das?

Wenn wir von Mädchen, die länger bei uns waren, erfahren, dass sie heute arbeiten, Familie haben und sich gut um ihre Kinder kümmern, dann sind wir glücklich. Wir sehen die Veränderung, zum Beispiel bei Priscila (→ Foto S. 149). Sie war schon hier, als ich noch nicht Leiterin des Hauses war. Als ich ankam, wollten alle Erzieherinnen, dass sie verschwindet. »Wir halten es mit ihr nicht mehr aus. Bringen wir sie woanders hin!« Ich habe gesagt: »Bewahrt Ruhe. Ich kenne Priscila nicht. Ich muss sie kennenlernen und dann schauen, was wir machen können.«

Heute sagen dieselben Erzieherinnen, die Priscila damals nicht mehr im Heim haben wollten: »Schaut euch Priscila an! Wie gut sie uns hilft. Wie verständig sie ist.« Das macht uns zufrieden, das gibt uns Kraft und den Willen, etwas zu verändern. Wir glauben daran, dass sich der Mensch verändern kann, wenn er eine Basis hat. Wenn er Hilfe bekommt. Dann können wir es schaffen, von zehn Kindern fünf oder sechs zurück ins Leben zu bringen. Zu sagen, wir schaffen es, allen 20 Mädchen eine Perspektive zu bieten, wäre eine Illusion. Aber sechs oder sieben, wenn ich an Priscila, Ana Paula, Ana Carolina, … denke. Oder an Rosilené, die erst vor Kurzem hier ankam. Anfangs hatte sie eine sehr ordinäre Ausdrucksweise und hat ständig geschrien. Heute sehe ich, wie sie an der Arbeit teilnimmt und den Erzieherinnen hilft. Diese haben jetzt mehr Geduld. Unsere Arbeit hat viel mit Geduld zu tun. Wir müssen uns jeden Tag wiederholen. Oft kommt das Team zu mir und sagt: »Wir halten es nicht mehr aus! Was sollen wir tun?« Aber ich bin keine Zauberin. Dann sage ich: »Beruhigt euch!« Ich versuche immer zu zeigen, dass unsere Arbeit eine gute Seite hat. Es ist nicht alles perfekt. Und so ist es auch bei den Mädchen: Sie haben eine schwierige Seite, aber eben auch eine gute. Man muss mit ihnen reden, reden und wieder reden.

Ich mache es wie mit meinen eigenen Söhnen. Man sagt die Dinge einmal, zweimal, … bis sie verstehen, dass wir von unserer eigenen Erfahrung erzählen. Denn wir haben ja unsere Lebenserfahrung. Deswegen können wir ihnen sagen, was man tun kann, um auf einen anderen Weg zu gelangen. Es ist eine Arbeit, die jeden Tag aufs Neue getan werden muss. Eine Arbeit mit Geduld und mit Gesprächen. Ohne Gespräche geht es nicht. Wir müssen sagen: »So wie du dich jetzt verhältst, kommst du nirgendwohin.« Es geht darum, ruhig zu bleiben und die Dinge zu erklären. Die eigenen Gewohnheiten zu reflektieren und dann versuchen, sie zu ändern. Tun, was nötig ist, damit die Mädchen dort draußen leben können, ob mit ihrer Familie oder allein. Das versuche ich an die Erzieherinnen und die Mädchen weiterzugeben. Wir müssen Geduld haben.

Vielen Dank, Eliane, für das Interview. Und vielen Dank für deine Arbeit mit den Kindern und dafür, dass du immer weitermachst, dass du nicht aufgibst, dass du Mut und Zuversicht bewahrst. ◇

Natalia

Zu kaputt, um Hilfe anzunehmen?

Eines Morgens brachte eine Erzieherin ein Mädchen mit ins *Casa da Esperança*, ein Heim für Mädchen, die kein Zuhause haben oder dort nicht bleiben können. Das Mädchen hieß Natalia, 17 Jahre alt, und war auf der Straße herumgeirrt.

Sie anzublicken machte mich sprachlos – ich war geradezu erschrocken. Zunächst war nicht einmal zu erkennen, dass sie ein Mädchen war. Sie kam in weiten kaputten Shorts und einem dreckigen Pullover. Die krausen Haare waren wild durcheinander, sie hatte tiefe Augenringe und keine Zähne. Sie stand da in der Tür, zitternd und weinend. Ihr Zeigefinger hatte eine tiefe Wunde und war um das Dreifache angeschwollen. Zunächst gaben die Erzieherinnen ihr etwas zu essen, dann legte sie sich schlafen. Als sie aufwachte, rannte sie weinend und schreiend durchs Haus. An den darauf folgenden Tagen wurde sie ärztlich versorgt, bekam neue Kleidung, aß und schlief sehr viel. Immer wieder rannte sie völlig verwirrt durchs Haus, weinend, schreiend, nach ihrer Mutter rufend. Sie wirkte unheimlich verwirrt und verstört auf mich.

Da dies in meiner zweiten Woche in Brasilien geschah und ich die Sprache noch nicht beherrschte, konnte ich nicht viel fragen oder gar verstehen. Natalia selbst sprach mit mir und versuchte mir Dinge über ihre Familie zu erklären – leider ohne Erfolg. Ich konnte einfach nicht verstehen und hätte es doch so gerne! An einem Tag kam sie zu mir, hob ihr T-Shirt hoch und zeigte mir ihren Bauch. Die Form ihres Körpers und ihre Gesten verrieten, dass sie wohl schwanger war.

Natalia blieb eine Woche im *Casa da Esperança*. Am achten Tag lief sie davon. Ich frage mich oft, wie es Natalia jetzt wohl geht. Vor allem aber frage ich mich: Wie kann ein Mensch in Natalias Alter nur schon so kaputt sein, dass er kaum noch in der Lage ist, Hilfe anzunehmen? ◇

CEASA
Der Obst- und Gemüsegroßmarkt

Der CEASA ist ein riesiger Obst- und Gemüsegroßmarkt mit vielen Straßen, langen Rampen, großen und kleinen Hallen, ein Anliefer- und Wiederverkaufsmarkt für den ganzen Bundesstaat Rio de Janeiro. Insgesamt knapp 700 Betriebe und etwa 2.000 eingetragene Hersteller sind hier vertreten und bemühen sich, ihr Obst und Gemüse an Händler zu verkaufen.

Durch Kontakte zu einer Freundin, die dort arbeitet, hat die AVICRES eine Abteilung erschlossen, in der einzelne Händler ein wenig Gemüse und Früchte an die AVICRES spenden. Die Großgrundbesitzer liefern hier auf großen LKW ihre Waren an. Bei diesen Bedingungen kann die kleine Landwirtschaft der AVICRES, *Pequeno Lavrador*, nicht mithalten, sodass sich ihre Produkte nicht ihrem Wert angemessen verkaufen ließen.

Der CEASA ist ein Markt, der die Probleme dieses Landes wie in einem Brennglas widerspiegelt: Brasilien ist ein Land mit ungeheurem Reichtum und trotzdem gibt es immer wieder Menschen, die aus dem, was andere wegwerfen, ihr Notwendiges zum Überleben suchen. Kinder, Alte, Frauen und Männer steigen in Müllcontainer, um noch Verwertbares herauszufischen.

Der Überlebenskampf bedeutet auch, dass Frauen und Mädchen sich hier auf dem Markt den starken und muskulösen Männern zur Prostitution anbieten, Prostitution, die ich mir in dieser Form im 21. Jahrhundert nie hätte vorstellen können: Uns begegnet eine ältere, gut gekleidete und geschminkte Frau, umgeben von mehreren Frauen und Mädchen unterschiedlichen Alters und unterschiedlichen Aussehens. Diese Frau verkauft Lose. Jede Frau, jedes Mädchen ein Los. Am Ende des Tages werden die Lose und damit die Frauen und Mädchen gezogen. Das Los mit der höchsten Nummer ist der Hauptgewinn: das schönste und jüngste Mädchen für die kommende Nacht …

Wurde die Sklaverei wirklich vor mehr als 100 Jahren abgeschafft? ◇

Guaraní – Freundschaft mit den Ureinwohnern

Eine der letzten im Bundesstaat Rio de Janeiro lebenden Sippen des Ureinwohnervolkes der Guaraní hat seit Jahren freundschaftliche Beziehungen zur brasilianischen AVICRES. Gegenseitige Besuche mit kulturellem Austausch sind zur Selbstverständlichkeit geworden. Außerdem erhält die Sippe Hilfe beim Vertrieb ihrer kunsthandwerklichen Produkte (Körbe, Federschmuck, Ketten u. Ä.), was für sie eine wichtige Einnahmequelle ist. Als Zeichen der Freundschaft errichteten die Guaraní für die AVICRES auf dem Gelände der Landwirtschaftsschule ein offenes Haus der Begegnung aus Bambus.

Die AVICRES konnte diese Ureinwohner in ihrem erfolgreichen Kampf um die offizielle Anerkennung ihres Siedlungsgebiets unterstützen. Zusammen mit den brasilianischen Organisationen CIMI und Conatura (NGO mit Hauptsitz in Peru, die sich für den Erhalt und die Erforschung biologischer Vielfalt einsetzt), hat sie bei der Bepflanzung ihres Landes geholfen. Auf dem landwirtschaftlich nutzbaren Boden werden zunehmend nach traditionellen indianischen Methoden u. a. Bananen, Maniok und Mais für die Selbstversorgung angebaut. Inzwischen haben sie auf diesem Gebiet ihre Autarkie erreicht. ◇

Bijuteria – Die Schmuckwerkstatt und der Schmuckladen

In einer kleinen Werkstatt werden von einer Kunsthandwerkerin sowie von Mädchen aus dem Heim *Casa da Esperança* Schmuck hergestellt. Aus unterschiedlichen Materialien (Holz, Papier, Perlen etc.) entstehen Halsketten, Armbänder, Ohrringe und vieles mehr in den verschiedensten Formen und Farben. Dieser Schmuck und anderes Kunsthandwerk wird in einem kleinen Laden vor Ort verkauft. So kann die AVICRES ein wenig Geld erwirtschaften. ◇

Corte Costura – Die Näherei

Schon seit den Anfängen gehört auch eine Näherei zur AVICRES. Hier arbeiten bis zu fünf Schneiderinnen. Sie entwerfen Muster, schneiden Stoffe und vernähen sie zu Kleidungsstücken. Außer T-Shirts für die eigenen Einrichtungen werden auch Hosen, Röcke, Blusen, Taschen und sogar Stofftiere genäht und in einem kleinen der Näherei angegliederten Laden verkauft.

Darüber hinaus bietet die AVICRES in den Räumen auch Nähkurse an. Gegen einen geringen Kursbeitrag bekommen die Teilnehmerinnen Nähmaschinen und das Material zur Verfügung gestellt. Ihre selbst hergestellten Kleidungsstücke dürfen sie behalten oder der AVICRES zum Verkauf spenden. ◇

2006

Entstehung der Bäckerei und des Gästehauses *Casa Kolping* in Banco de Areia.

2008

Umzug und Vergrößerung der Gesundheitsstation.

2009

Das Gesetz der »Reintegration und Adoption« wird verschärft.

2010

Infolge des neuen Gesetzes vorübergehende Schließung aller Heime außer des *Casa da Esperança*.

Beginn der Zusammenarbeit mit einem Armen-Krankenhaus in Rio de Janeiro und große Hepatitis-B-Impfaktion für Obdachlosen in Rio, Nova Iguaçu und Umgebung.

»Doch unsere Sache ist es nicht, die Welt durch alle Zeiten zu steuern, sondern in den Jahren, auf die wir beschränkt sind, zu tun, um das Übel auf den uns bekannten Feldern auszujäten, damit jene, die nach uns kommen, einen guten Boden vorfinden. Was sie dann für ein Wetter haben werden, können wir nicht bestimmen.«

Gandalf (Herr der Ringe)

Pequeno Lavrador – Die Landwirtschaftsschule

»Kleiner Landarbeiter«

Die alternative Landwirtschaftsschule in Campo Alegre (»Fröhliches Feld«) ist ein kleiner landwirtschaftlicher Betrieb der AVICRES. Auf etwa sechs Hektar Land werden einige Kühe gehalten und Obst und Gemüse angebaut. Der überwiegende Teil des Anbaus ist für den Eigenbedarf in den Projekten für Kinder vorgesehen. Ein kleiner Teil wird z. B. an die Patienten der Gesundheitsstation und an die Anwohner des dortigen Viertels verkauft. Außerdem werden in Campo Alegre die Heilpflanzen angebaut, aus denen in der Gesundheitsstation Arzneimittel gewonnen werden.

Der Ertrag, den die Landwirtschaft in den vergangenen Jahren erbrachte, war nie so groß, dass man damit hätte Gewinn erwirtschaften können. Und doch ist es von besonderer Bedeutung, in einem Gebiet, in dem immer mehr Kleinbauern das Handtuch werfen, Standfestigkeit zu zeigen. Waren es zu Beginn, im Jahr 1987, noch 200 Landarbeiterfamilien, die in Campo Alegre lebten, sind es heute nur noch 60. Den Kampf ums Überleben haben viele der Menschen aufgegeben und haben sich in die Favelas von Rio de Janeiro geflüchtet. So zeigt die AVICRES den übriggebliebenen Familien symbolisch, dass sie an ihrer Seite weiterkämpft.

Von besonderer Bedeutung ist dabei die Betreuung der Kinder dieser Landarbeiterfamilien. Morgens fahren sie etwa 45 Minuten mit dem Bus in eine öffentliche Schule und treffen mittags auf dem Gelände der AVICRES ein. Hier essen sie zu Mittag, bekommen Hausaufgabenbetreuung und dürfen dann einfach ausgelassen spielen. Sie lernen auch etwas über den Anbau von Gemüse und Gewürzen, damit das Wissen ihrer Vorfahren, das zunehmend in Vergessenheit zu geraten droht, nicht verloren geht.

Vielen dieser Kinder merkt und sieht man an, wie katastrophal die häusliche Situation in ihren Familien ist. Oft vollkommen verstört, vernarbt und ausgehungert kommen sie ins Projekt. Sie sind wohl der ausschlaggebende Grund für die AVICRES, in Campo Alegre standhaft zu bleiben. ◇

Comunidade Kolping

Marcenaria – Die Schreinerei

Auf dem Grundstück des ehemaligen Heimes für die älteren Jungen, dem *Sítio Natureza Viva*, dem heutigen *Casa de acolhida* (→ S. 172), befindet sich die Schreinerei. Hier können Interessierte aus der Umgebung unter Anleitung eines Schreinermeisters eine Ausbildung absolvieren oder einen Kurs belegen, um erste Erfahrungen im Schreinerhandwerk zu sammeln.

In der Schreinerwerkstatt werden die Holzarbeiten erledigt, die innerhalb der Einrichtungen der AVICRES anfallen, wie z. B. der Bau und die Reparatur von Fenstern und Möbeln.

Die gute Arbeit der Werkstatt hat sich inzwischen herumgesprochen, sodass es immer wieder auch zu Aufträgen aus der Umgebung kommt. So liefert die Schreinerei einen kleinen Beitrag zur finanziellen Selbstsicherung der AVICRES. ◇

Cursos de Formação – Die Ausbildungskurse in Zusammenarbeit mit Kolping do Brasil

In Deutschland ist für viele junge Leute eine Ausbildung nach der Schulzeit eine ganz normale Option. Doch in Brasilien gibt es kein solches System mit Lehre und Berufsschule. Um diese Lücke zu füllen, ist die AVICRES eine Verbindung mit *Kolping do Brasil* und dem internationalen Kolpingwerk eingegangen – im Geiste Adolf Kolpings und nicht, um Vereinsstrukturen aufzubauen. So fanden sich im Jahr 2004 AVICRES-Mitglieder unter dem Namen *Comunidade Kolping do São Francisco da AVICRES de Nova Iguaçu (CKFAN)* zusammen.

Diese Gruppe fühlt sich besonders für verschiedene Aus- und Weiterbildungsangebote für Jugendliche und Erwachsene verantwortlich. Die Ausbilderinnen und Ausbilder werden von der AVICRES angestellt, die dann auch die finanzielle Basis garantiert. Kursteilnehmerinnen und -teilnehmer zahlen einen symbolischen Beitrag. Oft werden die Kurse auch von Ehrenamtlichen geleitet, die so Anschluss an die AVICRES finden und die gesamte Organisation bereichern. Die Zertifikate werden aufgrund der vielfältigen Erfahrungen von *Kolping do Brasil* ausgestellt. Auf diese Weise gewinnt das Ausbildungsprojekt im Geiste Kolpings hohe Anerkennung. Im Jahr 2011 wurden insgesamt rund 250 erfolgreiche Abschlüsse bescheinigt. Die Nachfrage ist groß. So wird der Schwerpunkt der AVICRES-Arbeit im Bereich schulischer Bildung und Erziehung sinnvoll ergänzt.

Das Angebot richtet sich an die lokale Bevölkerung. Jugendliche und Erwachsene können Ausbildungskurse etwa zum Tischler, zum Bäcker, zur Friseurin, Näherin oder im Bereich der Informatik absolvieren. Außerdem wird auch therapeutische Lebensbegleitung durch Psychologinnen angeboten. All diese Angebote sind grundsätzlich offen für die gesamte Bevölkerung der Region, auch unabhängig vom Alter. Aber die Kinder, Jugendlichen und Angestellten aus den Einrichtungen der AVICRES profitieren natürlich besonders von diesen Möglichkeiten. Sie können Perspektiven entwickeln, die sie sonst nie gehabt hätten. Das schließt auch die Förderung der Berufstätigkeit von Eltern und Angehörigen der Kinder und Angestellten der AVICRES mit ein: In der Baixada gibt es viele alleinerziehende und arbeitslose Mütter. Sie können die Kinderbetreuungsmöglichkeiten der AVICRES nutzen und tagsüber die genannten Kurse besuchen, um später auf diesen Feldern berufsähnlich zu arbeiten und so die Familie zu ernähren.

Im Ganzen leistet diese Arbeit im Geiste Kolpings einen Beitrag zur Philosophie der AVICRES: gemeinsam »von unten« Veränderungen anstoßen, an der Seite der Bevölkerung – also mit den Menschen zusammen Möglichkeiten zur Selbsthilfe finden. ◇

Casa Kolping – Die Unterkunft für Gäste

Das *Casa Kolping*, das von der AVICRES als Unterkunft für Gäste aufgebaut und eingerichtet wurde, liegt an einer Hauptstraße Mesquitas in Richtung Nova Iguaçu, mitten im Ortsteil Banco de Areia. Die Gäste der AVICRES betreten das Haus durch ein großes, dem Schutz dienendes Eisengittertor direkt neben der Bäckerei *Pão de Vida*. Mit vier Schlafzimmern und insgesamt 14 Betten sowie einem großzügigen Wohn- und Esszimmer, einer Küche, zwei Bädern und der einladenden Terrasse mit Hängematte und Grillmöglichkeiten bietet das Gästehaus viel Platz und Raum des Rückzugs von dem oftmals chaotischen, lauten Alltag und den Belastungen in der Baixada. Darüber hinaus ist das *Casa Kolping* auch ein Raum der Begegnungen mit- und untereinander. So können die Gäste, die die AVICRES kennenlernen wollen, bei guter, herzlicher Bewirtung ihre brasilianischen Freunde einladen, in dem Wissen, einen der wenigen kostbaren »Ruheorte« innerhalb der Baixada Fluminense gefunden zu haben. ◇

Padaria – Die Bäckerei mit Mittagstisch

Unterhalb des *Casa Kolping* befindet sich die Bäckerei namens *Pão de Vida* (»Brot des Lebens«). Jeden Morgen ab 5 Uhr werden hier von zwei Bäckern gute und vielfältige Backwaren zubereitet, die dann vorne im Laden bis abends um 22 Uhr zum Verkauf angeboten werden. Im Jahr 2009 hat sich die Bäckerei erweitert und bietet seitdem jeden Mittag ein Tagesgericht an. Das zieht neben den Bewohnern auch etliche Straßenarbeitskräfte und Verkäufer der Gegend an, sodass meistens alle Tische besetzt sind.

Zu dem Erfolgsgeheimnis, oder besser, dem Erfolgsrezept von *Pão de Vida* gehören das einladende Gebäude mit vielen Sitzmöglichkeiten hinter der bepflanzten Mauer, die ein wenig Grün in die sonst so graue Baixada bringt, die guten Speisen und vor allem der gute Geist der Einrichtung, der bei den Mitarbeitern spürbar ist. Bei einem Besuch – egal zu welcher Tageszeit – wird so schnell deutlich, dass der Name *Pão de Vida* eine völlig neue Bedeutung bekommt. ◇

Pro Tag werden etwa 50 Mittagessen, 1000 Baguettebrötchen, 40 Hefezöpfe und 30 Vollkornbrote verkauft, außerdem zahlreiche Kuchen und eine große Vielfalt an Gebäck.

Não deixe que a tristeza de ontem
ou a incerteza do amanhã,
lhe roube a felicidade do hoje.

*

Lass nicht zu, dass die Trauer von gestern
oder die Unsicherheit von morgen
dir das Glück von heute raubt.

2011

Neueröffnung des *Sítio das Crianças*, des *Casa do Amor* und des *Sítio Natureza Viva* als *Casas de acolhida* (»Aufnahmehäuser«) für Kinder und Jugendliche.

20-jähriges Jubiläum der brasilianischen AVICRES.

Casas de alcolhida – Die Aufnahmehäuser

Tageseinrichtungen mit Kurs- und Freizeitangeboten

Casas de acolhida, wörtlich »Aufnahmehäuser«, sind Tageseinrichtungen für die bedürftigen Kinder der Umgebung, des Stadtteils, des *bairro*. Sie sind entstanden, weil die Führung dauerhafter Wohnheime für Kinder und Jugendliche aufgrund des neuen Gesetzes der »Reintegration und Adoption« (→ S. 152) nur bedingt möglich ist. Eine gut geeignete Ergänzung bzw. Alternative zu den dauerhaften Wohnheimen sind reine Tageseinrichtungen oder Wohnheime mit Möglichkeiten zur Tagesbetreuung.

Die Kinder, die in diese Einrichtungen kommen, stammen aus sozial benachteiligten Familien, haben bereits auf der Straße gelebt oder verbringen zumindest einen großen Teil des Tages dort. Sie besuchen die staatliche Schule und bekommen von der AVICRES Unterstützung bei ihrer Schulbildung. Außer einer Nachhilfe werden in diesen Einrichtungen in ganzheitlicher Pädagogik auch verschiedene andere Freizeitaktivitäten angeboten, um dabei einen Ausgleich zwischen Kopf, Herz und Hand zu ermöglichen. Die Kinder sollen die Möglichkeit haben, eine »normale« Kindheit zu leben.

Eine enge Zusammenarbeit mit den Eltern wird angestrebt, um auch häusliche Probleme besprechen und angehen zu können.

Außerdem soll die Möglichkeit geboten werden, sich auch außerhalb der Schule weiterzubilden. Dies geschieht durch ein breites Kursangebot in Zusammenarbeit mit *Kolping do Brasil* oder auch AVICRES-intern organisiert. Wichtige Beispiele hierfür sind die gut besuchten Computerkurse und die unterschiedlichsten handwerklichen Kursmöglichkeiten in den Bereichen Bäckerei, Schreinerei, Näherei, Friseurhandwerk, …

Ziel dieses Projekts ist, den Kindern und Jugendlichen schon früh eine Alternative zum Leben auf der Straße zu geben und mögliche Wege für ihre Zukunft aufzuzeigen. In den Aufnahmehäusern wird also präventive Arbeit geleistet. ◇

Sítio Natureza Viva
AVICRES

TORCIDA DA PAZ

Brasilieninitiative Avicres e. V.

Gründung, Philosophie und Ziele der deutschen Partnerorganisation

Die deutsche Brasilieninitiative Avicres e. V. wurde 1992 in Paderborn gegründet und unterstützt seitdem die brasilianische AVICRES in ihren Anliegen ideell und finanziell. Momentan hat der Verein ca. 250 Mitglieder. Die Mitarbeiter versuchen durch Informations- und Öffentlichkeitsarbeit auf das Land Brasilien mit all seinen Facetten und auf die Arbeit des Sozialwerks AVICRES in der Baixada Fluminense aufmerksam zu machen.

Die deutsche Avicres versteht sich nicht als bloße Fundraising-Organisation, deren einziges Ziel das Auftreiben von Geldern ist. Vielmehr geht es ihr darum, sich für mehr internationale Solidarität einzusetzen – insbesondere zum brasilianischen Volk – und darum, etwas zur Bewusstseinsbildung im Bereich der »Eine-Welt-Arbeit« beizutragen. Dies geschieht durch Vorträge und Seminare, zum Beispiel in Schulen und Kindergärten, aber auch in Gemeinden, die die AVICRES vor allem durch die Erlöse der Sternsinger-Aktion unterstützen.

Gleichzeitig erfolgt ein ständiger persönlicher Austausch zwischen Deutschen und Brasilianern, der den Kontakt zwischen den beiden Welten lebendig macht. Hierbei spielt das Praktikantenprojekt eine besondere Rolle (→ S. 178 ff.).

Zur deutschen Avicres gehört seit August 1997 ein als Großhandel betriebener Weltladen in Paderborn. Die Arbeit dort hat das Ziel, Lebensmittel, insbesondere Kaffee, Tee und Kakao, im Rahmen der Transfair-Initiative aus Ländern der »Einen Welt« zu beziehen und zu fairen festen Preisen mit großzügigen Rabatten an kleine Eine-Welt-Gruppen weiterzugeben. Damit sollen den Produzenten vor Ort ein menschenwürdiges Leben und Entwicklungschancen aus eigener Kraft ermöglicht werden.

Die Mitglieder der deutschen Avicres arbeiten alle ehrenamtlich, sodass jeder gespendete Euro den Menschen in Brasilien hundertprozentig zugute kommt. Die Brasilianerinnen und Brasilianer bestimmen eigenständig, für welches Projekt sie das gespendete Geld verwenden. Ziel ist, dass sich die Projekte eines Tages finanziell selbst tragen.

Zweimal jährlich treffen sich Mitglieder der Gemeinschaft in einem Landhaus in Germete (Warburg). Dort finden Vorträge und Workshops zu verschiedenen Themen statt, die immer im Fokus der Solidarität mit den Armen stehen. Auf diese Weise und durch die halbjährlich erscheinende Zeitschrift »Brasilikum« werden die Mitglieder der deutschen AVICRES aktuell informiert. ◇

2012

20-jähriges Jubiläum der Brasilieninitiative Avicres e. V.

Weltladen Avicres
Nordstraße 3, Paderborn

Öffnungszeiten:
Dienstags 17.00 bis 19.00 Uhr

→ www.avicres.de

Eine Zukunft für Taimires.

An der Biografie der heute 20-jährigen Taimires wird deutlich, dass der Name *Futuro Sí* (»Zukunft ja«) auch Programm ist. Taimires besuchte vor Jahren die von FUTURO SI unterstützte Kindertagesstätte der AVICRES in Zumbi dos Palmares in einem Elendsviertel der Gemeinde Nova Iguaçu. Hier fand sie Zuflucht, Geborgenheit und Unterstützung. Das Bild, das sie auf diesem Foto 14 Jahre später in den Händen hält, wurde zum Markenzeichen für FUTURO SI. Heute ist die junge Frau selbst Mitarbeiterin in »ihrer« Kindertagesstätte.

Partnerorganisation und Unterstützer der AVICRES

FUTURO SI – Initiative für Kinder in Lateinamerika e.V.

Es ist 20 Jahre her. Da zerbrachen sich drei Brasilien-Reisende den Kopf, wie man dem Elend von Straßenkindern begegnen könnte. Nach ihrer Rückkehr gründeten sie zusammen mit Freunden im Juni 1994 in Düsseldorf den gemeinnützigen Verein FUTURO SI, Initiative für Kinder in Lateinamerika.

Nachdenklich gemacht hatte sie das Projekt AVICRES. »Wir müssen die Straßenkinder befähigen, selbst zu entscheiden«, hatte der Religionspädagoge Johannes Niggemeier aus Paderborn gesagt. Sie müssten eines Tages auf eigenen Füßen stehen und den Eindruck haben: »Wir haben uns unsere Lebensgrundlage selbst erkämpft«. Ganz im Sinne des brasilianischen Gesetzes, das alle Kinder als Staatsbürger begreift und ihnen Rechte zubilligt, wie sie auch die »UN-Konvention über die Rechte des Kindes« aufzählt: Recht auf Ernährung, Obdach, Gesundheit, Bildung und Schutz vor Misshandlung, Missbrauch und Erniedrigung. Rechte, um die Kinder weder betteln noch bitten sollten. Mit anderen Worten: Gesundheit und Bildung sind keine Geschenke, sondern Rechte.

Das waren, sind und werden auch künftig wichtige Leitgedanken für die Arbeit von FUTURO SI bei der Unterstützung von Kinderprojekten sein. In Brasilien unterstützt die Organisation seitdem, also seit 20 Jahren, eine Kindertagesstätte. Später kamen eine weitere Kindertagesstätte, ein Heim für Mädchen von der Straße, eine Lehrwerkstatt sowie eine Landwirtschaftsschule hinzu. Mittlerweile werden auch Kinderprojekte in sechs weiteren Ländern Lateinamerikas regelmäßig unterstützt.

In dem vereinseigenen Weinladen in Düsseldorf gibt es eine spannende Auswahl an hervorragenden Weinen und Spirituosen aus den verschiedenen Anbauregionen Lateinamerikas sowie landestypische Spezialitäten. Auch mit Geschenken und Präsenten wird somit die Arbeit von FUTURO SI unterstützt: liebevoll helfen – wohltätig genießen. Darüber hinaus organisiert FUTURO SI Kulturveranstaltungen wie lateinamerikanische Filmabende. Ein besonderer Höhepunkt sind die regelmäßigen Tango-Benefiz-Veranstaltungen, in der mit 1600 Zuschauern fast immer ausverkauften Düsseldorfer Tonhalle.

FUTURO SI Laden
Brend'amourstraße 5, Düsseldorf

Öffnungszeiten:
Montag bis Freitag 10.00 bis 18.00 Uhr
Samstag 11.00 bis 15.00 Uhr

»Es ist nur ein Jahr. Und es ist schneller um, als du blinzeln kannst. In einem Augenblick feierst du noch deinen Abschied, und im nächsten bist du schon wieder zu Hause. Und dazwischen liegt eine ganze Welt.«

Freund einer Praktikantin

Das Praktikantenprojekt

Ein Jahr in Brasilien

Die Brasilieninitiative Avicres e. V. bietet jedes Jahr bis zu vier Praktikumsplätze in den verschiedenen Projekten der brasilianischen Organisation AVICRES an. So besteht die Möglichkeit, ein freiwilliges Jahr unter sozialpädagogischen und psychologischen Aspekten in fremder Kultur und anders erlebter Religion zu verbringen. Für die Tätigkeit erhalten die Praktikanten/innen keinerlei Vergütung, da es der Philosophie der Initiative entspricht, dass jeder gespendete Cent hundertprozentig den Menschen in Brasilien zugute kommt – nach dem Prinzip: »Von deutschen Spendengeldern wird kein Deutscher und nichts Deutsches finanziert.«

Das Praktikum beginnt und endet im August eines jeden Jahres. Die Praktikanten/innen leben in brasilianischen Familien und lernen auf diese Weise sehr schnell die dortigen Lebensverhältnisse und die portugiesische Sprache kennen. Das Zusammenleben mit den brasilianischen Kindern und Jugendlichen trägt dazu bei, pädagogische und psychologische Erfahrungen zu sammeln, die den Praktikanten im späteren Leben von Nutzen sein können. Während ihres Aufenthalts in Brasilien werden sie persönlich psychologisch betreut und per Supervision in ihrer Arbeit begeleitet.

Die sehr sorgfältige Vorbereitung auf das Praktikum dauert fast ein ganzes Jahr. An mehreren Wochenenden bereitet eine Gruppe aus ehemaligen Praktikanten die Bewerber auf ihren Auslandsaufenthalt vor. Langjährige Erfahrung hat gezeigt, dass diese intensive Vorbereitung auf das Praktikumsjahr unerlässlich und für alle von großem Vorteil ist.

Das Zurückkommen in die Heimat nach einer langen Zeit in der Ferne ist oft noch schwieriger als das Weggehen. Alle Rückkehrer haben die Möglichkeit, in einem jährlich wachsenden Kreis aus Gleichgesinnten ihre Erfahrungen zu teilen bzw. weiterzuverarbeiten. ◇

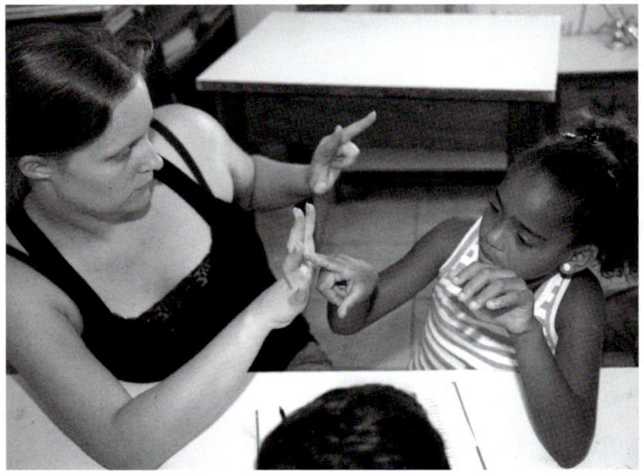

»Man ist zeitlebens für das verantwortlich, was man sich vertraut gemacht hat.«

Antoine de Saint-Exupéry, »Der kleine Prinz«

UNTEN: Matheus.
RECHTS: Carlos und Alberto (rechts).

ALBERTO UND MATHEUS

Ein Seelenfoto einer Praktikantin

An einem Tag saß ich mit Alberto und Matheus im Schatten unter den Bäumen, und wir aßen Orangen. Ich beobachtete die beiden und merkte, wie wichtig mir diese Jungs geworden waren. – Wenn ich nun, nach meiner Brasilienzeit, Orangen esse, möchte ich mich an sie erinnern, sie, die mir so gute Momente schenkten.

Ich erinnere mich an den Tag, an dem Matheus ins Heim kam. Er kam in Shorts und einer viel zu großen dunkelblauen, dicken Jacke und wollte mit niemandem reden, noch nicht einmal seinen Namen wollte er verraten. Ich sagte ihm, das sei nicht schlimm, wenn er nicht sprechen wolle, ich könne das auch noch nicht so gut, dann hätten wir eine Gemeinsamkeit. Dann habe ich seinen Namen erraten wollen und tippte auf »Matheus«, weil es einfach so viele Jungen mit diesem Namen gibt. Ich lag richtig und das Erste, was er zu mir sagte, war: »Woher kennst du meinen Namen?« Sein unsicheres Gesicht wurde zu einem breiten Lächeln, das ich in der darauf folgenden Zeit noch so oft sehen durfte. Das war der Beginn einer schönen Freundschaft.

Und Alberto, dieser Alberto mit seinen damals 14 Jahren, wusste so viel über die Liebe. Er wusste, dass man seine Ehefrau nie lieben könne, wenn man sich selbst nicht liebte. Er wusste, wie man »trotz allem« das Leben lieben könne. Er wusste, wie man Liebe geben kann, auch wenn man sie von seinen eigenen Eltern nie erfahren hatte, weil man sie nicht mal gekannt hatte. Dieser Alberto tat mir mit einem einfachen Satz sehr weh: »Ihr Praktikanten geht alle nach einem Jahr, kommt nie wieder und vergesst uns.« Das saß. Und es stimmt auch nicht: Die meisten kommen irgendwann wieder, wenn es an der Zeit ist. Und äußere Entfernung sagt nichts über die Nähe im Herzen aus.

Nun packe ich meinen Koffer mit Erinnerungen an Menschen, die mir vor einigen Monaten noch so fremd waren, denen ich mich jetzt aber so nahe fühle. Ich packe meinen Koffer mit Seelenfotos: dem Lachen der Kinder, der tagtäglichen Armut, der Resignation, dem Glauben, der Hoffnung und dem täglichen Kampf für das Leben. Ich packe meinen Koffer mit einem schweren Herzen, das weint und sich zugleich freut, wenn ich eine Orange esse. ◇

Rückblick auf ein Jahr als Praktikant in der brasilianischen AVICRES
Ein persönlicher Beitrag von Tim Witzmann

Fast am Ende meines Jahres hier in Brasilien ist es Zeit, zusammenzufassen, was es für mich eigentlich bedeutet, ein Jahr Praktikant in der AVICRES gewesen zu sein. Welche Rahmenbedingungen gab es und welchen Stellenwert hatten sie für mich persönlich?

Eine der wichtigsten Vorraussetzungen für mich als Praktikant hier ist, dass ich immer »nur« eine zusätzliche Person bin. Das heißt konkret: Es funktioniert auch ohne mich. Ich bin nicht zwingend notwendig, es kann jedoch sehr wohl auch gut für die Arbeit sein, dass ich da bin. Warum als Praktikant und nicht als Angestellter? – Klar gibt es in Brasilien genug Arbeitssuchende, denen ich als Angestellter einen Arbeitsplatz wegnehmen würde, was das Letzte wäre, was ich will, aber das ist es nicht allein. Für mich persönlich bedeutet es nämlich auch, weniger Last zu tragen und keinen Druck zu haben, weil ich eben in keine Verantwortung »hineingesteckt« werde, die ich erfüllen muss. Somit werde ich auch nicht ausgenutzt.

Trotzdem fühle ich mich als ein Teil der brasilianischen AVICRES. Ich stehe nicht außen vor, werde eingebunden und respektiert. Das war von Anfang an so, schon als ich mich den Mitarbeitern vorstellte – so konnten wir uns gegenseitig kennenlernen. Ich habe es als sehr wichtig empfunden, die gesamte AVICRES mit allen ihren Sektoren zu sehen und zu erfahren. Ebenso bedeutend war die dauerhafte Begleitung während des Jahres, vor allem durch die Supervision mit Johannes Niggemeier (Mitgründer der AVICRES; → S. 126) oder Martiliana (Psychologin und Vorstandsmitglied der brasilianischen AVICRES; → S. 101).

Die Supervision war der Ort, an dem alle meine Erfahrungen Platz hatten. Ich konnte alles mit hineintragen und wusste auch, dass es dort bleiben würde. Eben ein Ort des Vertrauens. »Was ereignet sich gerade bei der Arbeit? Wie geht es mir selbst? Was macht die Gastfamilie? Was passiert zurzeit um uns herum, in der Baixada, in Brasilien? Wie geht es weiter? Wie ist das Verhältnis zu den anderen Praktikanten?« All das sind Fragen, die wir uns immer wieder gestellt haben. In der Supervision habe ich sehr viel über die AVICRES und ihre Hintergründe, aber eben auch über meine Umgebung erfahren. Was für mich aber noch viel wichtiger war: Ich habe mich selbst besser kennengelernt und konnte auch verstehen, was jeweils gerade mit mir passierte.

Nicht nur in der Supervision, sondern auch an unzähligen Abenden in der Bäckerei haben wir immer wieder mit Johannes und Martiliana unsere Gedanken ausgetauscht. Ich für meinen Teil habe bei diesen Abenden sehr viel gelernt und sie immer genossen. Es war sozusagen »Psychologie und Theologie – sponsored by Johannes und Martiliana«.

Für mich war immer klar, dass ich einen Ansprechpartner habe oder sogar mehrere, die ich, wenn es sein musste, um Hilfe bitten konnte. Ich habe mich nie im Stich gelassen gefühlt.

Aber nicht nur in Brasilien, sondern auch in Deutschland gab es einen Rückhalt. Die intensive Vorbereitung durch die Praktikantenvorbereitungsgruppe hat mich manche Schwierigkeit vor Ort meistern lassen. Deshalb freue ich mich auch jetzt schon auf

»Und irgendwann kam die Zeit, in der ›die letzten Male‹ anbrachen. Der letzte Monat, die letzten Wochen, die letzte Umarmung, der letzte Blick, der letzte Gruß. Daran zurückzudenken tut weh. Ohne es zu wollen, habe ich andere und auch mich verletzt. Es tut wirklich weh.«

Julia Rensing (Praktikantin 2008/09)

Die *fid-Service- und Beratungsstelle für internationale Freiwilligendienste* ist eine Fachstelle für alle Akteure, die internationale Freiwilligendienste durchführen und begleiten. Sie gehört zur *Arbeitsgemeinschaft für Entwicklungshilfe (AGEH).*

Alle Praktikanten, die ein Jahr in den Projekten der AVICRES verbringen, nehmen vor ihrer Reise an einem 10-tägigen Vorbereitungsseminar der *fid* teil. Während des Auslandsaufenthalts findet in Brasilien oder einem benachbarten Land ein Begleitseminar statt, an dem die Praktikanten ebenfalls teilnehmen.

das Treffen mit ehemaligen Praktikanten, um Erfahrungen auszutauschen. Die deutsche Avicres immer im Rücken zu haben, ist ein gutes Gefühl. Ich bin eben nicht einfach irgendeine Privatperson, die nach Brasilien fliegt, sondern ein Mitglied der deutschen Partnerorganisation.

Ich lebe hier in einer Gastfamilie, auch das ist nicht selbstverständlich. Ich habe viele andere Praktikanten kennengelernt, die in ihren Organisationen z. B. in Gästehäusern oder direkt mit im Projekt leben. Ich sehe den Vorteil einer Gastfamilie jedoch darin, dass ich durch sie mitten im brasilianischen Leben bin. Es ist echt und keine Fassade, auf die ich von außen draufschaue. Ich bin inmitten der brasilianischen Gesellschaft und fühle mich als ein Teil von ihr.

Was ich hier besonders schätzen gelernt habe, sind Geborgenheit, ein Zuhause zu haben, nicht alleine zu sein und eine Familie zu haben – mit Festen und Ausflügen, mit Nachbarschaft und Freundschaft.

Aber auch ich habe einen Teil von mir mit in diese Familie gebracht, ein Stück Deutschland, ein Stück Tim. Für mich ist die Familie ebenso wie die Arbeit in den Sektoren der AVICRES ein Teil meines Jahres, aus dem ich ganz viel mitnehme, von dem ich aber vielleicht auch ein bisschen hinterlassen kann.

So wie jeder andere Mitarbeiter der AVICRES hatten auch wir, meine beiden Mitpraktikanten und ich, vier Wochen Ferien und haben diese für eine Rundreise durch Brasilien genutzt. Es war ein unglaublich wichtiges Erlebnis, die Gegensätze, die unterschiedlichen Kulturen, Landschaften und Menschen kennenzulernen, und das alles innerhalb der Grenzen eines Landes. Ich sehe diese Reise nicht losgelöst von der Zeit in den Projekten; durch die Reise habe ich beispielsweise besser verstanden, warum es Ballungsgebiete wie die Baixada Fluminense überhaupt gibt, woher diese Armut kommt, und somit natürlich auch, warum die Arbeit der AVICRES so notwendig ist.

Nach der Rundreise bekam ich Besuch aus Deutschland. Ein bisschen wurde damit die Sehnsucht nach meiner Heimat und meiner Familie gestillt, doch es war weit mehr als das. Meine Mutter, mein Bruder und auch meine Freundin haben ein Stück weit teilgenommen an meinem Jahr, sie sind ein Stück des Weges mit mir gegangen. Somit können sie nun auch besser nachfühlen, was Brasilien und die AVICRES für mich bedeuten, sie haben gesehen und gespürt, was es heißt, hier zu leben.

Den Kontakt außerhalb dieser Besuche nach Deutschland zu halten, ist nicht immer einfach gewesen. Es passierte oft so viel, dass ich kaum wusste, an welchem Ende ich anfangen sollte zu erzählen oder zu schreiben. Ich fand es jedoch immer wichtig, den Kontakt nicht zu verlieren und habe auch gemerkt, dass es sehr hilfreich und auch lehrreich sein kann, von hier zu berichten.

Viele meiner Erkenntnisse und Erfahrungen habe ich natürlich in der AVICRES selbst gemacht, aber vieles ist mir auch erst durch den Austausch mit anderen Deutschen hier in Brasilien klar geworden, als ich erfahren habe, wie anders so ein Auslandsaufenthalt auch laufen kann. Unsere eigenen Besuche in anderen Projekten, die Besuche anderer Praktikanten hier bei uns und nicht zuletzt das einwöchige fid-Seminar in Salvador haben vieles zum Vorschein gebracht. Darunter waren auch einige erschreckende Geschichten: von fehlender Betreuung über Projekte, die plötzlich einfach schlossen, über absolute Ausnutzung der Praktikanten bis hin zu unzumutbaren Wohnsituationen war alles dabei.

Ein Jahr also in der AVICRES in Brasilien, mit Supervision, Familie, Projekten, Rundreise, Besuch usw., und das alles als »Missionar auf Zeit«. – Für mich könnte dieses Jahr auch unter dem Motto »Kirche mal anders (er) leben« stehen. Ich habe mich kaum in dem Gebäude Kirche aufgehalten und auch keinen Brasilianer zum Christentum bekehrt, aber Kirche ist doch mehr, oder? An der Seite der Armen stehen und dem Nächsten dienen, so wie es die Theologie der Befreiung sieht. Für mich war dieses Jahr voll mit Kirche, ich habe sie wie nie zuvor erfahren, erlebt und gelebt.

Für mich ist das Jahr hier in Brasilien nun fast vorbei, bald geht es wieder zurück nach Deutschland. An meinen Abschied möchte ich, ehrlich gesagt, noch gar nicht denken, trotzdem freue ich mich auf das, was dann in Deutschland alles Neues auf mich wartet. ◇

Seite 182: Tim und Marcus im *Sítio Natureza Viva*.

Rechts: Tim und Igor in der Landwirtschaftsschule *Pequeno Lavrador* (→ S. 166).

Grossereignisse

CLORO
Batista
N 1039
1039
2010

WM 2014 – OLYMPIA 2016 – BRASILIEN 2018

Sind die Großereignisse für das Land ein Fluch oder ein Segen?

Realität in Rio

»Fast 6000 Morde in Rio de Janeiro im Jahr«. »Gangster und Gewalt am Zuckerhut«. »21 Tote bei Drogenkrieg in Rio de Janeiro«. »Drogenbanden schießen Polizeihubschrauber vom Himmel«. – Diese und ähnliche Schlagzeilen sind immer wieder in der Presse zu lesen. Sie bestimmen den Alltag in der 6-Millionen-Metropole Rio de Janeiro. In der Stadt des Samba, der Hochburg des Karnevals. Dort, wo getanzt wird, als gäbe es kein »Morgen« mehr! – *Gäbe*. Aber *gibt* es denn eins? Für viele nicht.

Die Schere zwischen Arm und Reich geht in Brasilien nach wie vor deutlich auseinander. Auch wenn in der vergangenen Zeit immer häufiger vom wirtschaftlichen Aufschwung des Landes zu hören ist und es heißt, dass es der unteren Mittelschicht langsam besser gehe – bislang profitiert nur ein kleiner Teil der brasilianischen Bevölkerung von diesem Aufschwung. Für die meisten Bewohner Rios ist ein unmittelbarer Vorteil nicht spürbar. Sie wohnen in Gebieten mit den schönen Namen *Morro do Cantagalo* (Hügel des singenden Hahns), *Pavão-Pavãozinho* (Großer Pfau – Kleiner Pfau), *Pedra Bonita* (Schöner Stein), *Vila da Paz* (Dorf des Friedens), *Cidade de Deus* (Stadt Gottes) oder *Shangri Lá*. Favelas, von denen es in Rio Hunderte gibt.

Die Armutsgebiete sind jedoch nicht allein in den *Favelas* Rios zu finden. Es gibt einen fließenden Übergang zur *Baixada Fluminense*, der Flussebene, die sich in nordöstlicher Richtung ins Landesinnere erstreckt, einem Elendsgebiet mit weiteren drei Millionen Einwohnern. Die Grenzen der Stadt sind nur noch schwer auszumachen. Vor etwa zehn Jahren war der Unterschied zwischen Großstadt und Umland noch deutlicher zu erkennen. Inzwischen sind selbst ehemals reichere Viertel der *Cidade Maravilhosa*, der »wunderbaren Stadt«, wie Rio im Volksmund heißt, immer mehr verkommen.

Neben materieller, existenzieller Armut besteht noch eine andere: geistige Armut. Der Mangel an Bildung und Erziehung ist enorm, und die sozialen Missstände führen zwangsläufig zu einer hohen Arbeitslosigkeit. Vor allem männliche Jungendliche – meist ohne Schulabschluss – sehen deshalb oft im Drogenhandel ein lukratives Geschäft. Die Versprechen sind groß, die Anforderungen gering und die Gelegenheit so nah. Warum also nicht ein paar Päckchen Marihuana oder Kokain abholen, wegbringen oder verkaufen! Doch bei dieser »romantischen Dealerei« bleibt es nicht. Dafür sind die Machtstrukturen zu komplex, Rivalitäten zu groß und die Schwelle zur Gewalt zu gering. Schnell kommt es zu

»Neben materieller, existenzieller Armut besteht noch eine andere: geistige Armut. Der Mangel an Bildung und Erziehung ist enorm, und die sozialen Missstände führen zwangsläufig zu einer hohen Arbeitslosigkeit.«

»Wenn bei Bekanntgabe der Entscheidungen von FIFA und IOC ein grün-gelbes Fahnenmeer Samba trommelnder und tanzender Brasilianer die Copacabana zum Vibrieren bringt, dann ist das ein Ausdruck von Stolz, Freude und Hoffnung zugleich.«

blutigen Kämpfen zwischen den Gangs. Oder zwischen ihnen und der Polizei. Fast immer fordern sie Tote – nicht selten auch Unschuldige.

Hoffnung und Freude

Doch wenn das die Realität ist, wo kommt dann das Klischee des ewig fröhlichen, Samba tanzenden brasilianischen Volkes her, das mit der Sonne um die Wette strahlt? Alles nur erfunden? – Ganz sicher nicht! Auch das ist Realität, und zwar nicht nur dort, wo die Reichen und Schönen wohnen, sondern ebenfalls dort, wo die Armen und Benachteiligten leben, wo die meisten Menschen sterben, bevor sie das 25. Lebensjahr erreicht haben.

Trotz massiv herrschender Missstände und sozialer Ungerechtigkeit haben die Brasilianer eines nicht verloren: ihre Lebensfreude. Sie sind – obwohl immer wieder vom Staat und dem Leben gedemütigt – ein stolzes Volk. Und so verwundert es nicht, dass zu Festen ausgelassen gefeiert wird. Die Sorgen lassen sich so, wenn auch nur vorübergehend, vergessen oder zumindest leichter ertragen.

Vor diesem Hintergrund lässt sich auch die ausgelassene Freude der Brasilianer verstehen, die sie an den Tag legten, als sie erfuhren, dass ihr Land den Zuschlag – nicht nur für die Weltmeisterschaft 2014, sondern ebenfalls – für die Olympischen Spiele 2016 erhielt. Also gleich zwei Großereignisse, bei denen Brasilien im Mittelpunkt der Welt stehen wird. Wenn bei Bekanntgabe der Entscheidungen von FIFA und IOC ein grün-gelbes Fahnenmeer Samba trommelnder und tanzender Brasilianer die Copacabana zum Vibrieren bringt, dann ist das ein Ausdruck von Stolz, Freude und Hoffnung zugleich. Denn mit diesen Sportereignissen einher geht die Aussicht auf eine neue wirtschaftliche und politische Perspektive des Landes. In seinem jetzigen Zustand wäre das Land wohl weder der einen noch der anderen, geschweige denn beiden Veranstaltungen gewachsen. Es fehlt an Straßen, U-Bahnstrecken, Hotels, Infrastruktur und nicht zuletzt an Sicherheit.

Zweifelsohne bringen die anstehenden Baumaßnahmen eine Vielzahl wirtschaftlicher Aufträge mit sich, doch wer wird letztlich von den Geschäften profitieren? Welche Auswirkungen sind mit den baulichen Maßnahmen noch verbunden? Und was geschieht nach der WM 2014 und Olympia 2016?

Auswirkung und Folgen

Wirft man einen Blick auf die bisherigen Maßnahmen im Zuge der Vorbereitung auf die beiden Sportereignisse, wird die Frage nach den tatsächlichen »Gewinnern« der Veranstaltungen lauter. Sind es wieder nur diejenigen, denen es ohnehin gut geht,

CatComm (Catalytic Communities) ist eine gemeinnützige Organisation mit Sitz in Rio, deren Ziel die Integration einkommensschwächerer Gesellschaftsschichten ist, und zwar mittels Kommunikation und Vernetzung.

größere Unternehmen und Investoren sowie die gehobene Mittel- und die wohlhabende Oberschicht? Und zwar zulasten derer, die immer die Verlierer sind, oder zumindest die Benachteiligten im Kampf ums tägliche Überleben, die Bewohner der imagegeschädigten Favelas und des vernachlässigten und abgeschriebenen Landesinneren?

Die Regierung Brasiliens ist sich der Außenwirkung ihrer innerstädtischen Gewaltzustände durchaus bewusst und zeigt sich bemüht, das Problem der Kriminalität in den Griff zu bekommen. Nicht minder bewusst ist sich die Regierung der dabei herrschenden Medienpräsenz: Unter dem Namen »Operation Olympische Reinigung« zieht die Militärpolizei in Hundertschaften in die Favelas Rio de Janeiros ein, um dort für »Ordnung« zu sorgen. Panzer fahren vor, die nicht einmal hochkant in die schmalen Gassen einer Favela passen würden, doch das spielt keine Rolle, denn es geht darum, ein Zeichen zu setzen, und das lautet: Es herrscht Krieg.

Der Einzug in die von Drogenkartellen beherrschten Gebiete und ihre Besetzung wird von Regierung und Polizei als »Rückeroberung« von Staatsgebiet und als Akt der »Befriedung« gefeiert. Es wäre sicher falsch, nicht anzuerkennen, dass durch den Einsatz der Militärpolizei in diesen Gebieten auch eine Vielzahl krimineller Geschäfte gestoppt werden konnten. Und dennoch liegt hinter diesem vermeintlichen Erfolg noch eine andere Wahrheit.

Denn was ist aus den Gangstern geworden, die ganze Favelas mit Zehntausenden von Bewohnern – nicht nur im Hinblick aufs Drogengeschäft – unter ihrer Kontrolle hatten? Einige sind bei den Kämpfen ums Leben gekommen, andere wurden gefangen genommen und sitzen in Gefängnissen, verteilt im ganzen Land, doch ein Großteil von ihnen konnte fliehen und hat sich neu organisiert. Erweist sich der triumphale Sieg also als Trugschluss? Davon muss man fast ausgehen, zumal die eigentlichen Probleme bei Weitem nicht gelöst wurden. Sie haben sich lediglich verlagert – räumlich und zeitlich. Kurzfristig mag der Drogenhandel geschwächt worden sein, doch die Probleme, die für viele Brasilianer oft zum Einstieg in das Geschäft führen, soziale Missstände und Armut, werden bei derartigen Operationen nicht gelöst. Es ist ein medienwirksames Vorgehen, doch kein nachhaltiges.

Manchmal scheint es nicht einmal im Interesse der Regierung zu liegen, grundlegend etwas an diesen Missständen ändern zu wollen. Die Nichtregierungsorganisation *Justiça Global* vermutet gar die Absicht der Regierung, die Armut zu kriminalisieren. Die Bevölkerung solle die Bewohner einer Favela mit Kriminalität verbinden und jeden Toten im Armenviertel als positives Resultat ansehen. So werde gleichzeitig die Effizienz der Polizei bestätigt.

Ebenso oberflächlich bedacht scheinen die ersten baulichen Maßnahmen zur Vorbereitung auf die Olympischen Spiele vor sich zu gehen. Ganze Favelas, durch ihr kriminelles Image bei der Regierung ohnehin unerwünscht, sollen sogar komplett abgerissen werden. So soll beispielsweise die *Vila Autódromo*, eine Favela im Südwesten Rios, die zu den besonders friedlichen autonomen Gemeinden gehört und das Zuhause von rund 1.200 Familien ist, einem olympischen Dorf weichen. Ein 40 Jahre altes gewachsenes ehemaliges Fischerdorf wird gegen eine Sportlerunterkunft ausgetauscht, die gerade mal eine Nutzungsdauer von wenigen Wochen hat!

Die Favela *Asa Branca*, die von CatComm als Vorzeigeprojekt für ihre Gemeinschaftsstrukturen und -aktivitäten bezeichnet wird, fürchtet ebenfalls um ihr Fortbestehen. Das Leben in dieser Gemeinde gestaltet sich friedlich und innovativ: Der Eigeninitiative der Bewohner sind zahlreiche Verbesserungen ihrer Lebensumstände zu verdanken. Sie haben sich eine eigene Kanalisation sowie einen Flutschutz für gefährdete Häuser gebaut. Auch auf kultureller

Rio de Paz ist eine brasilianische NGO mit dem Ziel, den Stimmlosen eine Stimme zu geben und die Unsichtbaren sichtbar zu machen.

Rechts: Manifestation an der Copacabana in Rio de Janeiro im Jahr 2009. In Anlehnung an das Emblem der Olympischen Spiele wird hier auf die hohe Mordrate im Bundesstaat Rio de Janeiro aufmerksam gemacht. Die Aufklärungsrate ist verschwindend gering – sie liegt bei unter einem Prozent.

Ebene haben sie etwas bewegt, Kunst-, Musik- und Theaterprogramme geschaffen, die den oft perspektivlosen Kindern und Jugendlichen einen neuen Horizont aufzeigen. Nun soll eine Autobahn genau durch dieses Gebiet geführt werden. Und die Betroffenen fragen sich zu Recht, warum die Stadt die Gelder des olympischen Förderfonds nicht für die Verbesserung und den Ausbau solch beispielhafter Gemeinden nutzt, anstatt sie dem Erdboden gleichzumachen. Etwa weil hier nicht mit »kriegerischem« Widerstand von Drogenbossen zu rechnen ist, und die Räumkommandos leichtes Spiel haben?

Die beiden Großereignisse und die damit verbundenen Maßnahmen sind für Brasilien eine Chance, sogar eine riesige. Sie könnten für viele Menschen sogar ein Segen sein, wenn sich die Verantwortlichen ihrer Verantwortung bewusst wären und sich entsprechend verhalten würden; wenn der Korruption in Politik, Justiz und Polizei endlich Einhalt geboten würde; und wenn sich das gebückte, gedemütigte brasilianische Volk endlich mit Mut und Stolz erheben würde, um für seine Rechte einzustehen. Dann könnte es auch eine gelungene Fußballweltmeisterschaft 2014, viel versprechende Olympische Spiele 2016 und ein besseres Brasilien 2018 geben. *Vai Brasil, levanta-te e aprende de andar!* (»Komm Brasilien, steh auf und lerne zu laufen!«) ◇

Karneval in Rio de Janeiro

Als Obdachloser zur Bedeutungslosigkeit bestimmt

Es ist Mitte Februar, die Nachricht geht durch die Weltpresse: »In Rio de Janeiro sind drei Sambaschulen abgebrannt.« Ob der Karneval in Rio dieses Jahr so schön, so farbenfroh, so fröhlich und ausgelassen gefeiert werden kann wie all die Jahre zuvor, steht unmittelbar vor dem Riesenereignis in den Sternen. Die Verantwortlichen sind besorgt, die Sponsoren sind wütend, die Tänzerinnen und Tänzer erschüttert – für alle geht es um »ihren« Karneval.

Donnerstag, 24. Februar 2011 – eineinhalb Wochen vor Karneval:

40 km entfernt vom Zentrum von Rio de Janeiro, in der Vorstadt Nova Iguaçu, gibt es einen von vielen Obdachlosen, der ebenfalls besorgt ist. Nicht besorgt um den Samba in Rio, nicht besorgt um Geld, besorgt um sein Leben. Luiz ist schwer leberkrank. So schwer krank, dass wir ihn beim Gesundheitsposten nicht behandeln können.

Mit letzter Kraft erreicht er die Gesundheitsstation. Seine Augen sind gelblich gefärbt, der riesige »Wasserbauch« scheint ihm die Luft abzuschnüren. Er atmet schwer und schnell, braucht sofort Hilfe. Hilfe, die wir nicht leisten können; Luiz muss in ein Krankenhaus.

Wir bringen ihn mit dem kleinen Bus der AVICRES hin. Rozane, eine Mitarbeiterin des Obdachlosenheims, und ich fahren mit. Als wir gegen 13.00 Uhr beim Krankenhaus ankommen, versucht man uns abzuwimmeln. Es sei kein Arzt mehr da, der den Patienten aufnehmen könne, und es sei verboten, Obdachlose in diese Klinik zu bringen. Wir bleiben hartnäckig, lassen uns nicht abschütteln.

Ohne dass jemand Luiz auch nur gesehen hat, fragt man uns »Stinkt der? Ist er rasiert? Hat er Kleidung am Körper?« – Wir sehen dem Personal der Klinik förmlich an, wie ihm der Ekel ins Gesicht steigt bei der Vorstellung, dass ein Obdachloser auf der Station liegen soll. »Die Station wird über Karneval schließen, was will er also hier?«, heißt es weiter. Dass Luiz sofort auf ärztliche Hilfe angewiesen ist, beachtet man nicht und unser Bemühen um einen Arzt ignoriert man gänzlich.

Schließlich dauert es über eineinhalb Stunden, bis die Ärztin kommt. (Und sie kam nur – das glaube ich jedenfalls –, weil wir zu ihrem Büro gingen und Druck machten.) Sie beginnt, den Papierkram für die Aufnahme zu erledigen, sagt uns, Luiz würde in der kommenden Woche wahrscheinlich wieder entlassen werden, da Karneval sei und die Station schließen werde.

Ich traue meinen Ohren nicht. – Weil Karneval ist, darf kein Mensch mehr krank sein? Menschen, die sterbenskrank sind, werden vor die Tür gesetzt und sollen auf der Straße verrecken, damit das Krankenhauspersonal ungestört Karneval feiern kann? Das wollen und können wir nicht glauben und so bitten wir darum, uns anzurufen und uns darüber zu informieren, was auch immer mit Luiz geschehen würde.

Man verspricht uns, dies zu tun, und so verabschieden wir uns.

Freitag, 12. März 2011 – drei Tage nach Karneval:

Ich sitze in der Gesundheitsstation der AVICRES. Die Arbeit hat mich wieder einmal eingeholt, und ich schreibe in der Mittagspause einen Brief. Karneval ist gut verlaufen, alle Sambaschulen haben wie durch ein Wunder an der Parade teilnehmen können. In der *cidade maravilhosa*, der »*wunder*vollen Stadt«, ist es zu Karneval auch mal möglich, dass Wunder geschehen.

Da klingelt das Telefon. Die Leiterin des Obdachlosenheims ist am anderen Ende der Leitung und erklärt uns, dass Luiz bei ihr aufgekreuzt sei. Er sei am Freitag vor Karneval (4. März 2011) entlassen/rausgeworfen worden und man habe ihm gesagt, er könne am Montag nach Karneval (14. März 2011) zurückkommen (wenn er dann noch lebe).

Wir sind entsetzt. Niemand hat beim Gesundheitsposten angerufen und uns wie versprochen darüber in Kenntnis gesetzt, dass oder wann man Luiz entlassen würde. Er wurde tatsächlich in seinem Zustand zurück auf die Straße gesetzt.

Nachdem wir die Nachricht, mehr oder weniger, verdaut hatten, organisierten wir für Montag den kleinen Bus der AVICRES, um mit Luiz zurück zum Krankenhaus zu fahren.

Montag, 14. März 2011 – 7 Tage nach Karneval:

Der Bus kommt um 9.30 Uhr morgens zum Obdachlosenheim, um Luiz, Rozane und mich dort abzuholen. Luiz befindet sich in einem derartig schlechten Zustand, dass er es alleine nicht schafft einzusteigen. Erst mit der Hilfe vom Fahrer und mir gelingt es, ihn auf die Rückbank zu setzen. Er sieht dermaßen schlecht aus, dass ich vermute, er werde diese Fahrt nicht überleben. Ich irre mich.

Wir kommen beim Krankenhaus an. Der Eingang liegt etwas angehoben, es gibt aber weder Aufzug noch Rampe für einen Rollstuhl. Also muss sich Luiz die sechs Treppenstufen hochquälen, ehe ich loslaufe, um einen Rollstuhl zu holen. Eine Notaufnahme gibt es in der Klinik nicht, also gehe ich auf eine Station. Dort begrüßen mich die Schwestern mit einem freundlichen Lächeln und fragen höflich, wie es mir gehe. Als ich aber nach dem Rollstuhl frage, versteinern sich ihre Gesichter. »Bringst du schon wieder ›einen‹ her? Da hinten steht ein Rollstuhl, nimm ihn dir dort weg, aber bring ihn zurück!«, sagt man mir und wendet mir den Rücken zu. Ich habe keine Lust, mich zu ärgern oder mit diesen Schwestern zu diskutieren – Luiz würde ja doch nicht auf dieser Station unterkommen, da es die Station »Innere Medizin für Frauen« ist.

Gegen Viertel nach Elf kommen wir schließlich auf die Station, auf der Luiz unterkommen soll. Ich gehe voraus, Rozane schiebt Luiz im Rollstuhl, mit etwas Abstand, hinter mir her. Die Schwestern sehen mich, sie lächeln mich an, winken mir freundlich zu. Doch dann erkennen sie Luiz und werden plötzlich wütend. Die Oberschwester kommt aus ihrem Büro gestürmt und faucht mich an: »Was soll das?! Was willst du mit dem hier?!« In ruhigem und bedachtem Ton antworte ich ihr, man habe Luiz vor

»Sie beginnt, den Papierkram für die Aufnahme zu erledigen, sagt uns, Luiz würde in der kommenden Woche wahrscheinlich wieder entlassen werden, da Karneval sei und die Station schließen werde.«

Karneval entlassen und ihm gesagt, er solle heute zur Neuaufnahme wiederkommen.

»Aber doch nicht um diese Uhrzeit! Das ist unmöglich! Was fällt dir überhaupt ein?! Es ist kein Arzt mehr da«, giftet sie mich an.

Ich bleibe ziemlich ruhig – vielleicht auch, weil ich sie und ihre Reaktion nicht ernst nehmen kann – blicke aber ein wenig verdutzt auf die Uhr. Es ist 11.15 Uhr am Morgen – und kein Arzt ist mehr hier?

Nachdem ich ihr erkläre, dass wir eine schlechte Fahrt hatten, marschiert sie tobend auf den Flur, dreht sich zu Rozane um und sagt in erstaunlich ruhigem Ton: »Ich gucke, ob ich die Ärztin für die Aufnahme finde.« Dann blickt sie mich an und befiehlt, fast schreiend: »Du kommst mit mir!«

Jetzt ändert sich auch meine Stimmung. Was ich zuvor noch belächelt habe, beginne ich nicht mehr witzig sondern unverschämt zu finden. Ihre Ausdrucksweise ist respektlos. Auf dem Weg will sie wissen, welche Ärztin Luiz angeboten habe, wiederzukommen und wo überhaupt seine Verwandten seien, schließlich hätten auch Obdachlose Verwandte. Sie stellt eine Frage nach der anderen, natürlich kann ich sie nicht beantworten – dafür kenne ich Luiz zu wenig. In Wirklichkeit will sie aber auch keine Antworten haben, ihre Fragen sind schlichtweg schikanierend und demütigend. Sie will mir nur zeigen, wie unerwünscht Luiz in der Klinik ist.

»Die Ärzte seien in einer Besprechung, doch die Stationsärztin werde danach auf die Station kommen.« Wir gehen zurück.

Auf dem Flur vor der Station sitzt eine andere Krankenschwester, die Schwester, die mir bei Luiz' erster Aufnahme (am 24. Februar) gesagt hatte, es sei verboten, Obdachlose herzubringen. Auch sie beginnt, auf mich einzuschimpfen: »Das letzte Mal, als Luiz hier war, hat er sich wie ein Schwein benommen! Hat Essen auf den Boden geworfen und ICH musste es wegmachen! In diesem Haus gibt es Regeln und WENN er wirklich hierbleibt, dann hat er sich an diese Regeln zu halten! Das kannst du ihm ruhig sagen! Er ist nicht der erste Obdachlose hier … aber er ist der widerlichste von allen!«

Das ist kein guter Zeitpunkt, mir diese Dinge an den Kopf zu werfen, da auch ich inzwischen innerlich koche. Es ist aber auch nicht der schlechteste Zeitpunkt, denn wenigstens Luiz hat all das nicht mitbekommen. Ich kann mich zusammenreißen, sage nichts, gucke sie teilnahmslos an und verfolge von nun an nur noch das Ziel, Luiz irgendwie ärztliche Versorgung zukommen zu lassen. Alles andere ist unwichtig – sollen sie sich aufregen, wie sie wollen.

Wir gehen zurück auf die Station. Die andere Krankenschwester hat sich inzwischen etwas beruhigt und erklärt Rozane den Ablauf des stationären Aufenthaltes. Dabei teilt sie uns mit, dass Luiz heute kein Mittagessen mehr bekommen würde. – Warum? – Natürlich, es ist zu spät, oder ist es doch nur das unbedingte Verlangen der Schwester, ihre Macht auszuspielen?!

Später fragt sie, ob sie bei der Entlassung anrufen solle, damit wir die Fahrt organisieren könnten. Jetzt schalte ich mich mit der Bitte, dies unbedingt zu tun, noch einmal in das Gespräch ein. »Dich anzurufen ist das Gleiche, wie niemanden anzurufen!«, ist ihre Antwort. Ich weiß nicht warum, aber ich bleibe tatsächlich auch jetzt noch ruhig, antworte scheinbar unbeeindruckt: »Mich musst du auch nicht anrufen. Ich habe ebenfalls kein Interesse daran, mit dir zu sprechen – aber ruf beim Gesundheitsposten an!« Dann wende ich mich ab. Ich will nicht länger in der Nähe dieser *kranken Schwester* sein, beschließe also den Rollstuhl zurück auf die andere Station zu bringen. In meiner Abwesenheit kommt die Stationsärztin zu Rozane und Luiz. Rozane sagt mir später, dass auch sie uns wieder nach Hause schicken wollte, doch Rozane bleibt hartnäckig und besteht darauf, dass Luiz bleiben kann. Sie setzt sich durch und Luiz wird aufgenommen. Also beschließen wir, ihm ein Mittagessen kaufen zu gehen. Kurze Zeit später kommen wir zurück, servieren ihm das Essen, unterhalten uns noch kurz mit ihm und verabschieden uns dann. Auf dem Flur kommt uns die Küchendame mit den Mittagessen für die anderen Patienten entgegen. – Wir blicken uns an, schütteln den Kopf und fahren nach Hause.

Heute, einen Tag danach, frage ich mich, ob es Luiz dadurch besser gehen wird, dass er im Krankenhaus liegt. Ein sterbenskranker Mensch mit einer wirklich guten Seele, befindet sich an einem Ort, an dem er umgeben ist von Personen, die ihn nicht wollen, die ihn beschimpfen und zutiefst demütigen. Menschen, die einen sozialen Beruf ergriffen haben und sich für den Dienst am Menschen oder besser: für einen Dienst *für* den Menschen entschieden haben, verhalten sich so abscheulich!

Mir läuft es eiskalt den Rücken runter, wenn ich daran denke, dass dieses Verhalten die Normalität in brasilianischen Krankenhäusern ist! Fragen, auf die ich keine Antwort finden kann, schießen mir in den Kopf und werfen Zweifel in mir auf.

In dem aufstrebenden Wirtschaftsland Brasilien, welches in der Weltöffentlichkeit täglich mehr verherrlicht wird, wo finden die Armen in diesem Land einen Platz zum Schlafen?

Würde es Luiz nicht auf der Straße, unter der Brücke und in Einsamkeit, aber dafür ohne zusätzliche Demütigungen besser gehen?

Ist die brasilianische AVICRES, mit ihrer »Option *für* die Armen«, diesem Armen gerecht geworden? War unser Handeln eine »Option für den Armen«? – Alle Verantwortlichen der AVICRES, die von dieser Demütigung erfahren haben, sind sich einig: Nein, wenn man sich damit zufrieden gibt, dass Luiz nun im Krankenhaus liegt und die »Mission« damit beendet sieht, dann ist man dieser Philosophie nicht gerecht geworden!

Deshalb wird nun die Sozialarbeiterin eingeschaltet, man wird Luiz täglich besuchen und die Krankenhausleitung wird über dieses Verhalten der Mitarbeiter informiert. Das Krankenhauspersonal soll wissen, dass dieser Obdachlose nicht irgendjemand ist – er ist uns wichtig! Und das wird man deutlich machen! – und auch Luiz soll wissen, dass er auf die Unterstützung des Obdachlosenheims *(Casa da Solidariedade)* und der AVICRES vertrauen kann!

Das ist die Solidarität und Aufmerksamkeit, die wir den anderen schulden – und so wird die AVICRES alles dafür tun, dieser Solidarität zu den Armen gerecht zu werden.

Auch in diesem Jahr hat man in Rio alles dafür getan, dass der Karneval wieder einmal der »schönste Karneval« der Welt wird – mit Erfolg. Die Stadt, im Fokus der Weltöffentlichkeit, wird bestaunt und bewundert. Doch während in diesem Augenblick Hunderttausende fröhlich feiern, liegt, 40 km von den Festen entfernt, ein sterbenskranker Mensch auf der Straße. Wieder einmal wird deutlich, dass in der heutigen Welt die Ärmsten zur Bedeutungslosigkeit verurteilt sind. – Das ist der wirkliche Karneval von Rio de Janeiro! ◇

Begegnung

KLEIN DENKEN, DEN KREISLAUF DURCHBRECHEN

Zeit zum Umdenken – ein alternatives Reiseprojekt

NIEMALS BIN ICH ARM,
NIEMALS BIN ICH KRANK,
NIEMALS BIN ICH ALT,
NIEMALS STERBE ICH.
WER GUT IST,
STIRBT NIEMALS.
UND WER SCHLECHT IST,
IST IMMER TOT,
IM GEISTE TOT.

(Übersetzung → Foto, S. 201)

Dringliche Probleme

Die Auswirkungen von gesellschaftlichen und ökologischen Krisenentwicklungen sind auf der ganzen Welt sichtbar: Armut in der sogenannten Dritten Welt, die Zerstörung der natürlichen Umwelt, ökonomische Ungerechtigkeit.

Diese Probleme sind so vielschichtig determiniert, dass sie als kaum zu bearbeiten gelten. Zu viele unterschiedliche Faktoren spielen eine Rolle, als dass man sie alle beachten könnte.

Gleichzeitig haben die großen Gesellschaftsutopien als Orientierung ausgedient. Der Kommunismus offenbarte seine Schwächen und seine Unmenschlichkeit nach dem Fall des Eisernen Vorhangs. Die Rede von den Segnungen des freien Marktes, der Wohlstand für alle bringen sollte, hat spätestens nach dem Zusammenbruch der internationalen Kreditmärkte und den damit verbundenen Ungerechtigkeiten völlig an Glaubwürdigkeit eingebüßt.

Als eine Ursache der weltweiten sozialen, ökologischen und ökonomischen Probleme lässt sich eine Handlungsweise beschreiben, die nicht der Maxime von Nachhaltigkeit folgt. »Nachhaltigkeit« meint hier die Entwicklung sozialer Gerechtigkeit, die Schonung der natürlichen Lebensgrundlagen und auch die Sicherung der ökonomischen Grundlagen der Gesellschaft sowie insgesamt eine Sicherung der Bedürfnisbefriedigung der heutigen und folgenden Generationen im eigenen Lande und weltweit.

Es gibt einen breiten gesellschaftlichen Konsens darüber, dass ökonomische, soziale, technische, … Handlungsweisen dem Prinzip der Nachhaltigkeit folgen müssen und dass ein Verhalten, das soziale Benachteiligungen und ökologische Schäden hervorbringt, abzulehnen ist.

Trotz dieser Überzeugung sind nachhaltige Orientierungen eher selten Grundlage des wirtschaftlichen und politischen Handelns. Oft wird das mit Sachzwängen begründet, die etwa so klingen: Wenn der Konkurrent nicht auf gerechte Löhne achtet, kann auch ich keine gerechten Löhne zahlen, auch wenn ich überzeugt bin, dass Lohndumping langfristig in eine Sackgasse führt. Wenn die anderen nicht darauf achten, ökologisch vertretbare Ware einzukaufen, kann auch ich mir sie nicht leisten …

Nachhaltige Lösung

Es stellt sich die Frage, wie dieser Teufelskreis durchbrochen werden kann. Ein mögliche Lösung klingt banal und ist gleichzeitig schwierig: Es geht darum, kleine Zirkel von Menschen zu bilden, die sich anders verhalten und den Kreislauf durchbrechen. Wenn diese als Multiplikatoren wirken, könnte sich langsam eine neue soziale und damit auch ökonomische und ökologische Welt entwickeln. Doch wie soll das gelingen? Viele teilen zwar die Sicht auf die anstehenden Probleme, ihre tatsächlichen Handlungsweisen ändern sich jedoch durch dieses Bewusstsein allein noch nicht.

»Du kannst die Welt nur nach dem verstehen, was du erlebst.« Und ergänzen kann man diesen Satz von Antoine de Saint-Exupéry damit, dass man nur nach dem handeln kann, was man wirklich verstanden hat. Nur wenn ich weiß, wie meine Handlungen wirken, werde ich auf ihre Wirkung achten. Allerdings leben wir in einer so komplexen Zeit, in der die Wirkungen unseres Handelns nicht unmittelbar sichtbar, also auch nicht erlebbar sind.

Idee des Projektes

Durch das »Reiseprojekt Baixada« soll einerseits die Arbeit der brasilianischen AVICRES unterstützt werden, andererseits dient es der Bewusstseinsbildung von Menschen aus Deutschland, die ihre Erfahrungen nach der Fahrt mit anderen teilen.

Genau hier setzt das Konzept des »Reiseprojekts Baixada« an. Das Zusammenspiel der Probleme in der sogenannten Dritten Welt mit unserem Leben und mit unserer Kultur soll erlebbar werden.

Nicht durch große Gesellschaftsutopien, sondern durch Haltungen und Handlungen einzelner Menschen kann man etwas ändern. ◇

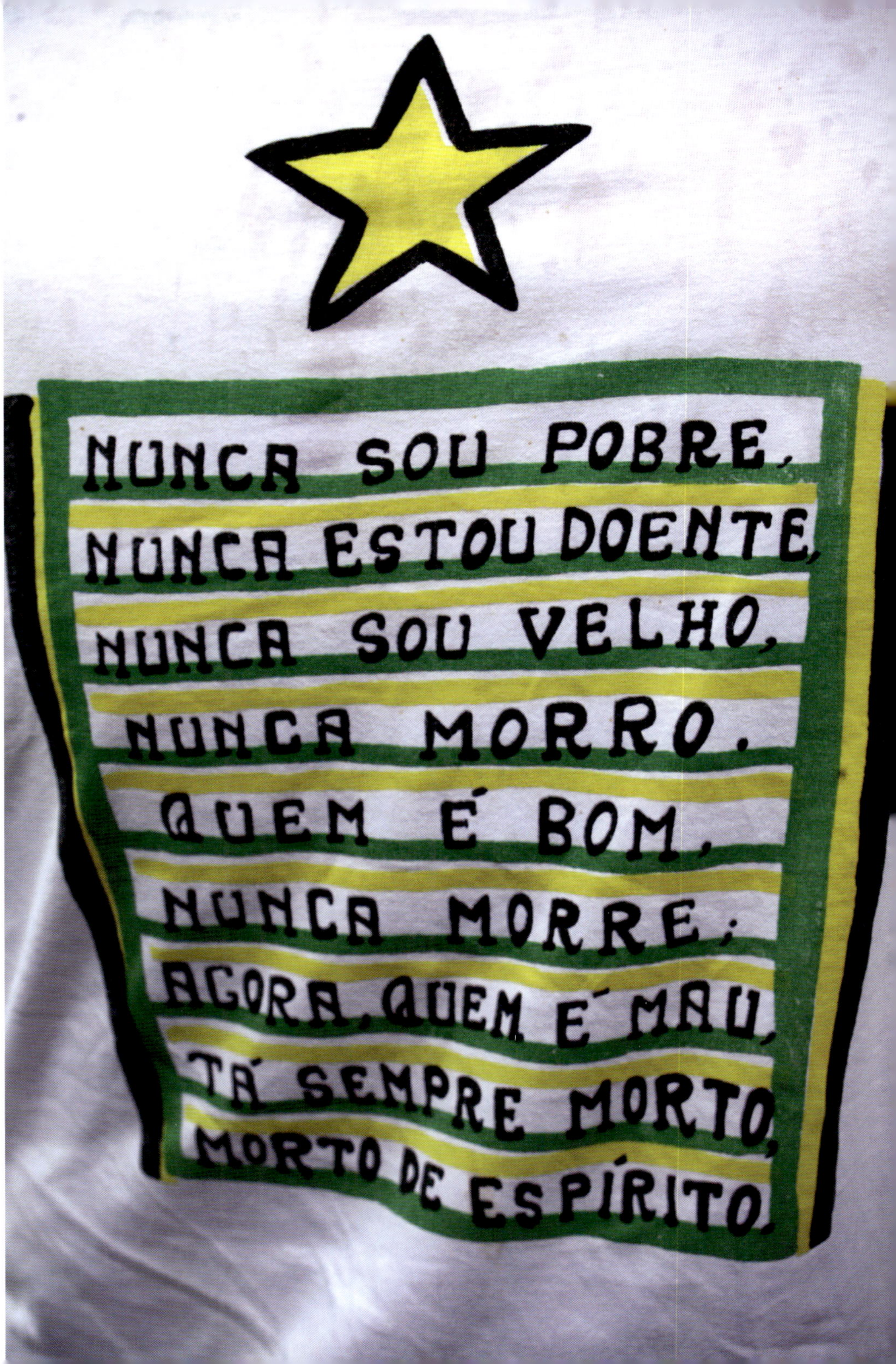

Begegnung zweier Welten

Eine Reise in die Baixada Fluminense, Rio de Janeiro, Brasilien

Das Foto stammt von einem Flyer, der für Favela-Tourismus in Rio wirbt. Außer einer geführten Tour durch die wohl bekannteste Favela Rocinha, in der man an ausgewählten Orten auch Fotos machen darf, bieten die Veranstalter noch zwei weitere Highlights: ein Fußballspiel im berühmten Maracana-Stadion sowie eine Favela-Party. Na, wenn das nicht für Nervenkitzel sorgt!

Vier Wochen wollten wir als kleine Gruppe in der Baixada Fluminense verbringen, um in dieser Zeit gerade den armen, an den Rand gestoßenen Menschen zu begegnen. Um ein Stück von ihrem Leben zu verstehen, es zu begreifen und im Herzen mitzunehmen, zurück in die Heimat. Wir wollten ein Brasilien ohne Fassaden kennenlernen, ein ungeschminktes Brasilien. Nicht nur die schönen Seiten der Schaufensterstadt Rio de Janeiro wollten wir erleben, sondern einen Blick hinter die Kulissen wagen – unser Ziel war nicht der Zuckerhut, die Copacabana oder die berühmte Christusstatue auf dem Corcovado – unser Ziel war Nova Iguaçu, eine Zwei-Millionen-Stadt in der Baixada Fluminense.

Und damit wurde diese Reise schon etwas anderes als nur ein Urlaub, als nur eine Reise nach Brasilien oder nach Rio, sie war in ihrem Grundgedanken eine Bildungsreise – besser vielleicht noch: eine Begegnungsreise.

Viele Menschen aus der sogenannten Ersten Welt reisen in die sogenannte Dritte Welt, um ihre Schönheiten zu erleben. Die Herzlichkeit und Wärme der Menschen dort zu erfahren, ist etwas Besonderes. Die wunderschönen Strände, die wir hier finden, vermitteln bei einer Caipirinha oder einem frisch gepressten Saft ein Stück Freiheit, Sorglosigkeit und Glück. In Rio de Janeiro vom Christo herab auf die *Cidade maravilhosa* (»wunderbare Stadt«) zu schauen, sie von oben zu überblicken, die Sicht dieses Christus einzunehmen, der seine Arme öffnet und sich Rio zuwendet – für viele ist es ein Traum, einmal hier zu stehen, um die Stadt in ihrer ganzen Schönheit zu bewundern.

Und auf der anderen Seite des Christo? In seinem Rücken zieht sich ein scheinbar endlos langer Elendsgürtel ins Land hinein. Favelas ragen an den Bergen hoch, die dem Meer nahezu entspringen, und verleihen der Stadt einen bitteren Beigeschmack. Aber wer weiß nicht, dass zu Brasiliens Gesamtbild auch Straßenkinder und Elendsviertel gehören? Kennzeichnen die Favelas Rio nicht ebenso wie der Zuckerhut und die Copacabana? Viele Touristen wissen davon und viele wollen davor die Augen auch nicht verschließen. Sie wollen die Armut sehen und sie vielleicht auch ein wenig begreifen.

Seit einigen Jahren werden von verschiedenen Reisebüros die sogenannten »Favela-Touren« angeboten. Selbst haben wir nie an einer dieser Führungen teilgenommen. Unser Wissen darüber basiert lediglich auf Erzählungen von Menschen, die daran teilgenommen haben, und auf Literatur, die es darüber gibt. Beim Anblick eines Flyers (s. Spalten), der für eine Favela-Führung warb, kam dennoch die unweigerliche Assoziation vom Zoo-Effekt und damit Wut auf. Straßenkinder und die arme Bevölkerung Brasiliens wie auf einer Safari aus dem Bus zu betrachten, sie beglotzen – vielleicht mit Mitleid, vielleicht mit Bewunderung, vielleicht mit Entsetzen? In einem etwas ungefährlicheren Teil dieses »Dschungels« kann man sogar den Bus verlassen und die Armut noch ein Stück näher erleben. Fotos? Nein, die sind nicht erlaubt, nicht von einzelnen Menschen, Häusern oder gar von Zivilpersonen, die dem Drogengeschäft angehören und mit Maschinengewehren durch die Straßen ziehen. Nur von bestimmten Punkten aus ein Gesamtbild zu knipsen, und nur, wenn der Guide dabei ist, das ist okay. Würde das Ganze sonst nicht auch seinen Reiz verlieren? Stellen wir uns vor, wir wären an einem, wie es immer heißt, »gefährlichen Ort«, und wir könnten unbesorgt von allem und jedem ein Foto schießen. Wo wäre das Abenteuer? Wie könnte man einen Ort, der an Hässlichkeit und Gewalt kaum zu übertreffen ist, für einen Touristen interessant gestalten, wenn sich dieser dort doch genauso verhalten dürfte, wie an jedem »normalen« Ort auch? Was also treibt die Menschen aus der Ferne in die Favelas, wenn nicht die Lust auf Abenteuer, Sensation und Nervenkitzel? Was, wenn nicht der Reiz, am »Ort des Geschehens« zu sein, Armut und Gefahr unmittelbar zu begegnen und zu begreifen? Aber muss man wirklich alles sehen, um es zu begreifen? Und wenn man es wirklich begreifen will, kann man dann davon ausgehen, dass dies auf einer Tour durch die Favela innerhalb von drei (!) Stunden gelingt?

Etwa 3500 Touristen im Monat werden von zahlreichen Guides der insgesamt sieben darauf spezialisierten Agenturen durch die Favela Rocinha geführt, so ist auf der Internetseite der größten und wohl berühmtesten Favela Südamerikas zu lesen. Offiziell heißt es, die Einnahmen aus den geführten Touren kämen den *Favelados*, also den Bewohnern der Favelas, zugute. In Wirklichkeit fließt der Großteil der Gelder jedoch in die Taschen der Drogenbosse, die sich noch persönlich an der Armut anderer bereichern. Damit verformt sich das Bild der vermeintlich harmlosen oder gar guten Tat, Interesse an den Armen zu zeigen, zu einer perversen Form von Zuhälterei, an der man sich als Favela-Tourist beteiligt. Darüber sollte es keine Täuschung geben!

Viele Favela-Bewohner stehen der Anwesenheit der Touristen dennoch positiv gegenüber. Der Grund dafür liegt kaum im ohnehin nur sehr geringen finanziellen Profit der Veranstaltungen. Vielmehr sind sie daran interessiert, ein anderes Bild ihres Wohnviertels zu erzeugen, ein positives Bild, um zu zeigen, dass Favela mehr bedeutet als Waffen und Drogenhandel, wie meist von den Medien dargestellt.

Tour in Favela
weekdays 10am & 2pm - weekends 12pm
Includes: Transfer + Guide
Duration: 3hrs
Feel what the life in the favela is like. Take a ride to the top of Rocinha Favela and descent on foot. Get a unique insight in the vibrant spirit of the people, especially the kids.

Football Game
check the schedule
Includes: Transfer + Ticket + Guide
Duration: 5hrs
Experience the passion of a local football derby at Maracanã Stadium.

Favela Party
every sunday night 10pm
Includes: Transfer + Entrance + Vip Area
Duration: 5hrs
Can you imagine shaking and grooving to the local popular funk rhythms? We take you there!

Unter diesen Gesichtspunkten scheint die Beurteilung dieser Touren ebenso kontrovers und schwierig wie die der Motivation ihrer Teilnehmer. Voyeurismus? Neugier? Abenteuerlust? Oder doch ehrlich gemeinte Anteilnahme? Wer die sozialen Probleme ignoriert und nichts von Armut und Elend einer Stadt erfahren möchte, verhält sich unmoralisch. Wer sich ihnen öffnet, nicht wegschaut, sondern geradezu hinsieht, handelt ebenso moralisch verwerflich? Wie also verhält man sich richtig?

Dr. Simone Rappel, Diplomtheologin und interkulturelle Trainerin, die sich seit vielen Jahren beruflich mit diesen Fragen beschäftigt, spricht in diesem Zusammenhang von »interkultureller Kompetenz« und erklärt sie folgendermaßen: »Die Offenheit für und das Interesse am Anderen setzen die Offenheit für und das Interesse an sich selbst voraus. Am Leben auch der Anderen teilzunehmen bedeutet, bereit zu sein, sie am eigenen Leben teilhaben zu lassen. Partizipation definiert sich durch Geben und Nehmen. […] Teilnahme am Leben der Anderen gelingt nur in Partnerschaftlichkeit, die sich durch eine dialogische Haltung der Anerkennung, Achtung und gegenseitigen Wertschätzung auszeichnet. Die ›gleiche Augenhöhe‹ ist entscheidend …«[1]

Auch wir selbst müssen uns fragen, warum wir in die Elendsgebiete Rio de Janeiros und seiner Umgebung reisen. Wir wollen schließlich ja auch die Armut erleben, um sie ein Stück weit zu begreifen. Im Zuge unserer Reisevorbereitungen war es uns darum wichtig, uns genau mit diesem Thema auseinanderzusetzen. Die Frage nach der Motivation stand im Vordergrund und damit die Reflexion der eigenen Person und Haltung. Eine Begegnung auf Augenhöhe war das Ziel, das jeder Einzelne von uns in dieser Zeit zu erreichen versuchte – sich selbst zu öffnen, um offen für andere zu sein.

Es ist davon auszugehen, dass diese Art der Begegnung während einer dreistündigen Favela-Tour nicht gelingen kann. Auch kann Armut beim Durchqueren eines Elendsgebiets mit obligatorischen Zwischenstopps bei einem Sozialprojekt und einem Aussichtspunkt kaum begriffen werden. Eine Annäherung der beiden Welten, der Ersten und der Dritten Welt, wird auf diesem Wege nicht erreicht, eher vergrößert sich dabei die bestehende Kluft noch weiter. ◇

1 Rappel: Simone: Weltkirchliche Lern- und Begegnungsreisen. In: missio konkret 2/2008.

Don't call us – we call you!

Auf dem Weg zu einer egalitären Tischgemeinschaft

»Rassismus hat viele Gesichter und ist in historische und gesellschaftliche Kontexte eingebunden. Doch allen Formen liegen Gemeinsamkeiten zugrunde – und es ist wichtig, diese zu kennen, um gegen die jeweiligen Ausprägungen des Rassismus eintreten zu können.

Rassismus ist kein rein individuelles Phänomen, sondern schlägt sich auch in Institutionen nieder. Dieser institutionelle Rassismus begrenzt die Partizipationsmöglichkeit für People of Color. Dies fängt bereits in der Schule an.«

Aus der Broschüre »Wer andern einen Brunnen gräbt ...« von BER

»Don't call us – we call you!« charakterisiert das Fazit um die Frage, inwiefern die postkolonialistische Entwicklungshilfe auf überkommenen Vorstellungen von Kultur und rassistischen Konzepten beruht und welche Veränderungen notwendig sind, um eine möglichst egalitäre Zusammenarbeit zwischen Helfenden und Hilfeempfängern zu ermöglichen.

Folgende Fragen stellen sich: Wieso gibt es Entwicklungshilfe »dort« angesichts der Probleme »hier«? Welche Motivation liegt der heutigen Entwicklungshilfe zugrunde? Wem soll mit welchen Mitteln und mit welcher Zielrichtung geholfen werden? Wie ist Entwicklung zu verstehen, wie ist sie messbar, wie wird sie politisch kategorisiert? Um wen geht es – um den Geber oder den Adressaten? Was sind die Orientierungsmarken der heutigen postkolonialen Entwicklungshilfe?

Für die Kolonialzeit typisch war die Konstruktion eines Nord-Süd-Gefälles, nach dem sich der einst als »unzivilisiert« und »barbarisch« stilisierte »Süden« am »Norden« ausrichten sollte, der als »kultiviert« und »fortschrittsorientiert« gesehen wurde. Wie muss Entwicklungshilfe heute konzipiert sein, um solche historischen Denkmodelle zu überwinden?

Rassismen in der heutigen postkolonialen Entwicklungshilfe

Auch in der postkolonialen Entwicklungshilfe spielen implizite Rassismen eine grundlegende Rolle.

Um Mittel zur Hilfe zu gewinnen, wird in Europa an das Mitleid der Geber appelliert. Die Zukunft der Hilfeempfänger wird als »passiv« stilisiert, die Hilfeempfänger selbst als »die Anderen«, als zumeist »schwarze« passive Hilfesuchende, die zu den »weißen« aktiven Europäern aufschauen. In dieser Weise werden sie nicht nur infantilisiert, sondern zu »Sub-Jekten« – Unterworfenen – der weißen Mehrheitsgesellschaft gemacht, durch die allein die Welt zu retten sei.

Solche zugespitzten Betrachtungen lassen Vorurteile, Rollenzuschreibungen, Machtverhältnisse und Irrationalitäten als Komponenten des postkolonialen Rassismus zum Vorschein kommen.

Grundsätzlich lässt sich der postkoloniale Rassismus als Phänomen des »Othering«, der Stilisierung des »Anderen« verstehen, des »Fremden« gegenüber dem »Eigenen« und »Bekannten«. Prozesse des Othering fassen die anderen zu einer homogenen Gruppe zusammen und reduzieren sie auf bestimmte Merkmale. Othering geht mit Machtstrukturen einher bzw. bildet sie aus: Es kommt zu Hierarchisierungen, ein »oben« versus »unten«, Marginalisierungen des Anderen und Zuschreibungen von Identitäten.

Hinzu gesellen sich postkoloniale Fantasien über »die Anderen«, Projektionen, die das Verlorene im Anderen zu erkennen meinen und es je nach Bewertung idealisieren oder bekämpfen. Gängige Zuschreibungen etwa sind »Unterentwicklung«, »Faulheit«, »Dummheit«, aber auch »Natürlichkeit«, »Ursprünglichkeit«, »Exotik«, »Erotik« und viele andere mehr.

Auch wenn Dichotomisierungen, wie etwa oben – unten, entwickelt – unterentwickelt, theoretisch als erkannt und überwunden gelten, so sind sie es nicht zwangsläufig auch auf der emotionalen Ebene. Bemerken Entwicklungshelfer, dass sie ihnen im Alltag aufsitzen, bekommen sie häufig Schuldgefühle. Diese beruhen meistens auf historischen und gesellschaftlichen Voraussetzungen, die nicht immer einfach zu überwinden sind.

Grundlegende Aufgaben und Fragen einer postkolonialen (antirassistischen) Entwicklungshilfepolitik

Mittlerweile gibt es eine ganze Entwicklungshilfeindustrie. Es gibt Konkurrenz zwischen den an ihr Beteiligten. Abläufe wurden institutionalisiert und eigene Strukturen und Dynamiken bildeten sich heraus (indem zum Beispiel Logistik und Management die Abläufe dominieren).

Hinzu kommen Konjunkturen im Gewähren von Hilfe. Zu verschiedenen Zeiten werden jeweils andere Organisationen oder Ziele bevorzugt unterstützt. Die zugrunde liegenden Zuschreibungen sind wandelbar und führen zu jeweils anderen Präferenzen und Ausschlüssen (beispielsweise wurden nach dem Tsunami von Dezember 2004 andere Hilfsprojekte vernachlässigt).

In diesem Zusammenhang stellt sich die Frage, wie eine möglichst kontinuierliche Unterstützung gewährleistet werden kann und damit die Zukunft bestehender Entwicklungshilfeprojekte gesichert. Als grundlegend für die Suche nach einer gegenwärtigen Neuorientierung kann das Hinterfragen von Mitleid als Motivation der Entwicklungshilfe angesehen werden.

Wie aber wird eine Entwicklungshilfe stärker in das politische Bewusstsein gerückt, die ihre Mittel nicht über Mitleid gewinnt, sondern über weitgehend egalitäre Beziehungen?

Die Idee hinter »Don't call us – we call you!« ist, dass die Hilfe von den Hilfebedürftigen selbst eingefordert wird, anstatt aus westlich europäischer Sicht vorgreifend zu beurteilen, wo es welcher Hilfe bedarf. Auf diesem Wege sollen Gleichberechtigung, Partnerschaft und Würde der Hilfebedürftigen in den Vordergrund der Entwicklungshilfe gestellt werden.

Bevor neue Handlungsmöglichkeiten in der Entwicklungshilfe entworfen werden können, wäre die Frage nach der Handlungsvollmacht grundsätzlich zu stellen und jede Einseitigkeit abzulehnen. Bewusstseinsbildung, eine reflektorische Bewegung, die nicht Geld oder Mitleid im Fokus hat, sondern die politisch (im ursprünglichen Sinn) beide Seiten in Erwägung zieht, ist eine notwendige Anstrengung. Wird sie kontinuierlich geleistet, kann sie dazu führen, die bestehende postkoloniale und rassistische Situation umzugestalten. Auch im Fall der deutschen und der brasilianischen AVICRES kann das Ziel nur eine gleichberechtigte Partnerschaft auf Augenhöhe sein.

Eine Checkliste zur Vermeidung von Rassismen stellt sich der Frage: Was transportiere ich, ohne es zu wollen? Die Bilder von lächelnden Kindern zu zeigen, führt nicht weiter. Wichtiger ist es, die Arbeitssituation, die Ärztin, den Büroangestellten, die Alltagsrealität … vorzustellen. Die brasilianischen Realitäten sind in ihrer Komplexität abzubilden.

Die Gefahr der Pauschalisierung und der Rollenzuschreibungen wird bewusst in die Kritik einbezogen. Wir müssen den Blickwinkel, der Europa als eine Provinz in der Welt sieht, einüben. Die Rückkopplung mit Personen, über die gesprochen wird, suchen. Die Erweiterung des Horizonts geschieht durch das Lernen voneinander. Zu vermeiden ist das Streben nach Perfektionismus, zu begrüßen ist Toleranz gegenüber Fehlern.

In diesem Zusammenhang ist das Selbstverständnis der AVICRES wichtig. »Gemeinschaft für das Leben, damit es wachse in Solidarität« lautet die Gründungsidee. Es geht nicht um ein »Weiter«, auch nicht um »Haben«, sondern um »SEIN«. Eine zweite Leitlinie entstammt der Theologie der Befreiung: die vorrangige Option für die Armen.

Don't call us – we call you. Wann? Und wie? Wer ruft? Wessen Schrei gilt es zu vernehmen?

In der Reflexion kommen die religiösen Wurzeln der Arbeit zur Sprache, die im Neuen Testament gründen. Der Ruf ist hörbar, wenn ich um meine eigene Bedürftigkeit weiß. Und ich lasse mir die Frage gefallen: Wer hilft wem?

Die AVICRES wird getragen durch das Bekenntnis zu gemeinsamem Wachsen und zu gegenseitigem Von-und-miteinander-Lernen im Bewusstsein eines Lebens in Geschwisterlichkeit aus dem »Vater-Unser«. ◇

Erläuterungen

Abrigo Heim (wörtlich: Unterschlupf)

Agglomeration Eine Kernstadt samt ihrem suburbanen Umland oder dem zumindest dicht besiedelten Umlandgebiet, das außerhalb der Stadtgrenzen liegt, aber direkt an sie angrenzt.

Atabaque längliche Fasstrommel, die vor allem bei afro-brasilianischen Ritualen und beim Capoeira gespielt wird.

ARTHELPS ist eine Initiative von Kreativen und Künstlern, die Menschen aus sozial benachteiligten Verhältnissen auf besondere Art und Weise hilft: mit Kunst. Durch verschiedene Kreativprojekte wird diesen Menschen die Möglichkeit gegeben, ihr künstlerisches Potenzial zu entdecken und auszuleben. → www.arthelps.de

AVICRES *Associaçao Vida no Crescimento e na Solidariedade* (»Gemeinschaft für das Leben, damit es wachse in Solidarität«), gemeinnützige NRO in der Baixada Fluminense, Brasilien
→ www.ongavicres.blogspot.de
Ihre deutsche Partnerorganisation ist die Brasilieninitiative Avicres e. V. Sie hat ihren Sitz in Paderborn.
→ www.avicres.de

Baixada Fluminense Flussebene im Hinterland Rio de Janeiros. Im früheren 20. Jahrhundert und insbesondere in der zweiten Hälfte landeten in der Baixada viele Einwanderer aus anderen Landesteilen in der Hoffnung auf Wohlstand in Rio de Janeiro. Das führte zu einer Bevölkerungsexplosion. Bis heute ist die Region berüchtigt für eine hohe Kriminalitätsrate, Armut, mangelhafte Infrastruktur und soziale Probleme.

Belo Monte ist der Name eines noch im Bau befindlichen Wasserkraftwerks am Fluss Xingu. Der Bau des Staudamms scheint nach neusten Informationen nicht mehr zu verhindern zu sein. Er stieß auf heftigen Widerstand, da das Projekt die Umsiedlung von bis zu 40 000 Menschen zur Folge hat.

Caipirinha Verkleinerungsform von *caipira*, wörtlich: »Landbewohner«. Caipirinha , Kurzform *Caipi*, ist ein brasilianisches, alkoholisches Mischgetränk. Es besteht aus Cachaça, Limetten(saft), Zucker und Eis.

Capoeira ist ein brasilianischer Kampftanz. Während der Kolonialzeit wurde Capoeira in Brasilien von aus Afrika eingeschifften Sklaven praktiziert und weiterentwickelt. Heute unterscheidet man zwischen zwei Hauptrichtungen: dem *Capoeira Angola* und dem *Capoeira Regional.*

Carioca Bewohner der Stadt Rio de Janeiros. Das Wort stammt aus der Tupí-Sprache, die zur Sprachfamilie der Tupí-Guaraní gehört. Es bedeutet „Hütte des weißen Mannes“.

Casa Haus. *Casa da Esperança* (»Haus der Hoffnung«): Wohnheim der AVICRES für Mädchen und Tageseinrichtung mit Kursangebot in Belford Roxo.

Creche Kindertagesstätte

Favela Als Favela werden die besonders in Randlagen der großen Städte Brasiliens liegenden Armenviertel bezeichnet. Es handelt sich um informelle Siedlungen oder auch Marginalviertel, deren Bewohner nicht über legalen Grundbesitz verfügen. Die Bezeichnung kommt von einer brasilianischen

Kletterpflanze, die den Namen Favela trägt. Ähnlich wie die Kletterpflanze siedeln sich die Armenviertel in Rio de Janeiro an den Bergen an und »klettern diese hoch«.

Fluminense Bewohner des Bundesstaats Rio de Janeiro. Die Bezeichnung beruht auf der geologischen Besonderheit der Region, die von vielen Flüssen durchzogen ist.

FUTURO SI ist eine Initiative für Kinder in Lateinamerika, die u. a. die Arbeit der AVICRES seit vielen Jahren unterstützt. → www.futuro-si.de

Guaraní sind Menschen einer indianischen Ethnie der indigenen Völker Südamerikas. Ihre Siedlungsgebiete gehören heute zu Paraguay, Bolivien, Argentinien, Brasilien und Uruguay. Ihre Sprache heißt ebenfalls Guaraní und gehört zur Sprachfamilie der Tupí-Guaraní-Sprachen.

Kazike ist die Bezeichnung für den Anführer eines indigenen Stammes. Schriftlich erscheint der Begriff erstmalig in Christoph Kolumbus' Bordbuch seiner ersten Reise in die Neue Welt aus dem Jahr 1492. Dort heißt es: »Ich sah, wie einer von ihnen, den die anderen Kazike nannten und den ich für den Gouverneur der Provinz hielt, ein handgroßes Goldblatt in Händen hielt und so tat, als wolle er es gegen etwas anderes austauschen.«

Lírio do Vale »Lilie des Tals« (wörtlich). Name der Favela, in der die Arbeit der AVICRES begann. Sie wurde 1995 seitens der Regierung plattgemacht. Heute trägt die Gesundheitsstation den Namen und erinnert damit an die Anfänge und Wurzeln der Organisation.

Macumba ist eine afro-brasilianische Religion, die oft neben dem volkstümlichen katholischen Glauben existiert. Als Oberbegriff steht Macumba für alle afro-brasilianischen religiösen Praktiken.

MST (Movimento dos Trabalhadores Rurais Sem Terra; kurz: Movimento dos Sem Terra). Die Bewegung der Landarbeiter ohne Boden (kurz: Bewegung der Landlosen, → S. 50).

NGO (non-governmental organization) = NRO (Nichtregierungsorganisation), ein zivilgesellschaftlich zustande gekommener, regierungsunabhängiger Interessenverband, der sich insbesondere sozial- und umweltpolitisch engagiert.

Nova Iguaçu Viertgrößte Stadt im Bundesstaat Rio de Janeiro. Mit etwa 1 Mio. Einwohnern ist Nova Iguaçu die größte Stadt der Baixada Fluminense. Die Diözese Nova Iguaçu zählt beinahe 2 Millionen Einwohner. Das Wort *iguaçu* kommt aus der Stammessprache der Guaraní und bedeutet »großes Wasser«. Das frühere Zentrum von Nova Iguaçu lag in einem Sumpfgebiet. Während sich sein Standort verschob, ist der Name geblieben. Von 1930 bis 1940 wurde Nova Iguaçu auch »Parfümstadt« genannt, da die dort blühenden Orangenbäume die gesamte Region parfümierten.

Orixá Geister, Heilige oder Mittler der afro-brasilianischen Religionen. In oft ekstatischen Zeremonien versetzen sich auserwählte Männer und Frauen durch schnelles Tanzen und Drehen zu Trommelrhythmen in Trance, während sich die *orixás* ihrer Körper bemächtigen.

Real (Plural: Reais) Brasilianische Währung seit 1994. Der Real wurde zunächst von der brasilianischen Zentralbank kontrolliert, wird aber seit 1999 frei im Kapitalmarkt gehandelt. Wechselkurs am 22. Mai 2014:
1 Real (R$) = 0,331 Euro (€).

Rio de Janiero ist nach São Paulo die zweitgrößte Stadt Brasiliens. Sie liegt an der Guanabara-Bucht im Süd-Osten des Landes. Der Name bedeutet »Fluss des Januars« und beruht auf einem Irrtum: Die Portugiesen, die dort am 1. Januar 1502 strandeten, hielten die Bucht für eine Flussmündung. Im Stadtgebiet Rio de Janeiros leben rund 6,3 Millionen Menschen (2010). Zum gesamten Ballungsgebiet der Stadt zählen 11,9 Millionen Einwohner (2010).

Rocinha Stadtviertel im südlichen Teil Rio de Janeiros (Zona Sul). Ursprünglich aus einer Favela entstanden, umfasst das Viertel mittlerweile überwiegend Wohnhäuser mit legalisierten Besitzverhältnissen. Rocinha wird oft als größte Favela Brasiliens oder sogar Lateinamerikas bezeichnet. Einige Szenen des Films *Cidade de Deus* (»City of God«) wurden hier gedreht.

Samba ist ein brasilianischer Musikstil, der auf traditionellen afrikanischen Rhythmen basiert. Samba spielt vor allem in Rio de Janeiro und im brasilianischen Karneval eine bedeutende Rolle. Der gleichnamige Tanz ist ein fester Bestandteil der Musikkultur und ist daher traditionell nicht von ihr zu trennen. In den Sambaschulen kommen den Musik- und den Tanzformationen gleichberechtigte Rollen zu.

Sambódromo Die 1984 von Oscar Niemeyer erbaute Tribünenstraße in Rio, durch die beim Karneval die Sambaschulen ziehen. Die Strecke ist etwa 700 Meter lang und bietet 90 000 Zuschauern Platz. Jede Sambaschule präsentiert sich dort 90 Minuten lang mit ihren Tänzern und Trommlern und wird am Ende von einer Jury bewertet.

Sítio wörtlich: Landhaus/Erholungsort. *Sítio das Crianças* (»Erholungsort der Kinder«): Tageseinrichtung der AVICRES in Nova Iguaçu; *Sítio Natureza Viva* (»Erholungsort lebendige Natur«): Tageseinrichtung der AVICRES in Cabuçu.

Via Light Schnellstraße, die Rio de Janeiro mit Nova Iguaçu verbindet.

Xingu Einer der großen Nebenflüsse des Amazonas. Er hat eine Länge 1980 Kilometern und durchquert die brasilianischen Bundesstaaten Mato Grosso und Pará, bevor er bei Porto de Moz in den Amazons mündet.

Zumbi dos Palmares Anführer des *Quilombo dos Palmares*, Niederlassung geflohener schwarzer Sklaven, im Nord-Osten Brasiliens zur Zeit der portugiesischen Herrschaft. Mit bis zu 30 000 Bewohnern war es die größte und berühmteste Niederlassung. Von 1630 bis 1694 widerstand sie mehreren Eroberungsversuchen portugiesischer Kolonialherren, bis sie vollständig zerstört wurde. Der Todestag Zumbis wird heute von den afro-brasilianischen Bewegungen als Tag des schwarzen Bewusstseins *(Dia da Consciência Negra)* begangen. Nach ihm hat sich auch die Landbesetzergemeinde *Zumbi dos Palmares* benannt.

Trotz gründlicher Recherche ist es nicht gelungen, alle Rechteinhaber ausfindig zu machen. Hinweise werden dankend entgegengenommen.

Textverzeichnis

8 *Brasilien – ein Prolog: »Rassendemokratie ist ein Mythos«. Festrede von Luiz Ruffato zur Eröffnung der Frankfurter Buchmeesse 2013.* Deutsche Übersetzung: Michael Kegler – mit freundlicher Genehmigung.

15 *Entdeckt – unterdrückt – vertrieben. Die traurige Geschichte der Ureinwohner Brasiliens.* Sebastian Schröder, 2010.

20 *Porträt von Dom Erwin Kräutler. Träger des Alternativen Nobelpreises 2010.* Ilka Struck, 2011.

23 *Interview mit Bischof Erwin Kräutler im September 2010 © Right Livelihood Award Foundation.* Quelle: www.rightlivelihood.org/krautler_interview.html – mit freundlicher Genehmigung.

31 *Sklaverei in Brasilien – Kein Thema der Vergangenheit.* Julia Hermesmeyer, Barbara Neumann, Ina Halbfas, 2010.

35 *Besuch auf einem Sklavenfriedhof. Rocinha – »Der kleine Junge vom Land«.* Karin Herting, 2007.

36/37 *»Menino« / »Junge«* in: *O menino do aeroporto / Der Junge vom Flughafen.* Marcos A. Gômes / Susanne S. Hanus, Dresden, Petermann, 1999.

39 *Ermordet und zur Nummer degradiert. Die Beerdigung eines erschossenen Straßenjungen.* Markus Pfalzgraf, 2011.

42 *Die Magie der Macumba. Afro-brasilianische Religionen in Brasilien.* Barbara Neumann / Julia Hermesmeyer, 2011.

44 *Trommeln, Tanz und Trance. Besuch eines Candomblé-Kults.* Christina Schmidt, 2012.

46 *Capoeira. Ein Tanz – ein Kampf – ein Ballett.* Barbara Neumann, 2011.

50 *Die Bewegung der Landarbeiter ohne Boden – O Movimento dos Trabalhadores Rurais Sem Terra.* Eva Windhausen, 2011.

52 *Die Gemeinde Zumbi dos Palmares. Die Geschichte einer Landbesetzung.* Wanda Da Aranjo Santos, 2012. Deutsche Übersetzung: Ina Halbfas.

56 *»Samba de Zumbi« (Samba von Zumbi).* José Da Aranjo Santos, 1987. Deutsche Übersetzung: Sebastian Schröder / Ina Halbfas.

60 *Theologie der Befreiung. Die Option für die Armen.* Hubertus Halbfas, 2012.

64 *Porträt von Leonardo Boff. Ein Mitbegründer der Befreiungstheologie.* Markus Pfalzgraf, 2012.

66 Interviewcollage mit freundlicher Genehmigung von Leonardo Boff. Frage 1 & 2 aus dem Interview von João Pombo Barile für das *Jornal O Tempo*, Belo Horizonte, Minas Gerais, vom 14. Dezember 2008. Fragen 3, 4 & 5 aus dem Interview von João Paulo für die Beilage PENSAR der Tageszeitung *Estado de Minas* vom 13. Dezember 2008. Deutsche Übersetzung *(»Befreiungstheologie – eine der großen intellektuellen Errungenschaften der lateinamerikanischen Kultur«)*: Ina Halbfas.

69 *Tucum. Aus Solidarität mit den Armen.* Bruder Augustinus Diekmann, www.franziskanermission.de.

70 *Interview mit Johannes Niggemeier: »Der erste Lateinamerikaner auf dem Stuhle Petri. Sich mit den Armen gemein machen.«* Das Interview führte Ilka Struck am 28. Mai 2013; die Fragen entstanden in Zusammenarbeit mit Heide Mock.

75 *Auszüge aus* Evangelii Gaudium *von Papst Franziskus.* Aus: Die frohe Botschaft Jesu: Aufbruch zu einer neuen Kirche – Das apostolische Schreiben »Evangelii Gaudium – Freude am Evangelium« von Papst Franziskus, 2013.

76 *Religionsvielfalt in Brasilien.* Lisa-Marie Rüther, 2011.

80 *Politik in Brasilien – die Qual der Wahl. Der Wahlkampf 2010.* Sebastian Schröder, 2010.

88 *Auf der Suche nach einer neuen Geschichte. Die Bildungsperspektive zweier junger Studentinnen.* Samia Letícia und Layra Katrinne, 2013. Übersetzung: Julian Scharmacher.

90/91 *O Que É, O Que É?* © Gonzaguinha, 1994. Deutsche Übersetzung *(»Was Ist Es? Was Ist Es?«)*: Barbara Neumann & Ina Halbfas.

94 *Drogenhandel und Prostitution. Gesellschaftliche Auswirkungen von Armut und Korruption in Brasilien.* Eva Windhausen, 2011.

99 *Neco.* Angela Lourenço Mendes, 1996.

101 *Porträt von Martiliana Maria Rodrigues Neta. Psychologin, Psychotherapeutin und Kämpferin für soziale Gerechtigkeit.* Sebastian Schröder, 2013.

102 *Interview mit Martiliana Maria Rodrigues Neta. »Drogenhandel und Prostitution – Folgen sozialer Ungleichheit und Ausgrenzung.«* Interviewer: Sebastian Schröder; Fragen: Ina Halbfas; Übersetzung: Julian Scharmacher, 2011.

106/07 *»Quem somos?« / »Wer sind Wir?« in: A Ninha [!] Vida. Mein Leben an der Ampel.* Missio Steiermark, 2000.

109 *Das Theater der Unterdrückten. Auseinandersetzung mit einer konkreten Situation.* Linda Ebbers, 2011.

110 *Porträt von Augusto Boal. Ein Revolutionär des Theaters.* Linda Ebbers, 2011.

112 *Laboratorio Madalena. Das Theater der Unterdrückten konkret.* Linda Ebbers, 2011.

116 *Medizinische Versorgung in Brasilien. Zum Warten verdammt.* Barbara Neumann / Julia Hermesmeyer, 2010.

120 *Ein Hausbesuch in der Baixada Fluminense.* Sebastian Schröder, 2011.

121 *Solindo, ein Obdachloser in Nova Iguaçu.* Solindo in einem Gespräch mit Sebastian Schröder; Übersetzung: Sebastian Schröder, 2011.

122 *Vorsicht zerbrechlich! 10 Jahre Haus der Solidarität in Nova Iguaçu, Rio de Janeiro.* Schwester Magdalena Brokamp, 2011.

126 *Porträt von Johannes Niggemeier. Als Befreiungstheologe nach Brasilien berufen.* Hubertus Halbfas / Ilka Struck, 2014.

128 *»Wir dürfen keine Zuhälter der Armen sein!« Interview mit dem Befreiungstheologen Johannes Niggemeier.* Interviewer: Markus Pfalzgraf, August 2011.

134 *Baixada Fluminense. Entstehung und Entwicklung.* Camila Carvalho, Ina Halbfas, 2014.

137 *AVICRES – Ein soziales Projekt in der Baixada Fluminense, Rio de Janeiro.* Text © Brasilieninitiative Avicres e. V.

138/39 »B. F.«© Dida / Marcelo Yuka (Negril). Deutsche Übersetung: Ina Halbfas.

141 *Creche – Die Kindertagesstätte.* Julia Rensing, Ina Halbfas, 2011.

143 *Posto de Saúde – Der Gesundheitsposten.* Sebastian Schröder, 2012.

138 *Kurzporträt. »Quem é você?« / »Wer bist du?«. Steckbrief von Doktor Ivan Henrique.* Übersetzung: Sebastian Schröder.

147 *Abrigo – Das Heim.* Adrian Kluthe, 2012.

149 *Interview mit einem Heimmädchen.* Das Interview führte Karin Herting im März 2012. Deutsche Übersetzung: Ina Halbfas.

152 *Das neue Gesetz der Reintegration und Adoption (Nr. 12010/09).* Übersetzung: Sebastian Schröder.

153 *Ein veraltetes Gesetz »für« Straßenkinder(heime).* Sebastian Schröder, 2010.

154 *Auswirkungen der Gesetzesverschärfung. Die Geschichte von Douglas.* Tim Witzmann, 2010.

155 *Interview mit dem Vorstand der AVICRES. Ein Gespräch mit Adelaide (Verwaltung) und Marlene (Leitung von Pequeno Lavrador).* Interviewer: Sebastian Schröder; Fragen: Ina Halbfas, 2011.

156 *Die harte Realität der Straßenmädchen. Interview mit AVICRES-Mitarbeiterin Eliane, Leiterin des Mädchenheims.* Das Interview führte Karin Herting im März 2012. Übersetzung Julian Scharmacher 2012.

162 *Natalia. Zu kaputt, um Hilfe anzunehmen?* Lisa-Marie Rüther, 2010.

163 *CEASA. Der Obst- und Gemüsegroßmarkt.* Karin Herting, 2007.

164 *Guaraní – Freundschaft mit den Ureinwohnern.* Text © Brasilieninitiative Avicres e. V.

165 *Bijuteria – Die Schmuckwerkstatt.* Text © Brasilieninitiative Avicres e. V.

165 *Corte Costura – Die Näherei.* Text © Brasilieninitiative Avicres e. V.

166 *Pequeno Lavrador – Die Landwirtschaftsschule.* Sebastian Schröder, 2011.

168 *Marcenaria – Die Schreinerei.* Text © Brasilieninitiative Avicres e. V.

169 *Cursos de Formação – Die Ausbildungskurse in Zusammenarbeit mit Kolping do Brasil.* Julian Scharmacher / Markus Pfalzgraf, 2012.

170 *Casa Kolping – Das Gästehaus.* Christina Schmidt, 2011.

171 *Padaria – Die Bäckerei mit Mittagstisch.* Christina Schmidt, 2011

172 *Casas de alcolhida – Die Aufnahmehäuser. Tageseinrichtungen mit Kurs- und Freizeitangeboten.* Tim Witzmann, 2012.

175 *Brasilieninitiative Avicres e. V. Gründung, Philosophie und Ziele der deutschen Partnerorganisation.* Julian Scharmacher, 2011.

177 *Partnerorganisation und Unterstützer der AVICRES. FUTURO SI – Initiative für Kinder in Lateinamerika e. V.* Fridhelm Griepentrog.

178 *Das Praktikantenprojekt.* Text © Brasilieninitiative Avicres. e. V.

180 *Alberto und Matheus. Ein Seelenfoto einer Praktikantin.* Julia Rensing, 2009.

183 *Rückblick auf ein halbes Jahr als Praktikant in der brasilianischen AVICRES.* Tim Witzmann, 2011.

189 *WM 2014 – Olympia 2016 – Brasilien 2018. Sind die Großereignisse für das Land ein Fluch oder ein Segen?* Ina Halbfas, 2011.

194 *Karneval in Rio de Janeiro. Als Obdachloser zur Bedeutungslosigkeit bestimmt.* Sebastian Schröder, 2011.

200 *Klein denken, den Kreislauf durchbrechen. Zeit zum Umdenken – ein alternatives Reiseprojekt.* Markus Gerdiken, 2008.

202 *Begegnung zweier Welten. Eine Reise in die Baixada Fluminense, Rio de Janeiro, Brasilien.* Sebastian Schröder / Ina Halbfas, 2011.

206 *Don't call us – we call you! Auf dem Weg zu einer egalitären Tischgemeinschaft.* Heide Mock, 2013.

6 Holzschnitt © Susanne Hanus, 1999.

9 Luiz Ruffato © Adriana Vichi, 2010.

12/14 Szene aus: *Birdwatchers – Das Land der roten Menschen.* Originaltitel: *Bird Watchers – La terra degli uomini rossi,* 2008. Director: Marco Bechis.

17 © Prälatur von Xingu, Altamira, 12. August 2010.

18 © Ann-Kristin Rüther, 2011.

21 © Prälatur von Xingu. Erwin Kräutler im Mai 2008.

22 Amazonas © Tim Witzmann, 2011.

24 Waschstelle, Indianerreservat am Amazonas, 2011 © Ann-Kristin Rüther.

25 © Christoph Wider / Fastenopfer Schweiz, 2010. www.fastenopfer.ch

26 Indianerreservat der Guaraní, nahe Angra dos Reis, Brasilien, 2007. © Sebastian Schröder.

27 Lehmhütte, Indianerreservat am Amazonas, 2011. © Ann-Kristin Rüther.

28 Holzschnitt © Susanne Hanus, 1999.

30 Leere Gemüsekisten, CEASA, Rio de Janeiro, 2010 © Julia Hermesmeyer.

33 Marktarbeiter, CEASA, Rio de Janeiro, 2010. © Julia Hermesmeyer.

34 Sklavenfriedhof von Nova Iguaçu, 2012.
Abb. 1, 2 & 3 © Fridhelm Griepentrog / Futuro Sí.
Abb. 4 (rechts, unten) © Christina Schmidt, 2007.

36 Treppenaufgang des Sklavenfriedhofs von Nova Iguaçu, 2010. © Julia Hermesmeyer.

37 Sklavenfriedhof, Nova Iguaçu, 2010. © Julia Hermesmeyer.

38 © AVICRES, 1999.

39 Sklavenfriedhof, Nova Iguaçu, 2010. © Ina Halbfas.

40 Beerdigung von Adriano, 1999. © Martin Benkert.

41 Beerdigung von Adriano, 1999. © AVICRES.

42 Ruine der Kirche »Nossa Senhora da Piedade« am Sklavenfriedhof von Nova Iguaçu, 2010. © Julia Hermesmeyer.

43 Macumbaopferstätte gegenüber des Sklavenfriedhofs von Nova Iguaçu, 2012. Foto (links) © Fridhelm Griepentrog / Futuro Sí. futuro-si.de
Foto (rechts, oben) © Julia Hermesmeyer.
Foto (unten): Macumbaopferstätte auf dem Sklavenfriedhof von Nova Iguaçu, 2010. © Ina Halbfas.

45 links: Candomblé-Kult, 2008. © Toluaye. Quelle: http://upload.wikimedia.org/wikipedia/commons/d/d2/Orixa_Yemanja_Orossi.JPG
rechts: Candomblé in Salvador © Antônio Cruz / ABr, 2008. Quelle: http://upload.wikimedia.org/wikipedia/commons/3/3e/Baiana_Salvador.jpg

46 Holzschnitt © Susanne Hanus, 1999.

47 Capoeira in Salvador, 2007. © Julian Scharmacher.

48 Logo von MST (Movimento dos trabalhadores rurais Sem Terra).

51 Mitglieder der Landlosenbewegung Brasiliens (MST), Protest am 17. April 2008 in Brasilia in Erinnerung an die 19 Bauern, die 1996 bei dem »Massaker von Eldorado dos Carajas« getötet wurden.
© REUTERS / Roberto Jayme (BRAZIL).

52 Zumbi dos Palmares / Baixada Fluminense, RJ, 2013. © Sebastian Schröder.

53 Wanda Da Aranjo Santos vor der Kindertagesstätte NUCEI in Zumbi dos Palmares. © Christina Schmidt.

54–57 Zumbi dos Palmares. Alle Fotos © Sebastian Schröder, 2013.

58 Dom Hélder Câmara, 1975. Quelle: http://globomidia.com.br/sites/globomidia.com.br/files/dom-helder-camara.jpg

62 Abb. 1: Landarbeiter José in Campo Alegre.
Abb. 2: Erzieherin Taimires mit Kind in der Kindertagesstätte NUCEI in Zumbi dos Palmares.
Abb. 3: Junge in Campo Alegre.
Abb. 4: Kind in der Kindertagesstätte K11, Nova Iguaçu.
Abb. 5: Straßenverkäuferin in Nova Iguaçu.
Abb. 6: Straßenarbeiter in Nova Iguaçu.
Abb. 1, 2, 4, 5, 6 © Fridhelm Griepentrog / Futuro Sí; Abb. 3 © Ina Halbfas.

65 Leonardo Boff, 2005 © Paulino Menezes/WCC & LWF. Quelle: http://www.wcc-coe.org/wcc/photo-galleries/meetings/pictures/possibleworldtheology8.jpg

68 Tucum-Palme © AndonicO. Quelle: http://en.wikipedia.org/wiki/File:Palm_tree.jpg

69 Oben: Tucum-Ring. © Ina Halbfas.
Unten: Tucum-Früchte (Astrocaryum vulgare). Quelle: http://upload.wikimedia.org/wikipedia/commons/9/9a/Astrocaryum_vulgare.jpg

74 Papst Franziskus am 30. Oktober 2013 auf dem Campus der Medizinischen Fakultät der Universität von Rom. © Università Campus Bio-Medico di Roma – mit freundlicher Genehmigung.

77 Die Evangelikale Kirche »Cristus lebt« im Zentrum von Nova Iguaçu. © Julian Scharmacher 2008.

78 Wahlkampfplakate an der Via Light im Zentrum Nova Iguaçus. © Ina Halbfas, 2010.

81 Wahlkampfauto in der Baixada Fluminense. © Julian Scharmacher 2008.

82 Stromleitungen an einer Straßenlaterne in Zumbi dos Palmares. © Ina Halbfas, 2010.

83 Mathematikunterricht in der Landwirtschaftsschule *Pequeno Lavrador* in Campo Alegre. Foto © Fridhelm Griepentrog / Futuro Sí.

84 Abb. 1, 2 & 3: Momentaufnahmen in Nova Iguaçu.
© Fridhelm Griepentrog / Futuro Sí.
Abb. 4 © Julian Scharmacher.

85 Abb.1: Wahlkampfplakate in Nova Iguaçu zu Zeiten des Wahlkampfes 2010. © Ina Halbfas, 2010.
Abb. 2: Unbefestigte Straße in Nova Iguaçu. © Julian Scharmacher, 2009.
Abb. 3: Wahlkampfplakat an einer Hauswand. © Ina Halbfas

86 Patient im Armenkrankenhaus von Nova Iguaçu, 2012. © Fridhelm Griepentrog / Futuro Sí.

87 Wahlplakat an einer Mauer in der Baixada Fluminense, 2010. © Julia Hermesmeyer.

89 © AVICRES.

90/91 Kinder in der Landwirtschaftsschule *Pequeno Lavrador* in Campo Alegre, 2009. © Christina Schmidt.

92 Halsband-Wehrvögel, Pantanal, Brasilien. © Sebastian Schröder, 2011.

95 Szene aus »Cidade de Deus«, 2002. Regie: Fernando Meirelles. Pressebild. Quelle: http://cidadededeus.globo.com/images/fotos_alta/site_O2_18.jpg

96 Szene aus »Cidade de Deus«, 2002. Regie: Fernando Meirelles. Pressebild. Quelle: http://cidadededeus.globo.com/images/fotos_alta/site_O2_16.jpg

97 © ARTHELPS, Thomas Lupo, 2012 – mit freundlicher Genehmigung.

98 Zeichnung, Susanne Hanus, 1996.

99 Zeichnung, Susanne Hanus, 1996.

100 Martiliana und Ayza, 2013. © Karin/Karl-Heinz Herting.

105 Holzschnitt © Susanne Hanus, 1999.

106/07 Momentaufnahme in der Baixada Fluminense, 2012.
© Fridhelm Griepentrog / Futuro Sí.

108/11/13 Theaterworkshop im CTO (centro do teatro do oprimido – »Zentrum des Theaters der Unterdrückten«), Rio de Janeiro, 2011.
© Noélia Albuquerque.

113 Holzschnitt © Susanne Hanus, 1999.

114 Momentaufnahme vor dem Obdachlosenheim und Hospiz in Nova Iguaçu, 2012. © Fridhelm Griepentrog / Futuro Sí.

116 Obdachlosenheim und Hospiz in Nova Iguaçu, 2012. © Fridhelm Griepentrog / Futuro Sí.

117 Krankenhaus *Santa Casa da Misericórdia*, Rio de Janeiro, 2012. © Fridhelm Griepentrog / Futuro Sí.

119 Momentaufnahme vor dem Obdachlosenheim und Hospiz in Nova Iguaçu, 2012. © Fridhelm Griepentrog / Futuro Sí.

121 © Sebastian Schröder, 2011.

122 Magdalena Brokamp, 2011. © Sebastian Schröder.

123 Welington, im *Haus der Solidarität*, Nova Iguaçu. © Sebastian Schröder, 2012.

124 Hütte im Stadtviertel K11, Nova Iguaçu. © Karin/Karl-Heinz Herting, 2012.

127 Johannes Niggemeier, 2011 © Markus Pfalzgraf.

128 Johannes Niggemeier im Garten des Obdachlosenheims von Nova Iguaçu © Fridhelm Griepentrog / Futuro Sí.

131 Holzschnitt © Susanne Hanus, 1999.

132 Johannes Niggemeier mit Kindern in der Landwirtschaftsschule *Pequeno Lavrador*, Campo Alegre. © Karin & Karl-Heinz Herting, 2012.

134 Abb. 1: Momentaufnahme in der Baixada Fluminense, 2012.
© Fridhelm Griepentrog / Futuro Sí.
Abb. 2: © Sebastian Schröder.

135 Karte © Ina Halbfas, 2014.

136 Favela *Lírio do Vale*, Ende der 1980er Jahre. © Avcires e. V.

138 Flussufer, Baixada Fluminense. © Christina Schmidt.

139 *Passarela* (Fußgängerbrücke) im Zentrum von Nova Iguaçu. © Fridhelm Griepentrog / Futuro Sí.

140 Kinder in der Kindertagesstätte K11, Nova Iguaçu, 2010. © Ina Halbfas.

141 Abb. 1: Kind in der Landwirtschaftsschule *Pequeno Lavrador*, Campo Alegre, 2010. © Ina Halbfas.

Abb. 2: Kind in der Kindertagesstätte K11, Nova Iguaçu, 2010. © Lisa-Marie Rüther.
Abb. 3 & 5: Kind in der Kindertagesstätte K11, Nova Iguaçu, 2010. © Fridhelm Griepentrog / Futuro Sí.
Abb. 4: Kind in der Kindertagesstätte NUCEI, Zumbi dos Palmares, 2008. © Julian Scharmacher.

142 Renata & Rosa im Gesundheitsposten *Lírio do Vale*, 2012. © Fridhelm Griepentrog / Futuro Sí.

143 Abb. 1: Der Gesundheitsposten *Lírio do Vale*, 2012. © Fridhelm Griepentrog / Futuro Sí.
Abb. 2: Naturheilgarten am Gesundheitsposten *Lírio do Vale*, 2012. © Fridhelm Griepentrog / Futuro Sí.

144 Dr. Ivan im Gesundheitsposten der AVICRES © Sebastian Schröder, 2011.

145 Abb. 1: Prof. Milton im Krankenhaus Santa Casa da Misericórdia, 2012. © Fridhelm Griepentrog / Futuro Sí.
Abb. 2: Krankenschwester Rosa im Gesundheitsposten *Lírio do Vale*, 2012. © Fridhelm Griepentrog / Futuro Sí.

146 Abb. 1, 2 & 3: Kinder im *Sítio Natureza Viva*, Cabuçu, 2010. © Julia Hermesmeyer.
Abb. 4: Kinder im *Sítio Natureza Viva*, Cabuçu, 2010. © Ina Halbfas.
Abb. 5 & 7: Kinder im Mädchenheim *Casa da Esperança*, Belford Roxo, 2010. © Ina Halbfas.
Abb. 6 & 8: Kinder im Mädchenheim *Casa da Esperança*, Belford Roxo, 2010. © Sebastian Schröder.

148 Kind im Mädchenheim *Casa da Esperança*, Belford Roxo, 2010. © Julia Hermesmeyer.

149 Kind im Mädchenheim *Casa da Esperança*, Belford Roxo, 2010. © Fridhelm Griepentrog / Futuro Sí.

151/52 Holzschnitte © Susanne Hanus, 1999.

154 Douglas im *Sítio Natureza Viva*, Cabuçu, 2010. © Julia Hermesmeyer.

157/58 Kinder im Mädchenheim *Casa da Esperança*, Belford Roxo, 2010. © Ina Halbfas.

161 Kind im Mädchenheim *Casa da Esperança*, Belford Roxo, 2010. © Julia Hermesmeyer.

162 Holzschnitt © Susanne Hanus, 1999.

163 Wassermelonen, CEASA, Rio de Janeiro, 2010. © Ina Halbfas.

164 Links: Indigene Frau mit gebasteltem Korb in einem Reservat der indigenen Bevölkerung der Guaraní, naha Angra dos Reis. © Benkert.
Rechts: Haus der Begegnung, Campo Alegre. © Benkert.

165 Oben: Schmuckwerkstatt und Schmuckladen. © Peter Martin.
Unten: Näherin der AVICRES. © Sebastian Schröder.

166 Kinder der Landwirtschaftsschule *Pequeno Lavrador*, Campo Alegre, 2010. © Ina Halbfas.

167 Landwirtschaftsschule *Pequeno Lavrador*, Campo Alegre. Abb. 1–5, 8–10: © Ina Halbfas, 2010.
Abb. 6: © Fridhelm Griepentrog / Futuro Sí, 2012.
Abb. 7: © Christina Schmidt.

168 Auszubildender in der Schreinerei im *Sítio Natureza Viva* und geschreinerter Stuhl, Cabuçu, 2012. © Fridhelm Griepentrog / Futuro Sí.

169 Abb. 1: Friseursalon von *Kolping do Brasil* und *AVICRES* © Ina Halbfas.
Abb. 2: Nähstube von *Kolping do Brasil* und *AVICRES* © Sebastian Schröder.
Abb. 3: Kolpinghaus *Comunidade Kolping do São Francisco da AVICRES de Nova Iguaçu (CKFAN)*. © Fridhelm Griepentrog / Futuro Sí.

170 Abb. 1 & 2: Reisegruppe im Casa Kolping & Frühstück, 2010. © Avicres e. V.
Abb. 3: *Casa Kolping* und Bäckerei, Mesquita, 2012. © Sarah Baumann.

171 Abb. 1: BäckerInnen und Verkäuferteam von *Pão de Vida*. © Sebastian Schröder.
Abb. 2: Frisch gebackene Brötchen © Christina Schmidt.

173 Abb. 1: Eingangstor der Tageseinrichtung *Sítio Natureza Viva*, Cabuçu. © Fridhelm Griepentrog / Futuro Sí.
Abb. 2: Junge in der Tageseinrichtung *Sítio Natureza Viva*, Cabuçu. © Sebastian Schröder.
Abb. 3: Fußballplatz im *Casa de acolhida / Sítio das crianças*, Posse, Nova Iguaçu. © Sebastian Schröder.
Abb. 4: Schreinerkurs in der Tageseinrichtung *Sítio Natureza Viva*, Cabuçu. © Fridhelm Griepentrog / Futuro Sí.
Abb. 5–8: Tageseinrichtung *Sítio Natureza Viva*, Cabuçu. © Sebastian Schröder.

174 Versammlung der Brasilieninitiative Avicres e. V. im Landhaus am Heinberg, Germete, 2011. © Heinrich Weber.

176 Taimires © Fridhelm Griepentrog / Futuro Sí.

178 Praktikantin in *Campo Alegre*, 2012. © Fridhelm Griepentrog / Futuro Sí.

179 Praktikanten der AVICRES bei der Arbeit.
Abb. 1: Sebatian Schröder; Abb. 2: Sarah Baumann.
Abb. 3: Lisa-Marie Rüther; Abb. 4: Christina Schmidt.
Abb. 5: Julian Scharmacher; Abb. 6: Peter Martin.
Abb. 7: Astrid Kahl; Abb. 8: Julia Hermesmeyer, Mark Baukmann, Barbara Neumann. Alle Bilder © Avicres e. V.

180/81 Jungen im Sítio Natureza Viva, 2009. © Julia Rensing.

182 Tim Witzmann mit Jungen im Sítio Natureza Viva. © Lisa-Marie Rüther.

185 Tim Witzmann mit Jungen in Campo Alegre © Ina Halbfas.

186 © Alex Nikada. www.istockphoto.com

188 Häuserwand in Nova Iguaçu. © Fridhelm Griepentrog / Futuro Sí.

191 Blick auf Häuser in der Baixada Fluminense. © Fridhelm Griepentrog / Futuro Sí.

193 »20.000 murders in Rio«, 2009. © David Romer / Rio de Paz. www.riodepaz.org.br/

194 »Vila Isabel 37«, Karneval in Rio, 2010. © sfmission.com. www.flickr.com/photos/aforum/4512530381/

196/97 Momentaufnahme in Nova Iguaçu. © Fridhelm Griepentrog / Futuro Sí.

198 Julia Hermesmeyer und Douglas im Sítio Natureza Viva © Barbara Neumann, 2010.

201 T-Shirt-Aufdruck mit einem Spruch von José Datrino, *O Profeta Gentileza* (Prophet der Freundlichkeit) © Fridhelm Griepentrog / Futuro Sí.

202/03 Abbildungen vom Flyer »Don't be a gringo, be a local!«

204/05 Reisegruppe im Sítio Natureza Viva, 2010. Abb. 1 & 4: © Ina Halbfas.
Abb. 2 & 3: © Eva Windhausen.

208 Holzschnitt © Susanne Hanus.